依据新版大纲编写

PSC

新普通话水平测试实用教程

XIN PUTONGHUA SHUIPING CESHI SHIYONG JIAOCHENG

主编 孙明霞 张 洁

编著 孙明霞 张 洁 王 琴 郭 玮 单秋艳

图书在版编目（CIP）数据

新普通话水平测试实用教程 / 孙明霞，张洁主编 ；孙明霞等编. -- 北京 : 北京语言大学出版社，2024.12.(2025.3重印) -- ISBN 978-7-5619-6666-2

Ⅰ. H102

中国国家版本馆CIP数据核字第20242DJ571号

新普通话水平测试实用教程

XIN PUTONGHUA SHUIPING CESHI SHIYONG JIAOCHENG

排版制作：北京创艺涵文化发展有限公司
责任印制：周 燚

出版发行：北京语言大学出版社
社 址：北京市海淀区学院路15号，100083
网 址：www.blcup.com
电子信箱：service@blcup.com
电 话：编 辑 部 8610-82303390
国内发行 8610-82303650/3591/3648
海外发行 8610-82303365/3080/3668
北语书店 8610-82303653
网购咨询 8610-82303908
印 刷：天津鑫丰华印务有限公司

版 次：2024年12月第1版 印 次：2025年3月第2次印刷
开 本：889毫米 × 1194毫米 1/16 印 张：15
字 数：300千字
定 价：60.00元

PRINTED IN CHINA
凡有印装质量问题，本社负责调换。售后 QQ 号 1367565611，电话 010-82303590

编写说明

●编写背景

《中华人民共和国宪法》第十九条规定："国家推广全国通用的普通话。"普通话是我国的通用语言，是中华民族的通用语，是法定的基本教育教学用语、公务用语、播音用语和公共服务用语。

推广普及国家通用语言文字是宪法规定的责任，是我国一项基本的语言政策。学习和依法使用普通话不仅是公民的权利，也是很多领域工作人员，特别是播音员、节目主持人和影视话剧演员、教师、国家机关工作人员，应当具备的职业要求。

2021 年 11 月 11 日，在中国共产党第十九届中央委员会第六次全体会议审议通过的《中共中央关于党的百年奋斗重大成就和历史经验的决议》中，关于"全面推行国家通用语言文字教育教学"的论述进一步突出"全面"二字，立足于国家语言文字事业发展战略全局。同年 11 月 30 日，国务院办公厅发布了《关于全面加强新时代语言文字工作的意见》（国办发〔2020〕30 号），明确提出聚焦民族地区、农村地区，聚焦重点人群，加大国家通用语言文字推广力度，继续推进国家通用语言文字普及攻坚，大幅提高民族地区国家通用语言文字普及程度和农村普通话水平，助力乡村振兴。到 2025 年，普通话在全国普及率达到 85% 的目标。2022 年 10 月 16 日，习近平总书记在党的二十大报告中也明确指出，要"加大国家通用语言推广力度"。本书编者以此精神为指导，依据《普通话水平测试实施纲要》(2021 年版)(以下简称《纲要》)，编写了《新普通话水平测试实用教程》。

●本书体例

《新普通话水平测试实用教程》注重精讲多练。全书包括基础篇、实践篇两个篇章和五个附录。

基础篇涵盖普通话声母、韵母、声调和语流音变等语音基础知识，就语音理论知识进行了系统的讲解，通过语音对比分析，突出重点与难点。

实践篇包含"讲解与朗读""巩固与提高"两部分内容。

"讲解与朗读"部分以声母（包括零声母）发音为主线，按照 4 个声调之间相互组合的 16 种形式和 4 个声调分别与轻声组合的 4 种双音节词语、儿化词语、三音节词语、四音节词语，设计了 23 课，再加上两个复习课，共 25 课。除了最后的两个复习课外，每课设置了单音节字词、形近字辨析与积累、多音节（包括双音节、儿化、三音节、四音节）词语、朗读作品、命题说话等五个部分。

“巩固与提高”设置了听辨并跟读单音节字词、听录音跟读词语、小组成员互读作品选段并纠正发音、命题说话片段练习等四个部分，在实践中让学习者对理论知识进一步理解消化、融会贯通。

基于语言习得的动态、非线性特点及语言教材编写原则，全书未对例词、朗读作品做拼音标注。为了便于学习者使用，本书提供了拼音版本的朗读作品，手机扫描书中第 31 页（实践篇篇章页）二维码即可查阅。在普通话学习中，学习者需要依据汉字结构特点认读汉字，运用定音法、对比法等精准把握汉字声调的调值、调型，继而掌握好语流音变、语调及句调等。

具体来说，在基础篇中，本书不仅以通俗易懂的方式阐释了相关基本理论，还选用了考试中的高频字词、易错字词作为例字和例词。另外，在讲解“啊”的音变时，本书将 50 篇朗读作品中涉及的相关句子都做了归类，并在句子后括注了来源；在讲解儿化时，亦对朗读作品中涉及的所有儿化词语做了归类。

在实践篇中，第一至二十三课每课的“讲解与朗读”内容如下：

一、声母为“……”的单音节字词。这部分主要是本课声母所能构成的所有音节的高频单音节字词，且大多以四个声调为一组的形式呈现。

二、形近字辨析与积累。这部分主要是涉及本课声母的、按照字形归类的高频易错单音节字词。

三、多音节（包括双音节、儿化、三音节、四音节）词语。第一至十六课分别为四个声调之间相互组合的双音节词语，第十七至二十课分别为四个声调和轻声组合的双音节词语，第二十一课为儿化词语，第二十二课为三音节词语，第二十三课为四音节词语。

四、朗读作品。按照《纲要》中的作品顺序，每课安排了 2 篇作品。在每篇作品中，我们对轻声、儿化、上声变调、部分停断处等都做了具体标识：字下加“．”为轻声，词语加粗为儿化，字下加“＿”为后加阴平、阳平、去声的上声变调（读半上声），字下加“＝”为后加上声的上声变调（读阳平），词句间的“/”为停断处。另外，关于上声变调，如果上声字是词语中的后一个字，由于每个人对停连的处理不同，调值会有所不同，本书所做的标记仅作为参考，朗读者可以根据自己的停连处理来进行变调。与此同时，每篇作品之后有“朗读重点提示”，包含“一”“不”的变调、“啊”的音变、易错音等。此外，我们还通过脚注的形式对个别难懂难读的词语或句子进行了解释说明。

五、命题说话：从“句式”和“提纲”两方面为学习者提供说话的思路。

每课的“巩固与提高”从普通话水平测试的4个题型入手设计了练习，内容如下：

一、听辨并跟读单音节字词。这部分大多由25组音近字和25组形近字组成，有的组兼顾了音近和形近。

二、听录音跟读词语。这部分练习呈现形式与“讲解与朗读”中的多音节（包括双音节、儿化、三音节、四音节）词语一样，但要求学习者跟着录音读，进一步纠正自己的发音。

三、小组成员互读作品选段并纠正发音。从本课两篇朗读作品中选取了重难点段落，在无任何标记的情况下对学习者进行强化训练。

四、命题说话片段练习。这部分练习是对本课两个话题的主体内容进行针对性训练。

此外，第二十四、二十五课为复习课，与第一至二十三课不同的是：

“讲解与朗读”和“巩固与提高”的字词和词语部分，两个复习课模拟普通话水平测试的形式，字词为100个高频、易错的单音节字词，词语为共100个音节的高频、易错的多音节词语，且减去了形近字辨析与积累部分。

●使用建议

《新普通话水平测试实用教程》既可作为汉语言文学专业、国际中文教育专业、汉语言专业等相关专业的语言训练教材，亦可作为国家通用语言培训的短训教材。教师使用本教材时，可根据实际教学时间、教学模式的不同，有选择地设置教学内容。本教材用作语言类相关专业的教材时，建议每周4学时，一学期72学时。教师可对教学内容进行深入细致的讲练，充分体现其对现代汉语语音知识有效补充的作用，以期各专业学生能够精准掌握普通话语音基础，既知其然又知其所以然，能够说一口流利标准的普通话，普通话水平达到二级甲等及以上。本教材用作国家通用语言培训的短训教材时，教师可根据项目具体安排和学员语音特点适量选择教学内容，围绕普通话水平测试进行专项辅导，有针对性地解决学习者在学习过程中遇到的疑难问题。

“只要功夫深，铁杵磨成针。”学习语言一定要坚持长期不断地正确练习，方可事半功倍。希望《新普通话水平测试实用教程》能够助力广大学习者早日“修成正果”，提升普通话水平。由于编者知识水平有限，文中错漏之处在所难免，恳请各位专家、教师不吝赐教。

编者

2024年6月

基 础 篇

实 践 篇

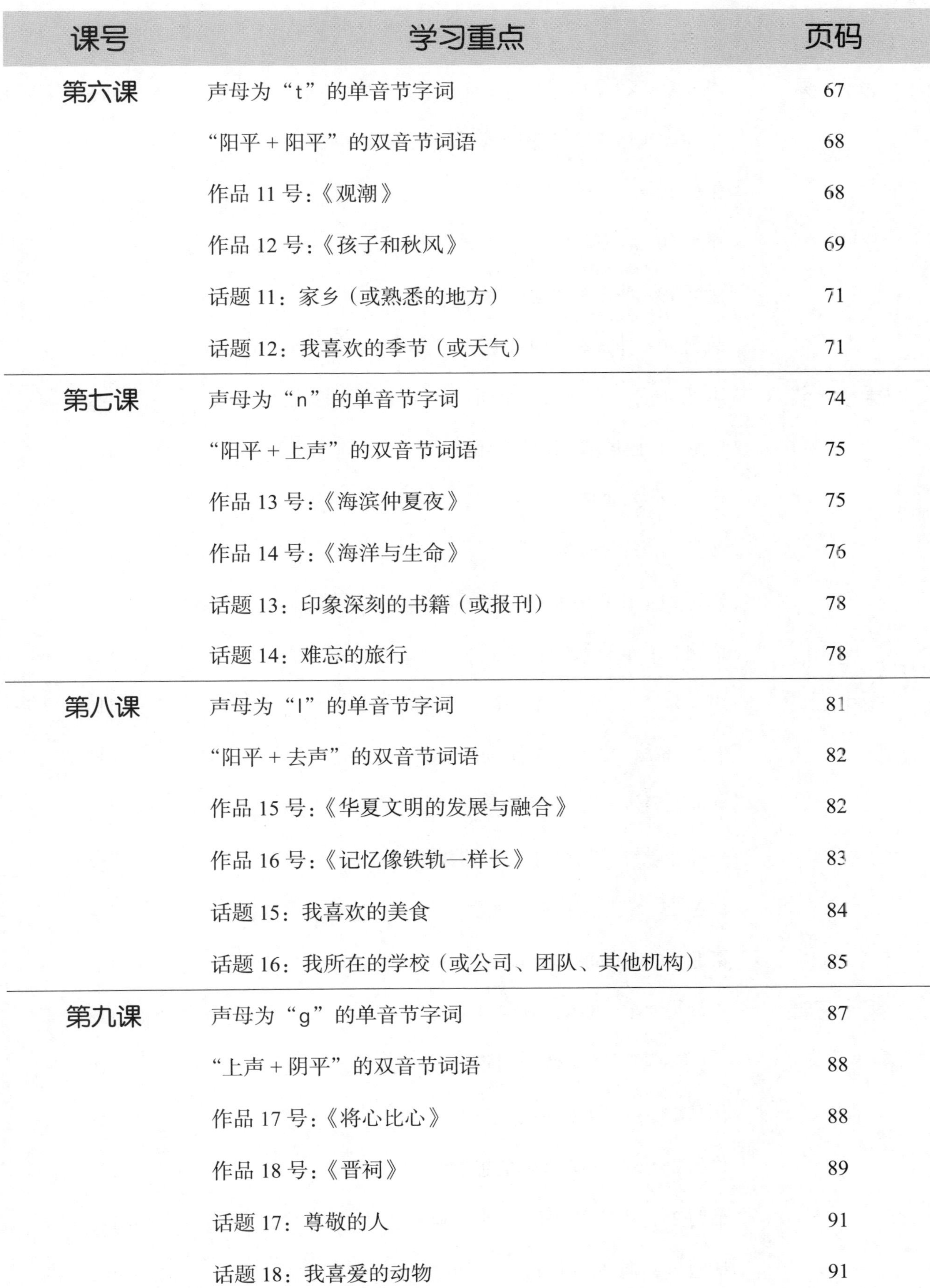

附录

基础篇

声 母

1 b [p] 双唇、不送气、清、塞音

双唇紧闭，软腭上升，较弱气流冲破阻塞，爆发成声。如：

拔　拜　宝　北　笨　博　禀　表　憋　宾

2 p [p^h] 双唇、送气、清、塞音

发音状况与发 b 时大致相同，区别在于因为声门大开，双唇打开时有一股较强的气流快速冲出。如：

爬　牌　袍　庞　篇　瞟　胚　盆　捧　瞥

● b – p 对比

声母	发音特点	单音节例字	双音节例词	组合词语
b	较弱气流突然打开双唇成声。	瓣　傍　病　鄙　斌	百般　弊病　标榜　遍布　冰雹	爆破　奔跑　背叛　编排　补票　配备　排版　旁边　赔本　跑步
p	较强气流突然打开双唇成声。	畔　胖　坪　脾　频	批评　偏僻　琵琶　匹配　瓢泼	

3 m [m] 双唇、浊、鼻音

双唇紧闭，软腭下降，鼻腔通道打开，气流从鼻腔通过，声带振动。如：

闽　篾　谬　镁　摸　码　抿　眸　渺　勉

4 f [f] 唇齿、清、擦音

下唇先与上齿接触，形成极小的缝隙，同时软腭上升，然后让气流从上齿和下唇之间的缝隙中挤出，摩擦成声。如：

烦　肥　访　逢　罚　缶　腐　粉　佛　范

● p – f 对比

声母	发音特点	单音节例字	双音节例词	组合词语
p	气流到达双唇后蓄气，除阻时，声门大开，从肺部呼出较强气流成声。	趴　盼　陪　普　旁	澎湃　批判　品牌　偏偏　评判	批发　皮肤　普法　匍匐　平凡　发票　反扑　分配　肥胖　放炮
f	使气流从上齿和下唇间的缝隙中挤出，摩擦成声。	发　饭　非　福　方	发奋　反复　方法　芬芳　付费	

5 d [t] 舌尖中、不送气、清、塞音

舌尖先抵住上齿龈，软腭上升，鼻腔通道关闭，口腔内蓄气，然后舌尖突然下降，一股较弱的气流快速冲出，爆发成声。如：

貂　蝶　兜　踱　鼎　登　抵　档　稻　碘

6 t [tʰ] 舌尖中、送气、清、塞音

发音状况与发 d 时大致相同，区别在于舌尖下降的瞬间，因为声门大开，有一股较强的气流快速冲出。如：

投　逃　榻　胎　滩　屯　添　团　拖　桶

● d – t 对比

<table>
<tr><th>声母</th><th>发音特点</th><th>单音节例字</th><th>双音节例词</th><th>组合词语</th></tr>
<tr><td>d</td><td>舌尖下降，较弱的气流快速冲出舌尖与上齿龈的阻塞。</td><td>耽　捣　凳
缔　躲</td><td>打倒　单调　导弹
带动　顶点</td><td rowspan="2">党团　倒退　等同
电梯　动听
坦荡　天敌　铁道
偷渡　推断</td></tr>
<tr><td>t</td><td>舌尖下降，较强的气流快速冲出舌尖与上齿龈的阻塞。</td><td>谭　讨　藤
剃　妥</td><td>坍塌　逃脱　体态
天堂　头痛</td></tr>
</table>

7 n [n] 舌尖中、浊、鼻音

舌尖抵住上齿龈，软腭下降，鼻腔通道打开，气流从鼻腔通过，声带振动。如：

嫩　凝　腻　暖　酿　怒　脓　挪　捻　啮

8 l [l] 舌尖中、浊、边音

舌尖抵住上齿龈，软腭上升，堵住鼻腔通道，气流从舌头两侧通过，声带振动。如：

履　癞　裂　龄　陇　轮　垒　掠　峦　拎

● n – l 对比

<table>
<tr><th>声母</th><th>发音特点</th><th>单音节例字</th><th>双音节例词</th><th>组合词语</th></tr>
<tr><td>n</td><td>发音时声带振动，气流从鼻腔出来。</td><td>娜　怒　你
诺　碾</td><td>奶牛　男女　恼怒
能耐　泥泞</td><td rowspan="2">逆流　脑力　内陆
女郎　能量
冷暖　留念　来年
老牛　理念</td></tr>
<tr><td>l</td><td>发音时声带振动，气流从口腔两侧的空隙出来。</td><td>拉　路　理
落　敛</td><td>来历　劳累　利率
理疗　料理</td></tr>
</table>

9 g [k] 舌面后、不送气、清、塞音

舌头先后缩，舌面后部抬起，抵住软腭和硬腭的交界处，软腭上升，鼻腔通道关闭，口腔内蓄气，然后舌面突然降低，舌面后部离开软腭，一股较弱的气流快速冲出，爆发成声。如：

灌　构　逛　锅　跪　割　跟　寡　滚　汞

10　k [k^h] 舌面后、送气、清、塞音

发音状况与发 g 时大致相同，区别在于舌面后部离开软腭的瞬间，声门大开，有一股较强的气流快速冲出。如：

恐　廓　啃　捆　垮　筐　烤　抠　愧　凯

● g – k 对比

声母	发音特点	单音节例字	双音节例词	组合词语
g	舌面下降，较弱的气流快速冲破舌面后部与软腭的阻塞。	钙　竿　纲　硅　鸽	尴尬　公共　骨干　广告　规格	概况　高考　公开　孤苦　管控　客观　考古　控告　旷工　开关
k	舌面下降，较强的气流快速冲破舌面后部与软腭的阻塞。	揩　堪　糠　亏　磕	开垦　坎坷　慷慨　旷课　宽阔	

11　h [x] 舌面后、清、擦音

舌面后部隆起，向软腭和硬腭的交界处贴近，留出一道窄缝，软腭上升，鼻腔通道关闭，气流从留出的窄缝中挤出，摩擦成声。如：

魂　衡　淮　谎　颌　氦　喊　痕　轰　滑

● f – h 对比

声母	发音特点	单音节例字	双音节例词	组合词语
f	下唇和上齿接触，且舌面后部不要太高，唇形不要拢圆。	乏　翻　防　肺　冯	纷繁　赋分　芳菲　仿佛　奋发	发挥　符合　防寒　凤凰　孵化　划分　回访　耗费　合法　荒废
h	舌面后部接近硬腭与软腭的交界处，且避免齿唇接触。	哈　韩　航　黑　衡	合乎　后悔　黄昏　混合　豪华	

12　j [tɕ] 舌面前、不送气、清、塞擦音

舌尖先抵住下齿背，舌面前部抵住硬腭前部，软腭上升，鼻腔通道关闭，口腔蓄气，较弱的气流冲破舌面前部的阻塞，从舌面前部与硬腭间的窄缝中挤出，摩擦成声。如：

撅　倦　酱　揪　钾　谨　菊　钧　级　届

13　q [$tɕ^h$] 舌面前、送气、清、塞擦音

发音状况与发 j 时大致相同，区别在于冲破舌面前部的阻塞时，有一股较强的气流从舌面前部与硬腭间的窄缝中挤出。如：

穷　倾　渠　掐　瘸　芹　潜　砌　权　腔

● j – q 对比

声母	发音特点	单音节例字	双音节例词	组合词语
j	较弱的气流从舌面前部与硬腭间的窄缝中挤出。	讥 价 歼 姜 绞	健将 将军 焦急 结晶 借鉴	精确 崛起 军区 机枪 讲求 千金 强加 清静 拳击 奇迹
q	较强的气流从舌面前部与硬腭间的窄缝中挤出。	迄 洽 嵌 墙 撬	前期 侵权 确切 氢气 祈求	

14 x [ɕ] 舌面前、清、擦音

舌尖先抵住下齿背，舌面前部接近硬腭前部，要形成适度的缝隙，并不形成阻塞，软腭上升，鼻腔通道关闭，口腔蓄气，气流从舌面前部与硬腭前部的窄缝中挤出，摩擦成声。如：

瞎 癣 逊 雄 卸 邢 选 详 型 穴

15 zh [tʂ] 舌尖后、不送气、清、塞擦音

舌尖先翘起，抵住硬腭前部，软腭上升，鼻腔通道关闭，口腔蓄气，一股较弱的气流冲破舌尖的阻塞，从舌尖与硬腭前部的缝隙中挤出，摩擦成声。如：

摘 皱 锥 昭 幢 桌 准 肿 值 眨

16 ch [$tʂ^h$] 舌尖后、送气、清、塞擦音

发音状况与发 zh 时大致相同，区别在于冲破舌尖的阻塞时，有一股较强的气流从舌尖与硬腭前部的缝隙中挤出。如：

承 潮 肠 踹 蠢 戳 撑 插 柴 撤

17 sh [ʂ] 舌尖后、清、擦音

舌尖先翘起，接近硬腭前部，形成一条窄缝，并不形成阻塞，软腭上升，鼻腔通道关闭，口腔蓄气，气流从舌尖与硬腭前部的窄缝中挤出，摩擦成声。如：

爽 婶 摔 绳 吮 涮 诗 兽 耍 晒

● zh – ch – sh 对比

声母	发音特点	单音节例字	双音节例词	组合词语
zh	舌尖翘起，抵住硬腭前部，形成气流阻塞，较弱的气流冲破阻塞，从舌尖与硬腭前部的窄缝中挤出。	榨 债 毡 珍 脂	辗转 真正 主张 蜘蛛 周转	战场 章程 侦查 争创 忠诚 成长 初衷 车站 城镇 池沼 创始 蠢事 传神 阐述 昌盛 市场 上传 沙尘 删除 审查
ch	舌尖翘起，抵住硬腭前部，形成气流阻塞，较强的气流冲破阻塞，从舌尖与硬腭前部的窄缝中挤出。	茬 柴 缠 陈 迟	橱窗 戳穿 传承 初春 惆怅	

（续表）

声母	发音特点	单音节例字	双音节例词	组合词语
sh	舌尖翘起，接近硬腭前部，形成狭窄的缝隙，气流从舌尖与硬腭前部的窄缝中挤出。	傻 筛 陕 渗 饰	实施 少数 税收 顺手 舒适	设置 甚至 始终 述职 伸展 招生 肇事 征收 转身 注视

18 r [ɻ] 舌尖后、浊、近音

发音状况与发 sh 时大致相同，区别在于发音时声带振动，且从缝隙中挤出的气流较弱。如：

嚷 日 瑞 融 弱 润 绕 仍 肉 乳

19 z [ts] 舌尖前、不送气、清、塞擦音

舌尖抵住下齿背，软腭上升，鼻腔通道关闭，口腔蓄气，一股较弱的气流冲破舌叶与齿龈的阻塞，从舌尖与下齿背间的缝隙中挤出，摩擦成声。如：

咂 棕 奏 憎 醉 遵 栽 怎 仄 攥

● z – zh – j 对比

声母	发音特点	单音节例字	双音节例词	组合词语
z	舌尖抵住下齿背，形成气流阻塞，较弱的气流冲破舌叶与齿龈的阻塞，从舌尖与下齿背间的缝隙中挤出。	杂 则 组 子 脏	栽赃 藏族 自尊 祖宗 做作	杂志 栽种 罪证 赞助 尊重 渣滓 指责 制造 庄子 著作 直觉 逐渐 抓紧 真菌 壮举 极致 家长 兼职 颈椎 奖状 讲座 尽早 节奏 饺子 捐赠 总结 自己 增加 最近 尊敬
zh	舌尖翘起，抵住硬腭前部，形成气流阻塞，较弱的气流冲破舌尖的阻塞，从舌尖与硬腭前部的缝隙中挤出。	扎 这 住 纸 章	战争 政治 种植 住宅 注重	
j	舌尖抵住下齿背，舌面前部抵住硬腭前部，形成气流阻塞，较弱的气流冲破舌面前部的阻塞，从舌面前部与硬腭间的窄缝中挤出。	家 节 句 鸡 姜	经济 交际 阶级 解决 结交	

20 c [tsʰ] 舌尖前、送气、清、塞擦音

发音状况与发 z 时大致相同，区别在于冲破舌叶与齿龈的阻塞时，有一股较强的气流从舌尖与下齿背间的缝隙中挤出。如：

残 错 槽 财 蹭 舱 催 窜 擦 村

● c – ch – q 对比

<table>
<tr><th>声母</th><th>发音特点</th><th>单音节例字</th><th>双音节例词</th><th>组合词语</th></tr>
<tr><td>c</td><td>舌尖抵住下齿背，形成气流阻塞，较强的气流冲破舌叶与齿龈的阻塞，从舌尖与下齿背间的缝隙中挤出。</td><td>从　醋　词
册　窜</td><td>措辞　参差　从此
催促　匆匆</td><td rowspan="3">财产　此处　存储
操场　促成
尺寸　锄草　初次
出彩　筹措
长期　出勤　逞强
拆迁　城区
清楚　汽车　起床
青春　全场
其次　起草　器材
潜藏　憔悴
采取　辞去　苍穹
存钱　凑齐</td></tr>
<tr><td>ch</td><td>舌尖翘起，抵住硬腭前部，形成气流阻塞，较强的气流冲破舌尖的阻塞，从舌尖与硬腭前部的缝隙中挤出。</td><td>宠　触　吃
彻　船</td><td>叉车　拆穿　长城
超出　长处</td></tr>
<tr><td>q</td><td>舌尖抵住下齿背，舌面前部抵住硬腭前部，较强的气流冲破舌面前部的阻塞，从舌面前部与硬腭间的窄缝中挤出。</td><td>琼　去　其
且　泉</td><td>齐全　气球　亲戚
前期　确切</td></tr>
</table>

21 s [s] 舌尖前、清、擦音

舌尖抵住下齿背，软腭上升，鼻腔通道关闭，口腔蓄气，舌叶与齿龈形成缝隙，并不形成阻塞，气流从舌叶与齿龈的缝隙中挤出，摩擦成声。如：

缫　穗　酥　笋　锁　涩　腮　搜　酸　嗓

● s – sh – x 对比

<table>
<tr><th>声母</th><th>发音特点</th><th>单音节例字</th><th>双音节例词</th><th>组合词语</th></tr>
<tr><td>s</td><td>舌尖抵住下齿背，舌叶与齿龈形成缝隙，气流从舌叶与齿龈的缝隙中挤出。</td><td>洒　色　思
苏　搜</td><td>色素　送死　松散
洒扫　四散</td><td rowspan="3">撒手　厮杀　宿舍
算数　损伤
世俗　深色　上司
哨所　疏松
史学　实行　首席
闪现　水系
稀释　消失　心事
行驶　响声
相似　消散　潇洒
细碎　逊色
思想　缩小　随性
色系　送行</td></tr>
<tr><td>sh</td><td>舌尖翘起，接近硬腭前部，形成狭窄的缝隙，气流从舌尖与硬腭前部的窄缝中挤出。</td><td>啥　摄　湿
梳　瘦</td><td>山水　上升　师生
设施　绅士</td></tr>
<tr><td>x</td><td>舌尖抵住下齿背，舌面前部接近硬腭前部，形成适度的缝隙，气流从舌面前部与硬腭前部的窄缝中挤出。</td><td>霞　些　洗
须　袖</td><td>细小　现象　相信
消息　新鲜</td></tr>
</table>

● z－c－s 对比

声母	发音特点	单音节例字	双音节例词	组合词语
z	舌尖抵住下齿背，舌叶与齿龈形成阻塞，较弱的气流冲破阻塞，从舌尖与下齿背间的缝隙中挤出。	总　赠　赞 葬　字	最早　栽赃　粽子 在座　藏族	再次　暂存　总裁 字词　遵从 存在　惨遭　才子 参赞　操纵
c	舌尖抵住下齿背，舌叶与齿龈形成阻塞，较强的气流冲破阻塞，从舌尖与下齿背间的缝隙中挤出。	淙　蹭　灿 舱　次	层次　措辞　粗糙 参差　草丛	厕所　彩色　蚕丝 测算　粗俗 素材　色彩　随从 思忖　酸菜
s	舌尖抵住下齿背，舌叶与齿龈形成缝隙，气流从缝隙中挤出。	宋　僧　散 桑　肆	色素　思索　松散 诉讼　所思	丧葬　嗓子　塑造 私自　所在 自私　子孙　总算 再三　赞颂

22 零声母

如果音节开头没有辅音，这个音节的声母就是“零声母”。

ɑ、o、e 和以 ɑ、o、e 开头的开口呼韵母若为零声母音节，ɑ、o、e 前不加任何字母；

i、u、ü 自成音节时，分别写作 yi、wu、yu；

以 i 开头的齐齿呼韵母若为零声母音节，除 in、ing 前加 y 外，其他都是将 i 写作 y；

以 u 开头的合口呼韵母若为零声母音节，将 u 写作 w；

以 ü 开头的撮口呼韵母若为零声母音节，在 ü 前加 y，并去掉 ü 上两点。

如：

偶尔 ǒu ěr	熬夜 áo yè	安慰 ān wèi	阿谀 ē yú
因而 yīn ér	摇曳 yáo yè	贻误 yí wù	忧郁 yōu yù
万恶 wàn è	威严 wēi yán	无畏 wú wèi	洼地 wā dì
悦耳 yuè ěr	寓意 yù yì	援外 yuán wài	孕育 yùn yù

韵 母

一、单韵母

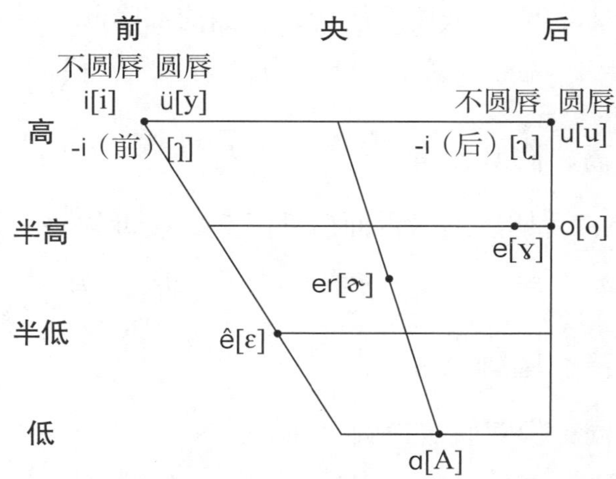

普通话单韵母舌位唇形图

1 ɑ [A] 舌面、央、低、不圆唇元音

嘴张大，舌位低，舌头居中央。如：

疤　岔　铡　罚　塔　辣　玛　帕　砸　傻

2 o [o] 舌面、后、半高、圆唇元音

上下唇拢圆，舌头后缩，舌位半高。如：

叵　摸　磨　拨　默　颇　莫　脖　佛　菠

3 e [ɤ] 舌面、后、半高、不圆唇元音

发音与 o 基本相同，双唇自然展开。如：

侧　扯　阁　课　盒　遮　澈　赦　特　责

● o – e 对比

韵母	发音特点和拼合特点	单音节例字	双音节例词	组合词语
o	发音时是圆唇。除了自成音节，比如 ò（哦），以及极少语气词 lo（咯）、yo（哟）外，只能与 b、p、m、f 相拼。	博　破　末　佛　哦	磨破　泼墨　伯伯　婆婆　默默	磨合　波折　薄荷　博客　模特儿　恶魔　隔膜　割破　折磨　刻薄
e	发音时口型不圆，自然展开。不能与 b、p、f、j、q、x 相拼。	刻　歌　么　勒　饿	隔热　各个　合格　客车　特色	

4 ê [ɛ] 舌面、前、半低、不圆唇元音

口半开，舌尖抵住下齿背，舌面前部隆起，和硬腭相对。除了语气词“欸”以外，ê 不单独使用。

5 i [i] 舌面、前、高、不圆唇元音

口微开，两唇呈扁平状，舌尖抵住下齿背，舌面前部隆起，贴近硬腭。如：

疲　碧　骑　洗　嫡　幂　梯　瘠　犁　腻

6 u [u] 舌面、后、高、圆唇元音

双唇拢圆，开口度小，舌体后缩，舌面后部隆起，接近软腭。如：

赋　甫　湖　锄　蛀　穆　酷　怒　屠　毒

7 ü [y] 舌面、前、高、圆唇元音

发音状况与 i 基本相同，但双唇需拢圆。如：

蓄　矩　氯　屡　聚　嘘　裕　矩　驱　榆

8 -i (前)[ɿ] 舌尖前、高、不圆唇元音

口略开，嘴角向两旁展开，舌尖接近上齿背。这个韵母在普通话中只出现在声母 z、c、s 的后面。如：

咨　渍　紫　刺　磁　此　次　厮　死　肆

9 -i (后)[ʅ] 舌尖后、高、不圆唇元音

口略开，展唇，舌尖上翘，接近硬腭前部。这个韵母在普通话中只出现在声母 zh、ch、sh、r 的后面。如：

值　纸　至　治　吃　持　斥　师　屎　誓

10 er [ɚ] 卷舌、央、中、不圆唇元音

口自然张开，舌前部上抬，舌尖向后卷，和硬腭前部相对。这个韵母自成音节，不与声母相拼。如：

而　尔　二　贰　儿　迩　饵　耳　洱　珥

二、复韵母

1 ɑi［ai］前响复韵母

舌尖抵住下齿背，使舌面前部隆起，与硬腭相对，从前低不圆唇元音［a］开始，舌位向［i］的方向滑动升高。如：

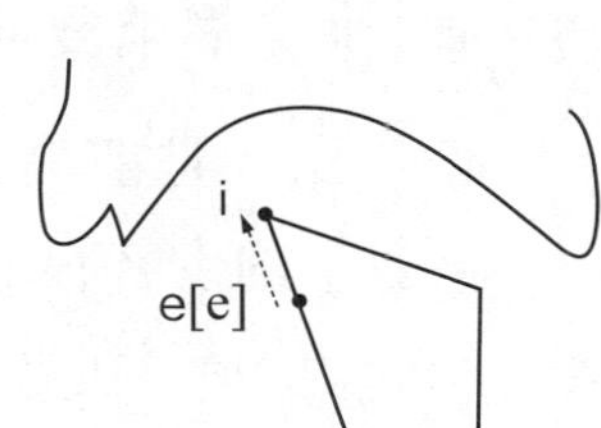

拜　蔡　概　氦　揩　癞　迈　奶　牌　赛

2 ei［ei］前响复韵母

起点元音是前半高不圆唇元音［e］，发音过程中，舌尖抵住下齿背，使舌面前部隆起，对着硬腭的中部，从刚开始的舌位起，向［i］的方向滑动升高。如：

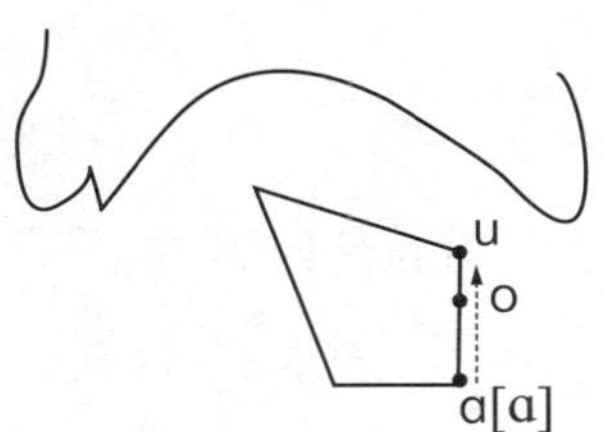

悖　费　胚　馁　贼　赔　黑　枚　擂　给

3 ɑo［ɑu］前响复韵母

由后低不圆唇元音［ɑ］开始，舌面后部逐渐隆起，舌位向［u］的方向滑动升高。也就是说，收尾的元音不是［o］，而是更接近于［u］。如：

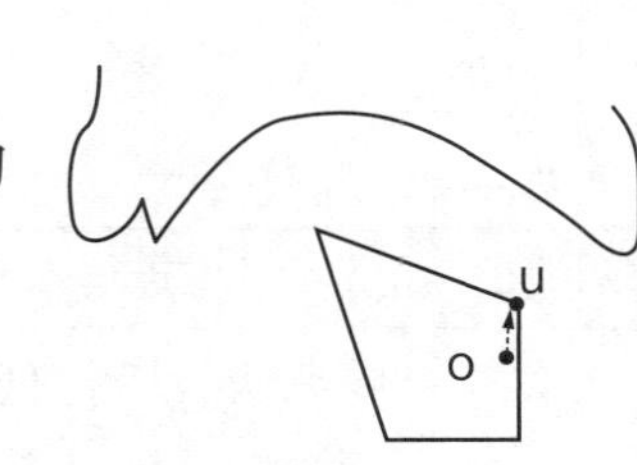

枣　豪　袍　逃　巢　铆　烤　挠　昭　包

4 ou［ou］前响复韵母

从［o］的舌位开始，实际舌位比［o］略微靠前，向［u］的舌位滑动。中间发音的过程非常短，不要拉长。如：

偷　揍　痘　喉　瘦　粥　谋　购　揉　娄

● ɑo－ou 对比

韵母	拼合特点	单音节例字	双音节例词	组合词语
ɑo	不能与 f、j、q、x 相拼。	早　肇　超　哨　耗	懊恼　包抄　报告　高潮　号召	包头　高手　毛豆　好受　招收
ou	不能与 b、j、q、x 相拼。	奏　州　愁　兽　吼	筹谋　丑陋　收购　口头　漏斗	酬劳　逗号　扣好　头脑　投靠

5 iɑ［iA］后响复韵母

起点元音是前高元音［i］，终点元音是央低元音［A］。发音的时候，舌位从［i］滑向［A］。［i］的发音很短，［A］的发音响亮且长。如：

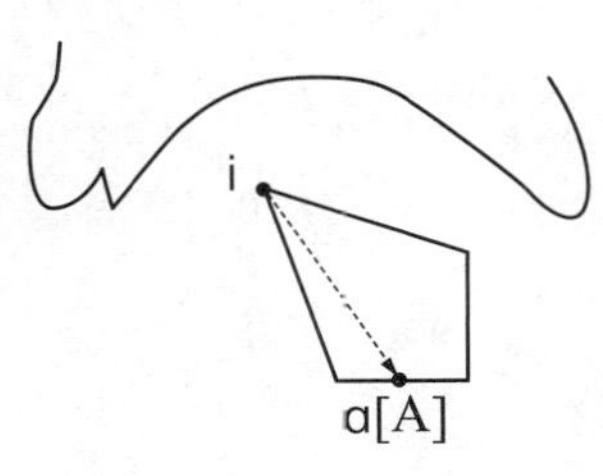

虾　瞎　匣　钾　峡　嫁　颊　掐　伽　洽

● ɑ – iɑ 对比

韵母	拼合特点	单音节例字	双音节例词	组合词语
ɑ	不能与 j、q、x、r 相拼。	达　喇　札 茶　洒	发达　马达　大厦 哪怕　打岔	大家　发夹　法家 马甲　落下
iɑ	只能与 d、l、j、q、x 相拼。	嗲　俩　贾 恰　夏	压价　加价　加压 假牙　下压	加大　下达　加法 夹杂　下马

6 ie [iɛ] 后响复韵母

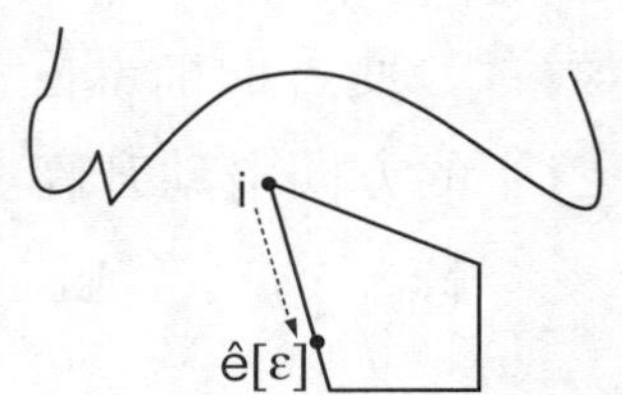

起点元音是前高元音 [i]，由它开始，舌位滑向前半低元音 [ɛ]。[i] 的发音很短，[ɛ] 的发音响亮且长。要注意的是，后响复韵母 ie 和 üe，拼音标注的尾音是 e，但是发的音不是元音 [e]，而是 ê [ɛ]。如：

窃　聂　劣　瞥　跌　憋　蟹　瘪　铁　歇

7 uɑ [uA] 后响复韵母

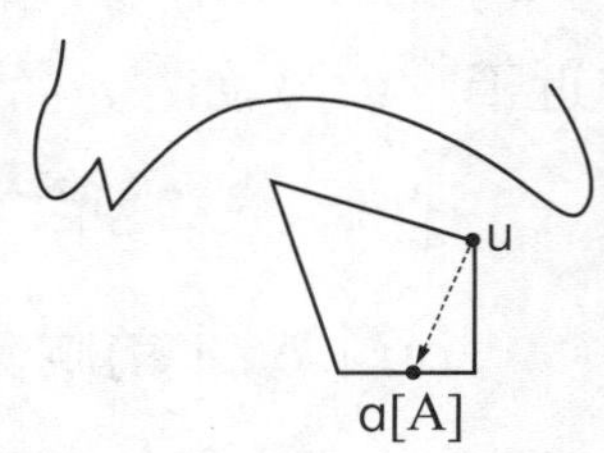

起点元音是后高圆唇元音 [u]，由它开始，舌位滑向央低元音 [A]。发音的时候，唇形由最圆逐步展开到不圆。[u] 的发音很短，[A] 的发音响亮且长。如：

寡　垮　刮　滑　剐　褂　夸　刷　抓　桦

● ɑ – uɑ 对比

韵母	发音特点和拼合特点	单音节例字	双音节例词	组合词语
ɑ	嘴张大，舌位低，不圆唇。不能与 j、q、x、r 相拼。	哈　尬　喀 扎　沙	耷拉　打岔　蛤蟆 喇叭　沙发	插花　打垮　傻瓜 麻花　八卦 刷卡　花洒　花茶 刮擦　夸大
uɑ	从后高圆唇元音 [u] 开始，先圆唇发得轻短，后面的央低元音 [A] 清晰响亮。只能与 g、k、h、zh、ch、sh、r 相拼。	滑　寡　挎 抓　刷	呱呱　挂画　耍滑 刮花　花袜	

8 uo [uo] 后响复韵母

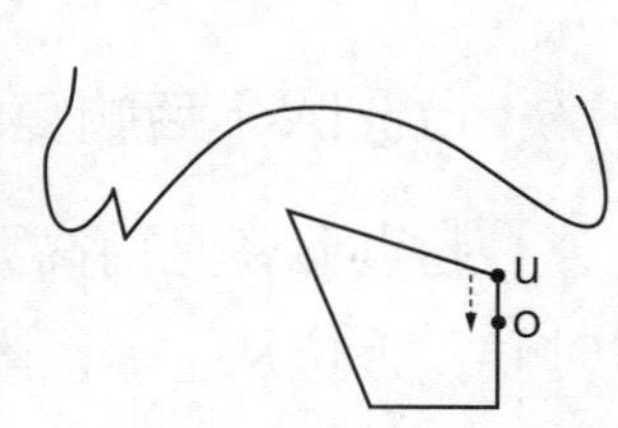

起点元音是后高圆唇元音 [u]，由它开始，舌位向下滑到后半高圆唇元音 [o]。[u] 的发音很短，[o] 的发音响亮且长。发音的过程中，要保持圆唇，开头最圆，结尾圆唇度略减。如：

戳　错　洛　舵　祸　堕　拙　弱　郭　挪

● o – u – uo 对比

韵母	发音特点和拼合特点	单音节例字	双音节例词	组合词语
o	双唇拢圆，舌位半高。圆唇的程度比 u 略低。除了自成音节和语气词 lo（咯）、yo（哟）外，只能与 b、p、m、f 相拼。	玻 破 默 佛 咯	伯伯 婆婆 默默 馍馍 磨破	伯母 拨付 陌路 魔术 泼妇 涂抹 抚摸 赌博 吐蕃 突破 路过 住所 如果 诉说 数落 过户 括弧 所属 落户 过目 活泼 落魄 说破 琢磨 萝卜 菠萝 摩托 剥夺 破落 佛陀
u	双唇拢圆，舌位高且靠后。不能与 j、q、x 相拼。	簿 谱 亩 附 露	瀑布 速度 补助 读物 辜负	
uo	由后高圆唇元音［u］开始，舌位向下滑到后半高圆唇元音［o］，［u］很短，［o］响而长。唇形有一个由小到大的变化过程。不能与 b、p、m、f、j、q、x 相拼。	剁 挪 若 错 落	火锅 堕落 陀螺 坐落 错过	

● ou – uo 对比

韵母	拼合特点	单音节例字	双音节例词	组合词语
ou	不能与 b、j、q、x 相拼。	寇 都 狗 漏 瞅	售后 丑陋 兜售 漏斗 守候	抖落 收缩 搜索 柔弱 受挫 夺走 落后 舵手 果肉 错漏
uo	不能与 b、p、m、f、j、q、x 相拼。	阔 舵 郭 罗 戳	骆驼 脱落 哆嗦 阔绰 做作	

9 üe［yε］后响复韵母

起点元音是前高圆唇元音［y］，由它开始，舌位下滑到前半低元音［ε］。前面讲 ie 的发音时提过，üe 的拼音中尾音标注的是 e，但是发的音不是元音［e］，而是 ê［ε］。如：

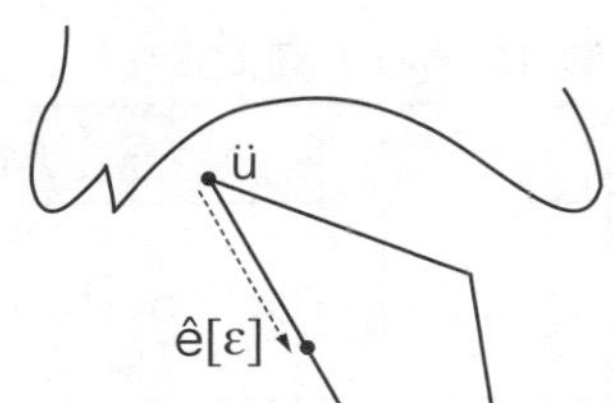

虐 爵 掠 瘸 岳 薛 越 悦 粤 厥

● ie – üe 对比

韵母	发音特点和拼合特点	单音节例字	双音节例词	组合词语
ie	起点元音是前高元音［i］，不圆唇。除了 n、l、j、q、x 之外，还能与 b、p、m、d、t 相拼。	噎 裂 劫 怯 歇	谢谢 姐姐 结节 贴切 趔趄	节约 解决 借阅 灭绝 谢绝 越界 确切 决裂 血液 越野
üe	起点元音是前高元音［y］，先圆唇。只能与 n、l、j、q、x 相拼。	阅 略 决 却 学	雀跃 约略 决绝 月月 绝学	

10 iɑo［iɑu］中响复韵母

由前高元音［i］开始，舌位降至后低元音［ɑ］，然后再向［u］的方向滑升。发音过程中，舌位先降后升，由前到后，曲折幅度较大。从中间的元音［ɑ］开始，唇形逐渐拢圆。收尾的元音不是［o］，而是更接近于［u］。如：

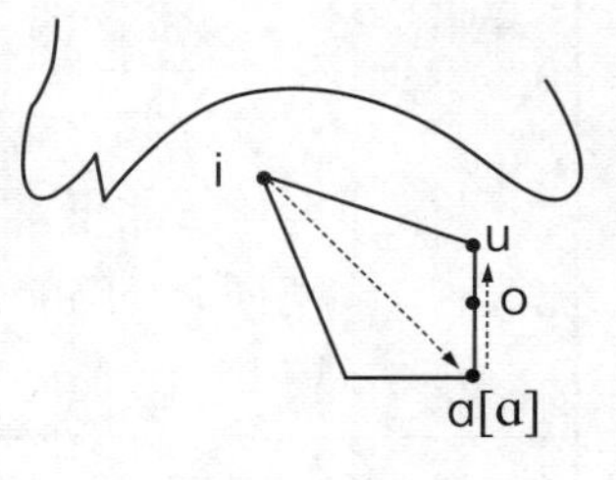

雕　裱　缴　瞟　聊　桥　枭　俏　跳　销

● ɑo – iɑo 对比

韵母	发音特点和拼合特点	单音节例字	双音节例词	组合词语
ɑo	张大嘴巴，由后低不圆唇元音［ɑ］开始响亮发音。不能与 f、j、q、x 相拼。	祷　跑　猫　捞　套	操劳　高潮　牢骚　骚扰　糟糕	包销　报表　钞票　超标　高效　跳高　小脑　小勺　小跑　侨胞
iɑo	口微开，由前高元音［i］开始轻短发音。只能与 b、p、m、d、t、n、l、j、q、x 相拼。	钓　飘　藐　聊　跳	吊销　教条　叫嚣　缥缈　调料	

11 iou［iou］中响复韵母

从前高元音［i］开始，舌位降至后半高元音［o］（略微靠前，相当于［ə］），然后再向［u］的方向滑升。发音过程中，舌位先降后升，由前到后。

汉语拼音中，iou 一般省写为 iu，这是因为 iou 中间的元音［o］弱化了，读得很短。发音上也要注意，iou 的舌位的移动过程主要表现为前后的滑动。如：

揪　诱　丢　嗅　扭　缪　柳　裘　酒　袖

● ü – iou 对比

韵母	拼合特点	单音节例字	双音节例词	组合词语
ü	只能与 n、l、j、q、x 相拼。	女　吕　居　区　需	居于　聚居　区域　栩栩　语序	拘留　去留　许久　旅游　预留　旧居　忧虑　求取　扭曲　就绪
iou	除了 n、l、j、q、x 之外，还能与 m、d 相拼。	牛　刘　酒　球　休	求救　绣球　优秀　悠久　舅舅	

● ou – iou 对比

韵母	发音特点和拼合特点	单音节例字	双音节例词	组合词语
ou	从比［o］略微靠前的舌位开始，先圆唇清晰响亮地发音。不能与 b、j、q、x 相拼。	谋　楼　偶　陡　奏	筹谋　漏斗　口臭　佝偻　手头	谋求　斗牛　投球　漏油　周游　牛痘　丢丑　溜走　留守　牛肉
iou	口微开，从前高元音［i］开始轻短发音。只能与 m、d、n、l、j、q、x 相拼。	谬　绺　游　丢　究	求救　绣球　悠久　优秀　久留	

12 uai［uai］中响复韵母

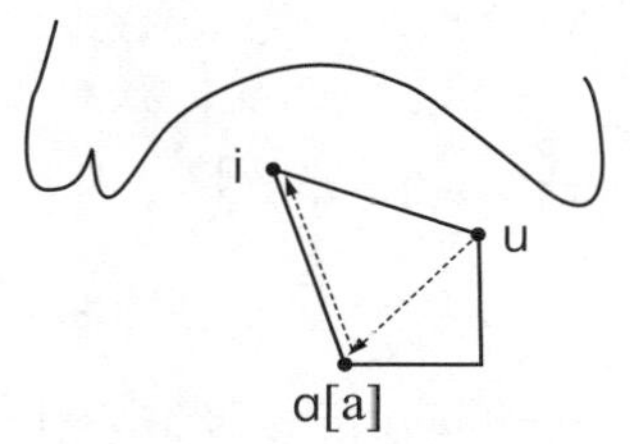

由后高圆唇元音［u］开始，舌位向前滑降到前低不圆唇元音［a］，然后再向前高不圆唇元音［i］的方向滑升。发音过程中，舌位先降后升，由后到前，曲折幅度较大。从中间的元音［a］开始，逐渐展唇。如：

淮　拽　踝　揣　拐　筷　衰　怪　坏　徊

● ai – uai 对比

韵母	发音特点	单音节例字	双音节例词	组合词语
ai	从前低元音［a］开始，不圆唇清晰响亮地发音。	皑　概　海　凯　摘	拍卖　晒台　择菜　彩排　拆台	徘徊　财会　塞外　败坏　排外　外在　外债　外派　怀胎　衰败
uai	从后高元音［u］开始，先圆唇轻短发音。	歪　怪　坏　快　拽	怀揣　乖乖　外快　外踝　摔坏	

13 uei［uei］中响复韵母

由后高圆唇元音［u］开始，舌位向前向下滑到前半高不圆唇元音［e］，然后再向前高不圆唇元音［i］的方向滑升。发音过程中，舌位先降后升，由后到前。从中间的元音［e］开始，逐渐展唇。

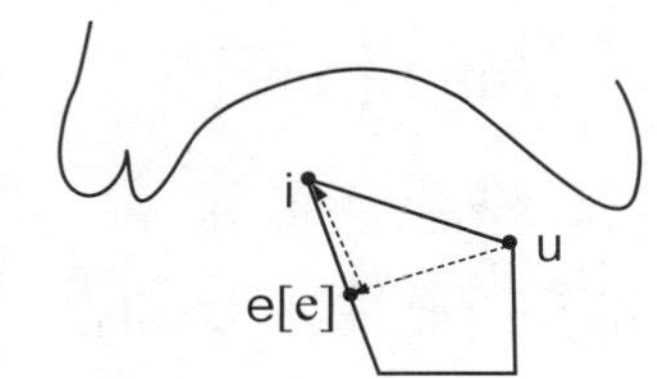

需要注意的是，在音节中，uei 由于受到声母和声调的影响，中间的元音［e］会弱化，读得很短，甚至接近消失，这也是汉语拼音 uei 省写为 ui 的依据和原因。这一点和 iou 类似，二者都是省略了中间的元音。如：

柜　缀　髓　醉　蜕　徽　脆　惠　睡　兑

● ei – uei 对比

韵母	发音特点	单音节例字	双音节例词	组合词语
ei	从前半高元音［e］开始，不圆唇响亮地发音。	给　黑　贼　蕾　悖	非得　飞贼　配备　肥美　妹妹	卑微　美味　玫瑰　累赘　废水　颓废　退赛　归类　催泪　傀儡
uei	从后高元音［u］开始，先圆唇轻短发音。	桂　徽　醉　腿　遂	归队　队徽　悔罪　嘴碎　坠毁	

三、鼻韵母

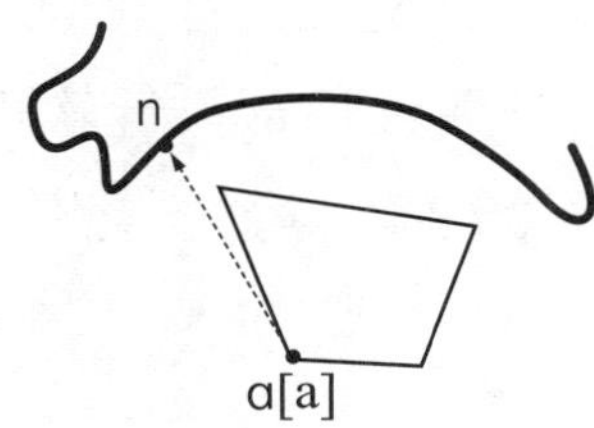

1 an［an］

先发前低元音［a］，紧接着软腭下降，鼻腔通道打开，舌面前部靠近硬腭前部，形成闭合，气流从鼻腔流出。如：

瓣　蚕　胆　翻　赣　寒　砍　栏　蛮　缠

2 en [ən]

先发央元音 [ə]，紧接着软腭下降，鼻腔通道打开，舌面前部靠近硬腭前部，形成闭合，气流从鼻腔流出。如：

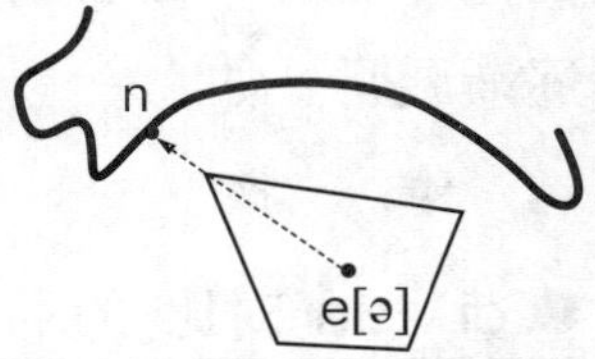

焚　狠　闷　枕　辰　啃　嫩　韧　盆　审

3 in [in]

先发前高不圆唇元音 [i]，紧接着软腭下降，鼻腔通道打开，舌面前部靠近硬腭前部，形成闭合，气流从鼻腔流出。如：

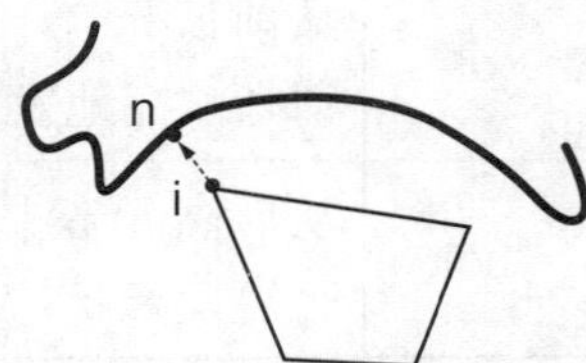

吟　斌　嶙　颦　禽　临　锦　您　敏　薪

4 ün [yn]

先发前高圆唇元音 [y]，紧接着软腭下降，鼻腔通道打开，舌面前部靠近硬腭前部，形成闭合，气流从鼻腔流出。如：

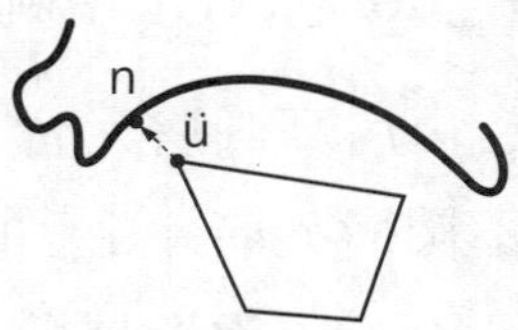

裙　逊　俊　韵　旬　群　君　允　军　熏

5 ang [ɑŋ]

先发后低元音 [ɑ]，紧接着软腭下降，鼻腔通道打开，舌面后部靠近软腭，形成闭合，气流从鼻腔流出。如：

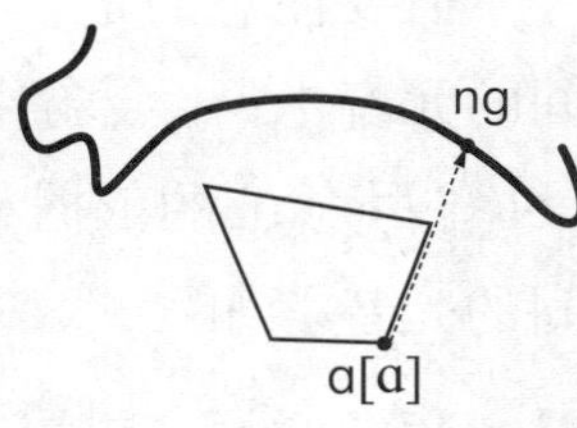

磅　航　伤　糖　唱　党　忙　浪　嚷　康

● an – ang 对比

韵母	发音特点	单音节例字	双音节例词	组合词语
an	舌面前部靠近硬腭前部，形成闭合。	惨　翻　竿 湛　摊	暗淡　斑斓　泛滥 贪婪　湛蓝	担当　擅长　半晌 安康　返航 商贩　上班　当然 畅谈　账单
ang	舌面后部靠近软腭，形成闭合。	舱　访　港 杖　躺	肮脏　苍茫　放荡 帮忙　厂房	

6 eng [əŋ]

先发央元音 [ə]，舌位略后而低，紧接着软腭下降，鼻腔通道打开，舌面后部靠近软腭，形成闭合，气流从鼻腔流出。如：

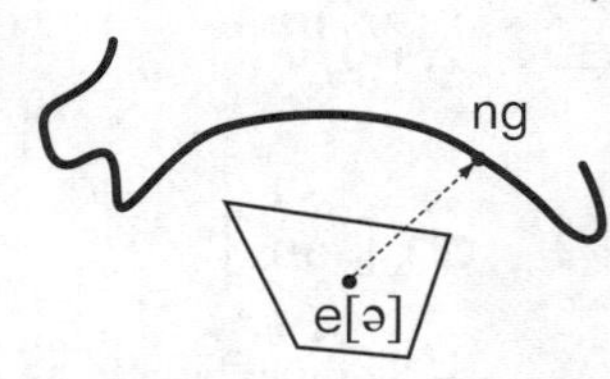

绷　蹭　赠　骋　蹬　锋　庚　坑　哼　腾

● en – eng 对比

韵母	拼合特点	单音节例字	双音节例词	组合词语
en	不能与 t、l、j、q、x 相拼。	本 盆 分 真 臣	本分 沉闷 振奋 门诊 人们	奔腾 纷争 人生 真诚 本能
eng	不能与 j、q、x 相拼，但可以与 t、l 相拼。	崩 彭 封 整 程	升腾 逞能 丰盛 风筝 萌生	成本 承认 登门 烹饪 缝纫

7 ing [iŋ]

先发前高不圆唇元音［ i ］，之后有一个短暂的央元音［ ə ］过渡，紧接着软腭下降，鼻腔通道打开，舌面后部靠近软腭，形成闭合，气流从鼻腔流出。如：

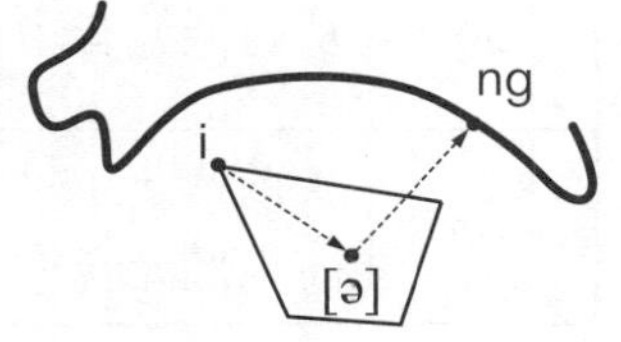

凝 坪 腥 影 顶 卿 岭 并 镜 名

● in – ing 对比

韵母	拼合特点	单音节例字	双音节例词	组合词语
in	只能与 b、p、m、n、l、j、q、x 相拼。	林 闽 秦 您 晋	濒临 信心 近邻 临近 拼音	心情 民警 禁令 进行 拼命
ing	除了 b、p、m、n、l、j、q、x 之外，还能与 d、t 相拼。	凌 明 擎 凝 静	姓名 定型 明星 清醒 倾听	灵敏 清新 精心 病因 挺进

8 ong [ʊŋ]

先发介于［ u ］和［ o ］之间的后近高圆唇元音［ ʊ ］，紧接着软腭下降，鼻腔通道打开，舌面后部靠近软腭，形成闭合，气流从鼻腔流出。如：

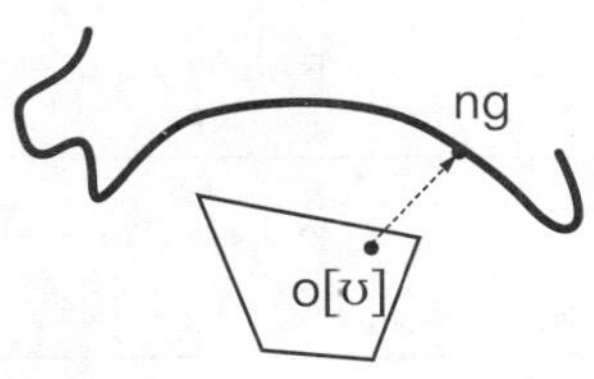

孔 汞 垄 脓 憧 仲 耸 童 溶 洪

● eng – ong 对比

韵母	发音特点	单音节例字	双音节例词	组合词语
eng	起点元音是央元音［ ə ］，口半开，展唇，舌身后缩。	愣 凳 横 藤 坑	成风 风筝 吭声 更正 蒸腾	称颂 成功 成虫 生动 耕种
ong	起点元音是比后高圆唇元音［ u ］舌位略低的［ ʊ ］，唇形始终拢圆。	隆 懂 宏 统 恐	冲动 总统 公共 中共 瞳孔	冲锋 动能 公正 供奉 忠诚

9 ian [iɛn]

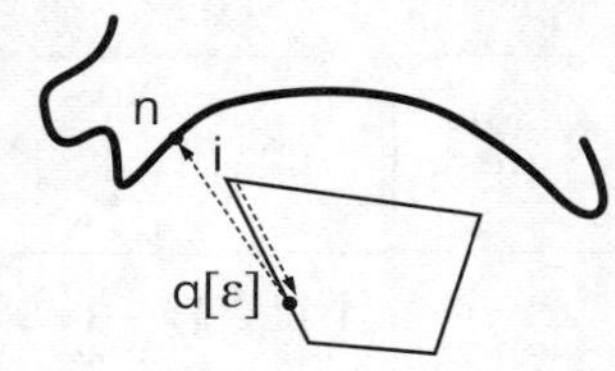

先发前高元音 [i]，舌位向前半低元音 [ɛ] 滑降，紧接着软腭下降，鼻腔通道打开，舌面前部靠近硬腭前部，形成闭合，气流从鼻腔流出。如：

翩　碱　帘　撵　眠　贬　掂　嵌　鲜　辫

● an – ian 对比

韵母	发音特点	单音节例字	双音节例词	组合词语
an	从前低元音 [a] 开始。	曼　案　懒　难　攀	反感　橄榄　赞叹　惨淡　谈判	半天　扮演　反面　看见　蔓延
ian	从前高元音 [i] 开始，舌位向前半低元音 [ɛ] 滑降。	绵　演　敛　黏　篇	简便　连篇　浅显　检验　变迁	艰难　简单　牵绊　显然　眼看

10 uan [uan]

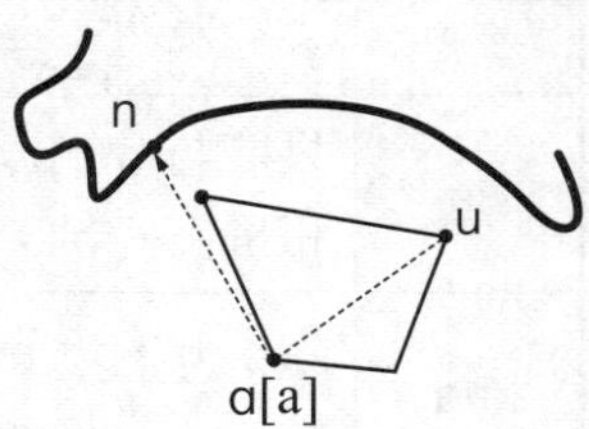

先发后高圆唇元音 [u]，舌位向前低元音 [a] 滑降，紧接着软腭下降，鼻腔通道打开，舌面前部靠近硬腭前部，形成闭合，气流从鼻腔流出。如：

馆　攥　卵　酸　碗　涮　宦　煅　湍　软

● an – uan 对比

韵母	拼合特点	单音节例字	双音节例词	组合词语
an	不能与 j、q、x 相拼。	餐　栏　喊　堪　站	安然　暗淡　胆敢　肝胆　反叛	参观　帆船　看穿　判断　山川
uan	除了 j、q、x 之外，也不能与 b、p、m、f 相拼。	窜　乱　欢　宽　赚	传唤　贯穿　酸软　婉转　转弯	传单　短暂　传染　完善　专栏

11 üan [yæn]

先发前高圆唇元音 [y]，舌位向前近低元音 [æ] 滑降，紧接着软腭下降，鼻腔通道打开，舌面前部靠近硬腭前部，形成闭合，气流从鼻腔流出。也可读作 [yɛn]。如：

绢　悬　怨　癣　拳　渊　劝　援　权　苑

● ian – üan 对比

韵母	发音特点	单音节例字	双音节例词	组合词语
ian	从前高元音［i］开始，不圆唇，舌位向前半低元音［ε］滑降。	闫 减 签 显 歉	脸面 沿线 前年 棉签 艰险	电源 减员 演员 前缘 线圈
üan	从前高元音［y］开始，先圆唇，舌位向前近低元音［æ］滑降。	远 捐 蜷 悬 圈	涓涓 轩辕 源泉 圆圈 渊源	权限 怨言 元件 劝谏 悬念

12 uen［uən］

先发后高圆唇元音［u］，舌位向央元音［ə］滑降，紧接着软腭下降，鼻腔通道打开，舌面前部靠近硬腭前部，形成闭合，气流从鼻腔流出。如：

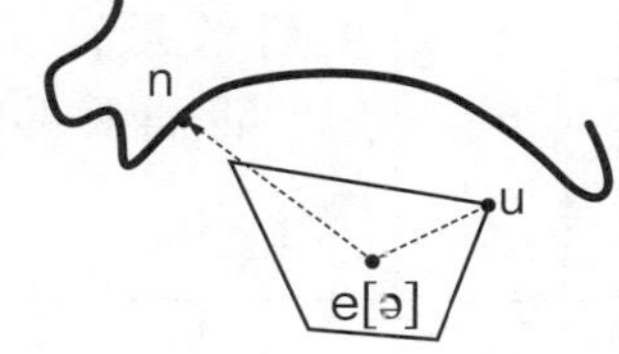

抡 存 坤 囤 炖 滚 魂 准 蠢 稳

● en – uen 对比

韵母	发音特点	单音节例字	双音节例词	组合词语
en	从央元音［ə］开始，不圆唇。	痕 肯 镇 审 尘	本身 认真 审慎 深沉 振奋	沉沦 人文 沉稳 审问 分寸
uen	从后高元音［u］开始，先圆唇。	浑 困 谆 舜 淳	昆仑 混沌 温顺 温存 论文	蠢笨 文人 纯真 文本 春分

13 iang［iaŋ］

先发前高元音［i］，舌位向后低元音［ɑ］滑降，紧接着软腭下降，鼻腔通道打开，舌面后部靠近软腭，形成闭合，气流从鼻腔流出。如：

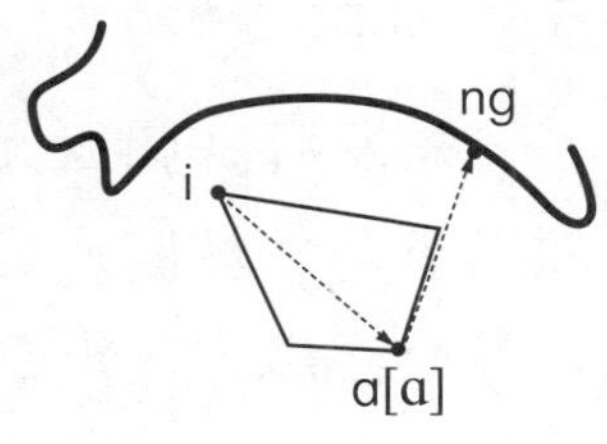

腔 翔 酱 抢 疆 镶 娘 酿 晾 享

● ang – iang 对比

韵母	发音特点	单音节例字	双音节例词	组合词语
ang	从后低元音［ɑ］开始。	朗 馕 肠 盎 商	丧葬 苍茫 沧桑 行当 当场	方向 昂扬 商量 苍凉 荡漾
iang	从前高元音［i］开始。	梁 酿 腔 阳 项	想象 奖项 踉跄 两样 响亮	相当 向上 粮仓 相仿 奖赏

14 uang [uaŋ]

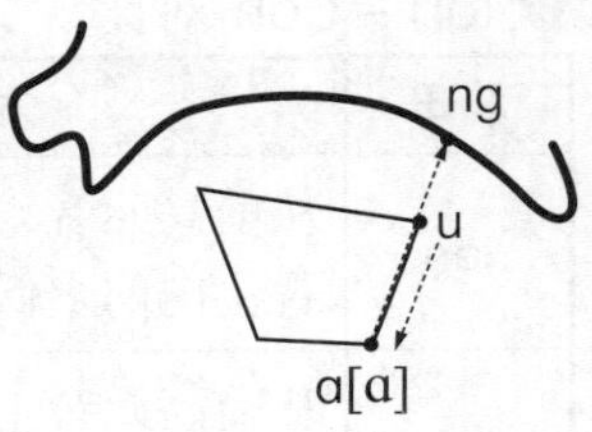

先发后高圆唇元音 [u]，舌位向后低元音 [ɑ] 滑降，紧接着软腭下降，鼻腔通道打开，舌面后部靠近软腭，形成闭合，气流从鼻腔流出。如：

逛　胱　匡　惶　狂　黄　慌　煌　凰　旷

● ang – uang – uan 对比

韵母	发音特点	单音节例字	双音节例词	组合词语
ang	从后低元音 [ɑ] 开始，不圆唇，舌面后部靠近软腭，形成闭合。	航　康　纲 昂　昌	螳螂　账房　上岗 商场　上当	猖狂　膀胱　怅惘 上网　堂皇 广场　光芒　创伤 爽朗　双方
uang	从后高元音 [u] 开始，先圆唇，舌位向后低元音 [ɑ] 滑降，舌面后部靠近软腭，形成闭合。	荒　矿　逛 网　疮	往往　惶惶　状况 装潢　狂妄	光环　皇冠　王冠 壮观　狂欢 观光　观望　端庄 宽广　酸爽
uan	从后高元音 [u] 开始，先圆唇，舌位向前低元音 [a] 滑降，舌面前部靠近硬腭前部，形成闭合。	缓　款　罐 碗　喘	换算　专款　贯穿 转换　婉转	观赏　船舱　官方 晚上　宽敞 偿还　场馆　党团 当晚　上传

15 ueng [uəŋ]

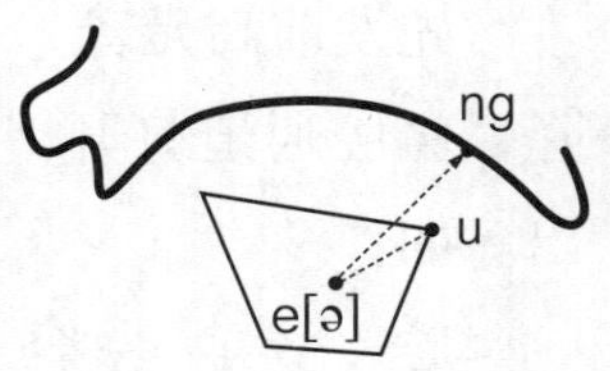

先发后高圆唇元音 [u]，舌位向央元音 [ə] 滑降，紧接着软腭下降，鼻腔通道打开，舌面后部靠近软腭，形成闭合，气流从鼻腔流出。在普通话中，韵母 ueng 只有一种零声母的音节形式 weng。如：

翁　瓮　嗡

● ong – uen – ueng 对比

韵母	拼合特点	单音节例字	双音节例词	组合词语
ong	一定要与声母相拼，不能自成音节，即不构成零声母音节。不能与 b、p、m、f、j、q、x、sh 相拼。	动　同　虫 诵　中	隆重　瞳孔　童工 轰动　虫洞	农村　重孙　通顺 红润　共存 稳重　滚动　顺从 昆虫　尊重
uen	不能与 b、p、m、f、j、q、x 相拼。	蹲　吞　春 损　准	温润　馄饨　论文 滚轮　昆仑	
ueng	不能与声母相拼，只能自成音节。	翁　瓮　嗡	嗡嗡	

● eng – ueng 对比

韵母	发音特点	单音节例字	双音节例词	组合词语
eng	从央元音［ə］开始。	曾　证　耿 绷　藤	更正　声称　丰盛 增生　征程	瓮城　瓮声瓮气
ueng	从后高元音［u］开始，先圆唇。	瓮　翁　嗡	嗡嗡	

16 iong［yŋ］

先发前高圆唇元音［y］，之后有个短暂的过渡音［u］，紧接着软腭下降，鼻腔通道打开，舌面后部靠近软腭，形成闭合，气流从鼻腔流出。如：

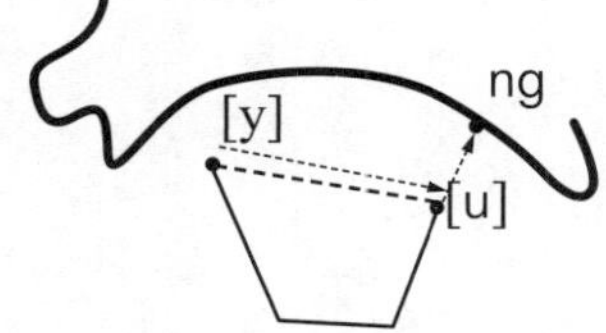

熊　臃　迥　蛹　窘　庸　雍　穹　雄　壅

● ün – iong 对比

韵母	拼合特点	单音节例字	双音节例词	组合词语
ün	除自成音节外，只能与 j、q、x 相拼。自成音节时写作 yun，与 j、q、x 相拼时写作 un。	允　君　裙 寻　晕	军训　均匀　菌群 熏晕　逡巡	运用　军用　群雄 拥军　雄军 凶讯
iong	除自成音节外，只能与 j、q、x 相拼。自成音节时省略 i，写作 yong；与 j、q、x 相拼时不省略 i。	泳　迥　穹 匈　庸	炯炯　汹涌　熊熊 汹汹　茕茕	

● ong – iong 对比

韵母	发音特点	单音节例字	双音节例词	组合词语
ong	［ʊ］与鼻韵母 ng 的复合。	终　宠　诵 垄　洪	松动　空中　隆重 恐龙　通红	怂恿　通用　中庸 功用　冬泳 臃肿　涌动　用工 用功　雍容
iong	ong 的前面加上 i 的动程，i 自然带上圆唇。	窘　琼　熊 涌　穷	炯炯　汹涌　熊熊 汹汹　茕茕	

声　调

一、调值和调型

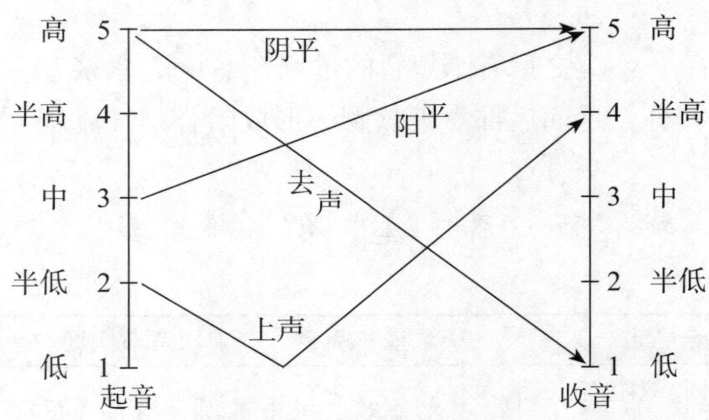

普通话声调调值五度标记图

1. 四个声调的调型有明显的区别：**一平、二升、三曲、四降**。除阴平外，其他三个声调升降的幅度都比较大，所以普通话听起来抑扬顿挫，音乐性很强。

2. 四个声调的长度有一定的差别：**上声最长，阳平次长，去声最短，阴平次短**。它们在词语中形成和谐的节奏。

3. 高音成分多：**阴平、阳平、去声都有最高的 5 度，上声的末尾也达到 4 度**。所以普通话的语音整体显得比较高昂。

二、双音节词语的声调

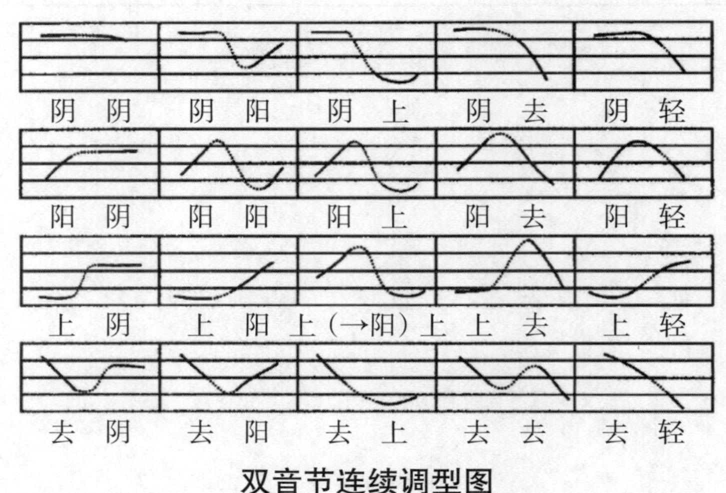

双音节连续调型图

下面只列出四个声调的 16 种组合方式及例词，四个声调与轻声的组合方式及例词列在了“语流音变”的“轻声”部分中。

1. 阴平 + 阴平

如：夸张　撅开　青蛙　冲刷　东欧

2. 阴平 + 阳平

如：新娘　婴儿　英雄　因而　宣传

3. 阴平 + 上声

如：亏损　钢铁　摧毁　商品　遵守

4. 阴平 + 去声

如：荒谬　侵略　衰变　宣布　压力

5. 阳平 + 阴平

如：佛经　农村　国家　从中　传说

6. 阳平 + 阳平

如：人群　佛学　然而　儿童　从而

7. 阳平 + 上声

如：男女　群体　旋转　而且　佛典

8. 阳平 + 去声

如：疲倦　群众　佛像　佛寺　佛教

9. 上声 + 阴平

如：改编　火车　抚摸　俯冲　感伤

10. 上声 + 阳平

如：匪徒　粉红　准则　简直　恳求

11. 上声 + 上声

如：产品　躲闪　爽朗　扭转　偶尔

12. 上声 + 去声

如：窘迫　粉碎　赶快　琐碎　所谓

13. 去声 + 阴平

如：富翁　镇压　冠军　细菌　线圈

14. 去声 + 阳平

如：大娘　灭亡　未曾　上层　定额

15. 去声 + 上声

如：恰好　妇女　率领　少女　矿产

16. 去声 + 去声

如：虐待　谬误　战略　状况　恰当

语流音变

一、变调

1 上声的变调

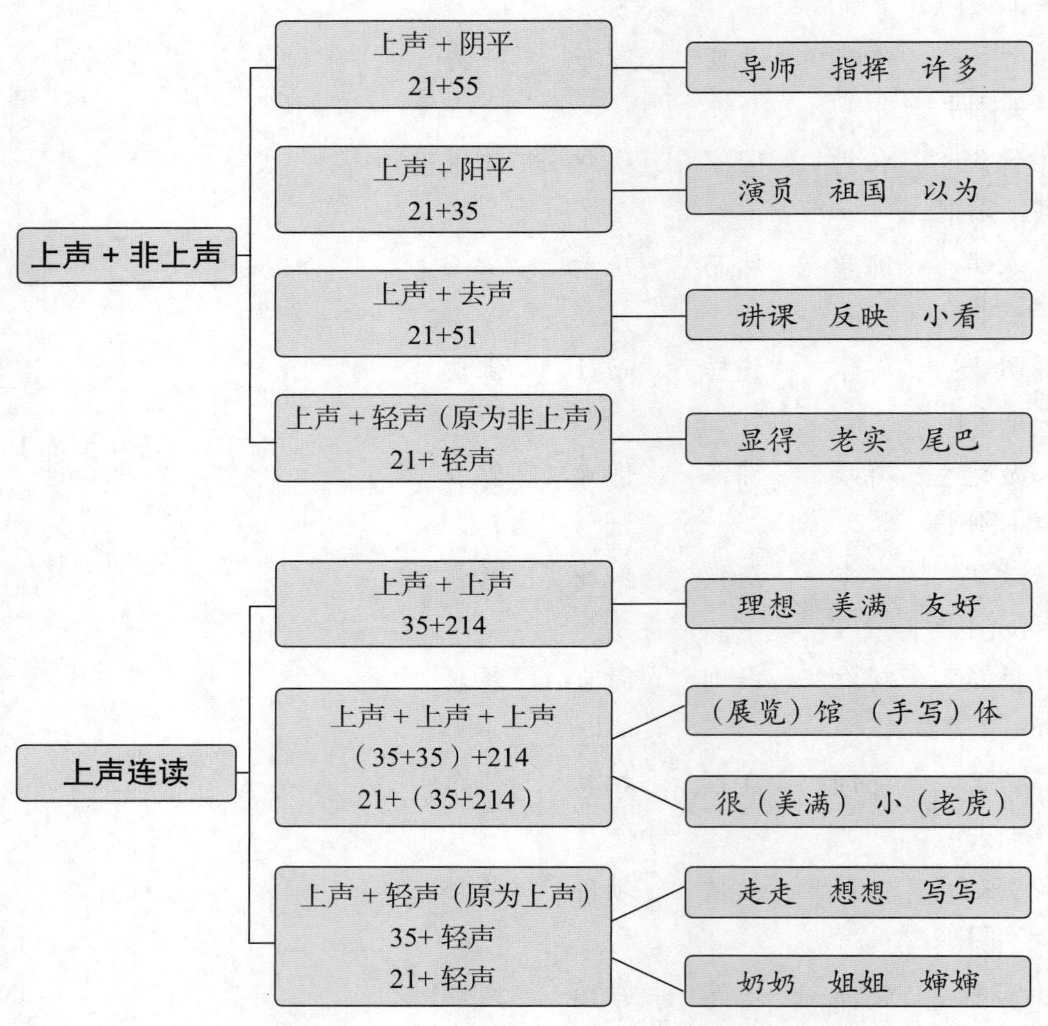

2 “一”的变调

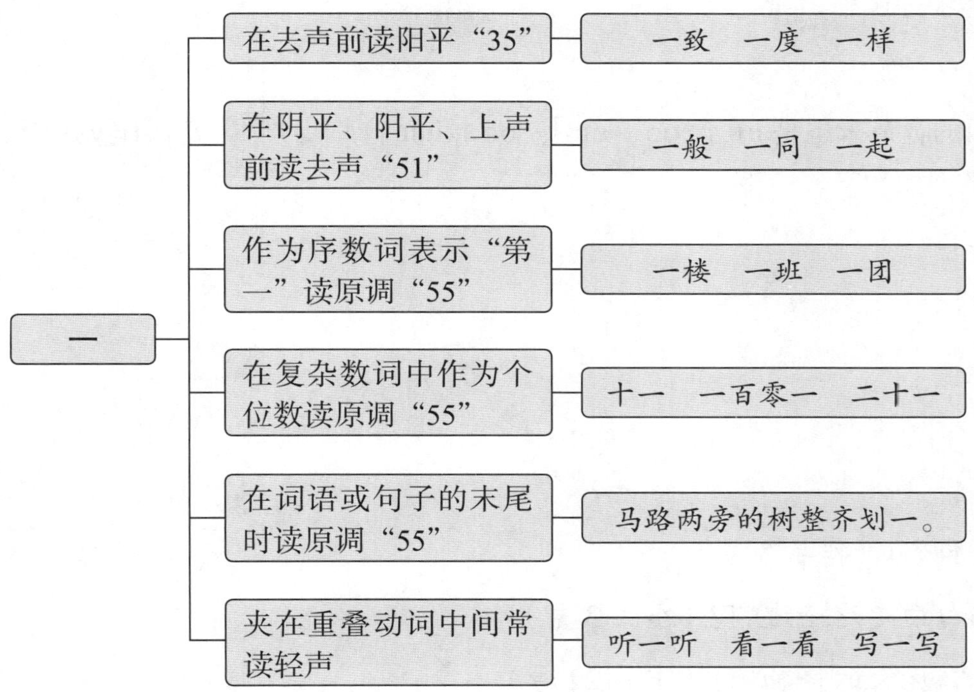

3 “不”的变调

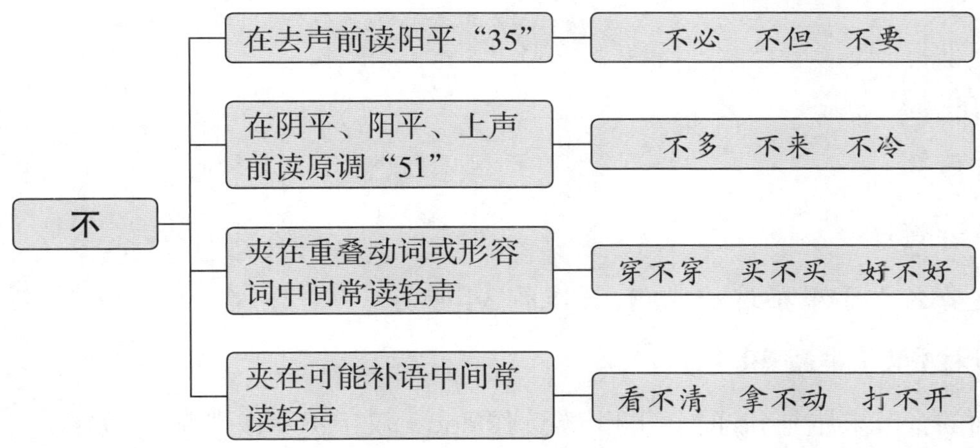

二、“啊”的音变

1. “啊”前面的音节末尾是 a、o、e、ê、i、ü 时，“啊”常读作 ya，汉字写作“啊”或“呀”。如：

是他啊！

真多呀！

多新的车啊！

要注意节约呀！

要好好学习啊！

吃鱼呀！

2.“啊”前面的音节末尾是 u（含 ao［ ɑu ］、iao［ iɑu ］）时，“啊”常读作 wɑ，汉字写作“啊”或“哇”。如：

在哪儿住啊？

快放手哇！

加油啊！

真高哇！

大家跳啊！

太阳他有脚啊。（作品 3 号）

为什么偏白白走这一遭啊？（作品 3 号）

狗该是多么庞大的怪物啊！（作品 22 号）

3.“啊”前面的音节末尾是 n 时，“啊”常读作 nɑ，汉字写作“啊”或“哪”。如：

怎么办啊？

这洞真深哪！

要小心啊！

你真损哪！

天上好多云啊！

孩子们是多么善于观察这一点啊。（作品 34 号）

是多么传神啊！（作品 39 号）

4.“啊”前面的音节末尾是 ng 时，“啊”常读作 ngɑ，汉字仍写作“啊”。如：

大家唱啊！

我的头好疼啊！

认真听啊！

往上冲啊！

爬满阳光啊。（作品 12 号）

5.“啊”前面的音节韵母是舌尖后元音 -i［ ʅ ］或卷舌韵母 er 时，“啊”常读作 rɑ，汉字仍写作“啊”。如：

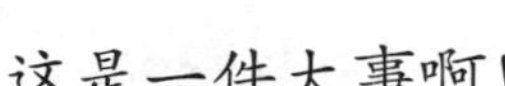

这是一件大事啊！

快吃啊！

是店小二啊！

是啊，如果我们在生活中能将心比心，就会对老人生出一份尊重。（作品17号）

是啊，请不要见笑。（作品22号）

6.“啊”前面的音节韵母是舌尖前元音 -i［ɿ］时，“啊”常读作［zA］，汉字仍写作“啊”。如：

你才去过几次啊！

他才十四啊！

三、轻声

轻声音节的音长会缩短，音强会减弱，韵母会弱化。

1. 阴平＋轻声

如：钉子　烟筒　消息　闺女　交情　庄稼　疯子　耷拉　规矩　风筝

2. 阳平＋轻声

如：朋友　前头　亭子　粮食　含糊　皇上　明白　名堂　什么　牌楼

3. 上声＋轻声

如：补丁　女婿　懒得　你们　傻子　想头　扁担　讲究　祖宗　晚上

4. 去声＋轻声

如：利索　特务　热闹　镊子　戒指　扫帚　笑话　大夫　棒槌　念头

四、儿化

一个音节的韵母带上卷舌的动作，卷舌的“儿”不是一个独立的音节，不作为一个音素看待。在儿化音节中，韵腹（ɑ、o、e、i、u、ü、-i［ɿ］、-i［ʅ］）和韵尾（n、ng、i、u）发生变化，声母和韵头（i、u、ü）不受影响。

1. 以 i、n 为韵尾的韵母（in、ün 除外）儿化时，韵尾 i、n 不再发音，在前面的韵腹后加卷舌动作即可。

ai>ar　　窗台儿　　小孩儿

uai>uar　　一块儿

an>ar　老伴儿　脸蛋儿　**蒜瓣儿**[1]　**杂拌儿**　**好玩儿**
ian>iar　扇面儿　照片儿　**用点儿**　**一点儿**　**那点儿**
uan>uar　茶馆儿　打转儿
üan>üar　手绢儿　人缘儿
ei>er　宝贝儿　**辣味儿**　**擦黑儿**　**香味儿**　**青草味儿**
en>er　亏本儿　**压根儿**　**一份儿**　**嗓门儿**
uei>uer　跑腿儿　围嘴儿　**一会儿**　**零七八碎儿**
uen>uer　冰棍儿　没准儿　**两个滚儿**

2. 无韵尾的韵母（i、ü、-i［ʅ］、-i［ʅ］除外）或以 u 为韵尾的韵母（ou、iou、ao［ɑu］、iao［iɑu］）儿化时，只在韵母后加卷舌动作即可。

a>ar　刀把儿　打杂儿　**那儿**
ia>iar　掉价儿　豆芽儿
ua>uar　大褂儿　脑瓜儿
ie>ier　台阶儿　锅贴儿　**树叶儿**
üe>üer　主角儿　旦角儿
e>er　饭盒儿　打嗝儿　**这儿**
u>ur　泪珠儿　离谱儿
ao>aor　口哨儿　叫好儿　**小草儿**　**枣儿**
iao>iaor　火苗儿　开窍儿
ou>our　老头儿　线轴儿　**起头儿**
iou>iour　抓阄儿　棉球儿
uo>uor　被窝儿　邮戳儿
o>or　粉末儿　耳膜儿

3. 韵母 i、ü 或以 i、ü 为韵腹的韵母（in、ing、ün）儿化时，要在 i、ü 后面增加央元音［ə］，同时加上卷舌动作。另外，舌尖元音 -i［ʅ］和 -i［ʅ］儿化时都要变成央元音［ə］，同时加上卷舌动作。

i>i:er[2]　锅底儿　针鼻儿　**玩意儿**
in>i:er　送信儿　有劲儿　**一个劲儿**
ing>i:er　打鸣儿　花瓶儿
ü>ü:er　小曲儿　毛驴儿　**小鱼儿**
ün>ü:er　合群儿

---

① 加黑的词语是《普通话水平测试实施纲要》（2021 年版）普通话水平测试用朗读作品中出现过的儿化词语。
② 描写儿化韵中的“:”表示“:”之前的是主要元音（韵腹），不是介音（韵头）。

-i（前）>er　　瓜子儿　　挑刺儿　　石子儿　　云彩丝儿

-i（后）>er　　树枝儿　　墨汁儿　　事儿

4. 以 ng 为韵尾的 8 个韵母（ang、iang、uang、eng、ueng、ing、ong、iong）儿化时，韵尾 ng 不再发音，前面的韵腹鼻化，同时加上卷舌动作。有 i 韵腹的要加央元音［ə］，再鼻化，同时加上卷舌动作。

ang>ar（鼻化）　　瓜瓤儿　　药方儿　　赶趟儿

iang>iar（鼻化）　　鼻梁儿　　花样儿

uang>uar（鼻化）　　蛋黄儿　　天窗儿

eng>er（鼻化）　　钢镚儿　　提成儿

ueng>uer（鼻化）　　小瓮儿

ing>i:er（鼻化）　　打鸣儿　　花瓶儿

ong>or（鼻化）　　胡同儿　　酒盅儿

iong>ior（鼻化）　　小熊儿

实践篇

扫码看 50 篇
朗读作品拼音版

第一课

扫码听录音

讲解与朗读

一、声母为“b”的单音节字词

捌	薄	摆	瓣	扳	别	柏	鬓
斑	拔	饱	病	颁	雹	匾	备
掰	白	把	拜	碑	博	瘪	泵
鞭	勃	靶	豹	鳖	鼻	贬	办
逼	铂	膀	罢	苞	渤	榜	坝
憋	驳	绑	迸	浜	泊	丙	钡
崩	脖	禀	埠	冰	帛	北	币
编	搏	捕	簿	菠	箔	跛	弊
搬	伯	煲	霸	播	膊	鄙	悖
缤	跋	保	辫	疤	本	扁	痹

二、形近字辨析与积累

本	笨	苯	奔	锛			
扁	编	遍	匾	煸			
菠	波	坡	破	披			
辨	辫	辩	瓣	掰			
伯	柏	泊	铂	佰			
膘	鳔	漂	飘	票			
蔽	弊	憋	撇	瞥			
包	雹	饱	苞	胞			
拔	拨	泼			博	搏	膊
鬓	鬃	髻			邦	绑	帮
棒	捧	奉			臂	壁	壁

三、"阴平 + 阴平"的双音节词语

增加	将军	奔波	东欧	冲刷	夸张	磋商	撇开
青蛙	方针	缤纷	刷新	讴歌	积压	胚胎	虽说
沙发	终身	官兵	悲哀	瓜分	春天	天生	收缩
稍微	真空	低洼	飞机	分割	村庄	冰川	搜刮
搬家	身躯	司机	边疆	剥削	初期	春秋	今天
光辉	安装	衣襟	冲击	参观	硝酸	基因	车厢
充当	郊区	冲突	吃惊	出身	初中	婚姻	几乎
超出	春装	担心	当今	低温	冬天	东方	激发
发音	出生	交通	发挥	翻身	监督	交织	丰收
积压	分工	高温	家乡	高空	甘心	高中	接收

四、朗读作品[①]

文本 1

照北京的老规矩，春节差不多在腊月的初旬 / 就开始了。"腊七腊八，冻死寒鸦"，这是一年里最冷的时候。在腊八这天，家家都熬腊八粥。粥是用各种米，各种豆，与各种干果熬成的。这不是粥，而是小型的农业展览会。

除此之外，这一天还要泡腊八蒜。把蒜瓣放进醋里，封起来，为过年吃饺子用。到年底，蒜泡得色如翡翠，醋也有了些辣味，色味双美，使人忍不住要多吃几个饺子。在北京，过年时，家家吃饺子。

孩子们准备过年，第一件[②]大事就是买杂拌儿。这是用花生、胶枣、榛子、栗子等干果 / 与蜜饯掺和成的。孩子们喜欢吃这些零七八碎儿。第二件大事是买爆竹，特别是男孩子们。恐怕第三件事 / 才是买各种玩意儿——风筝、空竹、口琴等。

孩子们欢喜，大人们也忙乱。他们必须预备过年吃的、喝的、穿的、用的，好在新年时显出万象更新的气象。

腊月二十三过小年，差不多就是过春节的"彩排"。天一擦黑儿，鞭炮响起来，便有了过年的味道。这一天，是要吃糖的，街上早有好多卖麦芽糖与江米糖的，糖形或为长方块或为瓜形，又甜又黏，小孩子们最喜欢。

① 文本中各种符号所代表的意思见编写说明第 2 页下方"四、朗读作品"部分。
② "第一件"中的"一"表示序数，不变调，读阴平。

过了二十三，大家更忙。必须大扫除一次，还要把肉、鸡、鱼、青菜、年糕什么的都预备充足——店 //[1] 铺多数正月初一到初五关门，到正月初六才开张。

——普通话水平测试用朗读作品 1 号《北京的春节》

朗读重点提示

1.“一”的变调

yí　一次

yì　一年　一天　一擦黑儿

2.“不”的变调

bú　不是

3. 易错音

北京 běi jīng	差不多 chà · bù duō[2]	初旬 chū xún
时候 shí hou	熬 áo	粥 zhōu
翡翠 fěi cuì	忍不住 rěn · bú zhù	胶枣 jiāo zǎo
榛子 zhēn zi	蜜饯 mì jiàn	掺和 chān huo
万象更新 wàn xiàng gēng xīn	或为 huò wéi	黏 nián

文本 2

盼望着，盼望着，东风来了，春天的脚步近了。

一切都像刚睡醒的样子，欣欣然张开了眼。山 / 朗润起来了，水 / 涨起来了，太阳的脸 / 红起来了。

小草 / 偷偷地从土里钻出来，嫩嫩的，绿绿的。园子里，田野里，瞧去，一大片一大片 / 满是的。坐着，躺着，打两个滚，踢几脚球，赛几趟跑，捉几回迷藏。风轻悄悄的，草软绵绵的。

……

“吹面不寒杨柳风”[3]，不错的，像母亲的手 / 抚摸着你。风里带来些 / 新翻的泥土的气息，混着青草味儿，还有各种花的香，都在微微湿润的空气里酝酿。鸟儿将巢

① 每篇作品在第 400 个音节后用“//”标注。因普通话水平测试中不考查“//”后的文本朗读情况，故本书不对“//”后的文本提供说明和朗读重点提示。

② 拼音中加圆点“·”表示圆点后的音节一般轻读，有时候重读。

③ “吹面不寒杨柳风”的意思是阵阵微风吹着人的脸，已不使人感到寒冷，表达出作者对大自然的喜爱。朗读时注意停连，吹面 / 不寒 / 杨柳风。

安在繁花绿叶当中，高兴起来了，呼朋引伴地/卖弄清脆的喉咙，唱出宛转的曲子，跟轻风流水应和着。牛背上牧童的短笛，这时候也成天嘹亮地响着。

雨是最寻常的，一下就是三两天。可别恼。看，像牛毛，像花针，像细丝，密密地斜织着，人家[①]屋顶上全笼着一层薄烟。树叶儿却绿得发亮，小草儿/也青得逼你的眼。傍晚时候，上灯了，一点点黄晕的光，烘托出一片安静而和平的夜。在乡下，小路上，石桥边，有撑起伞慢慢走着的人，地里还有工作的农民，披着蓑戴着笠。他们的房屋，稀稀疏疏的，在雨里静默着。

天上风筝渐渐多了，地上孩子也多了。城里乡下，家家户户，老老小小，//也赶趟儿似的，一个个都出来了。舒活舒活筋骨，抖擞抖擞精神，各做各的一份儿事去。"一年之计在于春"，刚起头儿，有的是工夫，有的是希望。

春天像刚落地的娃娃，从头到脚都是新的，它生长着。

春天像小姑娘，花枝招展的，笑着，走着。

春天像健壮的青年，有铁一般的胳膊和腰脚，领着我们上前去。

——普通话水平测试用朗读作品2号《春》

朗读重点提示

1.“一”的变调

yí　一切　一大片　一下　一片

yì　一层　一点点

2.“不”的变调

bú　不错

3. 易错音

朗润 lǎng rùn	涨 zhǎng	钻 zuān
酝酿 yùn niàng	鸟儿 niǎo ér	巢 cháo
繁花绿叶 fán huā lǜ yè	呼朋引伴 hū péng yǐn bàn	
宛转 wǎn zhuǎn	应和 yìng hè	嘹亮 liáo liàng
人家 rén jiā	薄烟 bó yān	逼 bī
黄晕 huáng yùn	烘托 hōng tuō	乡下 xiāng xia
撑 chēng	蓑 suō	笠 lì

① “人家”在这里表示村庄的住户。

五、命题说话

普通话水平测试用话题 1：我的一天

句式：

1. 我的一天通常是在……中度过的。
2. 拿昨天来说，上午……
3. 下午……
4. 晚上……
5. 因为……所以……
6. 不但……而且……
7. 总之，我的一天过得……

提纲：

1. 点明你一天经常做的事情，比如学习，看书，听音乐，做家务，等等。
2. 按照时间顺序介绍你上午做的事情或遇到的事情。
3. 介绍你下午做的事情或遇到的事情。
4. 介绍你晚上做的事情或遇到的事情。
5. 总结点题。

普通话水平测试用话题 2：老师

句式：

1. 我印象最深刻的老师是……
2. 当……的时候，老师告诉我……
3. 记得有一次……
4. 之所以……是因为……
5. 不但……而且……
6. 这就是……

提纲：

1. 点明你喜欢的老师。
2. 简单描述他（她）的形象特征，比如个子、身材、皮肤、五官等。
3. 说明你喜欢他（她）的原因，比如有耐心，关心学生，心思缜密，待人真诚，热情幽默，信守承诺，等等。
4. 讲述关于他（她）的故事，概述他（她）给你留下的最深刻的印象。
5. 点题，可以总结或学习他（她）的长处。

巩固与提高

扫码听录音

一、听辨并跟读下列单音节字词

音近字

扒—趴　柏—拍　拜—湃　拌—畔　庇—屁
胞—袍　爆—瀑　编—偏　跛—破　濒—频
白—排　被—配　班—判　奔—喷　棒—胖
蹦—碰　拨—泼　包—抛　逼—劈　捕—浦
鳖—瞥　扳—叛　兵—乒　苯—盆　悲—裴

形近字

补—仆　贬—泛　憋—弊　禀—凛　斌—赋
鬓—髻　表—裱　傍—磅　鞭—便　丙—柄
辈—菲　播—翻　剥—绿　豹—貂　脖—渤
斑—班　扳—板　铂—泊　鬓—鬃　帛—棉
苞—疱　捕—铺　煲—堡　玻—波　崩—蹦

二、听录音，跟读下列词语

安心　肮脏　芭蕉　搬家　包装　边疆　冰川　缤纷
剥削　参加　沧桑　超出　车厢　吃惊　充当　初中
炊烟　村庄　担心　当今　灯光　发挥　方针　高低
丰收　更新　姑息　攻击　光辉　呼声　婚姻　欢呼
基因　积压　加工　沟通　交叉　监督　纠纷　鞠躬
优先　谦虚　期间　钦差　轻微　身心　收缩　司机
通缉　天真　突击　推翻　温馨　牺牲　消失　鲜花
分担　公开　相当　公司　工资　关心　班车　先天
追究　刊登　精心　呼吸　胚胎　开关　咖啡　空虚
微观　滔滔　推销　区分　增多　歪曲　蒸发　周期

三、小组成员互读作品选段，互相纠正发音，注意选段中变调、轻声、儿化的现象与生僻词语

1. 孩子们准备过年，第一件大事就是买杂拌儿。这是用花生、胶枣、榛子、栗

子等干果与蜜饯掺和成的。孩子们喜欢吃这些零七八碎儿。第二件大事是买爆竹，特别是男孩子们。恐怕第三件事才是买各种玩意儿——风筝、空竹、口琴等。

孩子们欢喜，大人们也忙乱。他们必须预备过年吃的、喝的、穿的、用的，好在新年时显出万象更新的气象。

2.“吹面不寒杨柳风”，不错的，像母亲的手抚摸着你。风里带来些新翻的泥土的气息，混着青草味儿，还有各种花的香，都在微微湿润的空气里酝酿。鸟儿将巢安在繁花绿叶当中，高兴起来了，呼朋引伴地卖弄清脆的喉咙，唱出宛转的曲子，跟轻风流水应和着。牛背上牧童的短笛，这时候也成天嘹亮地响着。

四、命题说话片段练习

1. 按照时间顺序说一说你一天中安排的两件有意义的事情，以及你的收获和感受。

2. 说出你熟悉的老师身上体现的两个优点，并简要陈述两个能够突出展现这位老师优点的细节故事。

第二课

扫码听录音

讲解与朗读

一、声母为“p”的单音节字词

趴　婆　匹　瀑　拍　赔　跑　畔
剖　盆　撇　聘　烹　庞　捧　迫
篇　爬　圃　帕　颇　徘　谱　佩
抛　频　脾　判　喷　贫　品　骗
坯　螃　浦　派　批　凭　普　魄
啪　牌　痞　僻　霹　蓬　癖　屁
乒　萍　漂　譬　偏　疲　朴　曝
拼　棚　坪　碰　攀　劈　皮　破
飘　裴　瞟　胖　潘　评　沛　片
乓　披　扑　盼　翩　培　票　怕

二、形近字辨析与积累

徘　排　绯　裴　匪
赔　培　陪　剖　倍
蓬　篷　逢　峰　缝
票　漂　飘　瓢　瞟
扑　朴　仆　补　卜
翩　骗　篇　偏　编
平　坪　评　萍　苹
牌　啤　脾　碑　卑
葡　蒲　铺　　坡　破　玻
瀑　曝　爆　　乒　乓　兵
譬　霹　劈　　胚　坯　杯
叛　判　版　　袍　咆　跑

三、"阴平＋阳平"的双音节词语

交流	私人	坚持	双重	超额	婴儿	新娘	居民
高昂	将来	僧尼	宣传	恩人	濒于	天鹅	增强
蜗牛	追求	均匀	光荣	濒临	因而	安排	温柔
安培	昆虫	剥夺	优良	英雄	生存	欢迎	波及
飘然	栽培	安全	军阀	侦查	家庭	军人	中学
分离	庸俗	包围	威胁	虽然	中旬	专门	纤维
功能	专程	央求	侵权	空前	吞食	专栏	清盘
微薄	缺席	艰难	开头	非常	荒凉	轻盈	清凉
三国	天堂	辉煌	蜿蜒	相连	黑泥	蹉跎	熏陶
相同	昆仑	清廉	遵从	当然	芳华	江南	新年

四、朗读作品

文本1

燕子去了，有再来的时候；杨柳枯了，有再青的时候；桃花谢了，有再开的时候。但是，聪明的，你告诉我，我们的日子/为什么一去不复返[①]呢？——是有人偷了他们罢：那是谁？又藏在何处呢？是他们自己/逃走了罢：现在又到了哪里呢？

去的尽管去了，来的尽管来着；去来的中间，又怎样地匆匆呢？早上我起来的时候，小屋里/射进两三方/斜斜的太阳。太阳他有脚啊，轻轻悄悄地挪移了；我也茫茫然/跟着旋转。于是——洗手的时候，日子从水盆里过去；吃饭的时候，日子从饭碗里过去；默默时，便从凝然的双眼前过去。我觉察他去的匆匆了，伸出手遮挽时，他又从遮挽着的手边过去；天黑时，我躺在床上，他便伶伶俐俐地/从我身上跨过，从我脚边飞去了。等我睁开眼和太阳再见，这算又溜走了一日。我掩着面叹息，但是新来的日子的影儿/又开始在叹息里/闪过了。

在逃去如飞的日子里，在千门万户的世界里的我/能做些什么呢？只有徘徊罢了，只有匆匆罢了；在八千多日的匆匆里，除徘徊外，又剩些什么呢？过去的日子如轻烟，被微风吹散了，如薄雾，被初阳蒸融了；我留着些什么痕迹呢？我何曾留着/像游丝样的痕迹呢？我赤裸裸//来到这世界，转眼间也将赤裸裸的回去罢？但

---

① "一去不复返"的意思是去了就不再回来了。在作品中形容时间宝贵，让我们要珍惜时间。

不能平的，为什么偏白白走这一遭啊？

你聪明的，告诉我，我们的日子为什么一去不复返呢？

——普通话水平测试用朗读作品3号《匆匆》

朗读重点提示

1.“一”的变调

yí　一去不复返　一日

2.“不”的变调

bú　不复返

3.“啊”的音变

wa　太阳他有脚啊。

4.易错音

杨柳 yáng liǔ	聪明 cōng · míng	告诉 gào su
复返 fù fǎn	罢 ba	藏 cáng
尽管 jǐn guǎn	匆匆 cōng cōng	挪移 nuó yí
旋转 xuán zhuǎn	凝然 níng rán	遮挽 zhē wǎn
伶伶俐俐 líng líng lì lì	溜走 liū zǒu	影儿 yǐng ér
徘徊 pái huái	薄雾 bó wù	蒸融 zhēng róng
痕迹 hén jì	赤裸裸 chì luǒ luǒ	

文本2

有的人在工作、学习中/缺乏耐性和韧性，他们一旦碰了钉子，走了弯路，就开始怀疑/自己是否/有研究才能。其实，我可以告诉大家，许多有名的科学家和作家，都是经过很多次失败，走过很多弯路/才成功的。有人看见一个作家/写出一本好小说，或者看见一个科学家/发表几篇有分量的论文，便仰慕不已，很想自己能够/信手拈来[1]，妙手成章[2]，一觉醒来，誉满天下[3]。其实，成功的作品和论文/只不过是作家、学者们/整个创作和研究中的/极小部分，甚至数量上/还不及失败作品

① “信手拈来”的意思是随手拿来，形容词汇或材料丰富，不用思考，就能写出文章来。

② “妙手成章”形容写作技艺高超，能够写出好文章。

③ “誉满天下”形容所有人都知道他的美名。

的/十分之一[①]。大家看到的/只是他们成功的作品，而失败的作品/是不会公开发表出来的。

要知道，一个科学家/在攻克科学堡垒的/长征中，失败的次数和经验，远比成功的经验/要丰富、深刻得多。失败/虽然不是什么/令人快乐的事情，但也决不应该因此气馁。在进行研究时，研究方向不正确，走了些岔路，白费了许多精力，这也是常有的事。但不要紧，可以再调换方向/进行研究。更重要的是/要善于吸取失败的教训，总结已有的经验，再继续前进。

根据我自己的体会，所谓天才，就是坚持不断的努力。有些人也许觉得我在数学方面有什么天分，//其实从我身上是找不到这种天分的。我读小学时，因为成绩不好，没有拿到毕业证书，只拿到一张修业证书。初中一年级时，我的数学也是经过补考才及格的。但是说来奇怪，从初中二年级以后，我就发生了一个根本转变，因为我认识到既然我的资质差些，就应该多用点儿时间来学习。别人学一小时，我就学两小时，这样，我的数学成绩得以不断提高。

一直到现在我也贯彻这个原则：别人看一篇东西要三小时，我就花三个半小时。经过长期积累，就多少可以看出成绩来。并且在基本技巧烂熟之后，往往能够一个钟头就看懂一篇人家看十天半月也解不透的文章。所以，前一段时间的加倍努力，在后一段时间能收到预想不到的效果。

是的，聪明在于学习，天才在于积累。

——普通话水平测试用朗读作品4号《聪明在于学习，天才在于积累》

朗读重点提示

1.“一”的变调

yí　一旦　一个　一觉醒来

yì　一本

2.“不”的变调

bú　只不过　不会　不是　不正确　不要紧　坚持不断

① “十分之一”中的“一”在词句的末尾，不变调，读阴平。

3. 易错音

耐性 nài xìng	韧性 rèn xìng	仰慕不已 yǎng mù bù yǐ
信手拈来 xìn shǒu niān lái	数量 shù liàng	堡垒 bǎo lěi
经验 jīng yàn	气馁 qì něi	岔路 chà lù
调换 diào huàn	所谓 suǒ wèi	觉得 jué · dé

五、命题说话

普通话水平测试用话题 3：珍贵的礼物

句式：

1. 每个人在成长的过程中都会收到很多礼物，比如……
2. 对我来说，最珍贵的礼物是……
3. 因为它不仅……，还……
4. 真正珍贵的礼物是……

提纲：

1. 点明你的珍贵的礼物是什么，比如一本书、一个挂件、一份友谊、一个好成绩等。
2. 介绍这件礼物，包括它的来源、款式、颜色、构造、功能等。
3. 讲述关于这件礼物的故事，说明这件礼物为什么珍贵。
4. 点题，总结这件礼物的意义，或者陈述你如何珍爱这件礼物。

普通话水平测试用话题 4：假日生活

句式：

1. 假日可以……，可以……，可以……
2. 我的假日生活一般都是……
3. 每逢周末，早上……，中午……，晚上……
4. 通过假日生活，我不仅……，而且……
5. 这就是……

提纲：

1. 点明你的假日生活的内容，比如收拾房间，看电影，做饭，逛街，旅游，参加培训，读书，等等。
2. 详细介绍你对假日生活的具体安排。
3. 总结你的假日生活的收获和意义。

巩固与提高

扫码听录音

一、听辨并跟读下列单音节字词

音近字

趴—扒	袍—抱	瞥—憋	瓢—膘	破—波
盼—扮	炮—爆	贫—凭	拼—屏	铺—簿
拍—摆	胚—杯	跑—保	攀—搬	喷—奔
螃—榜	鹏—甭	辟—逼	瞥—鳖	票—标
翩—编	捧—奉	篇—遍	瞟—缥	潘—番

形近字

庞—陇	旁—劳	彭—鼓	凭—赁	赔—培
浦—脯	烹—亨	颇—坡	叛—判	坪—评
泼—拨	骗—翩	拍—怕	棚—硼	魄—魂
彭—澎	辟—僻	剖—陪	排—绯	攀—樊
袍—炮	帕—拍	胚—坯	蓬—篷	乒—乓

二、听录音，跟读下列词语

安然	飞翔	欢迎	欺瞒	分头	拖延	出国	冰糖
突然	催熟	纷繁	欢颜	甘甜	喷泉	仓皇	悲情
凄凉	黑人	深层	花瓶	分别	思维	英雄	收回
天然	跟随	风格	差别	波长	公民	需求	森林
挖潜	加强	丢人	通常	苍白	交流	资格	之前
生存	支持	花园	非常	深沉	区别	花纹	支援
遵循	光明	苍穹	坚决	综合	单纯	缺乏	恩情
争夺	飞行	巍峨	煎熬	追求	飞船	终年	胸脯
开门	高原	摧残	温和	周年	差额	哀愁	均衡
辉煌	疯狂	刚才	方才	波纹	超额	拖鞋	真诚

三、小组成员互读作品选段，互相纠正发音，注意选段中变调、轻声的现象与生僻词语

1. 去的尽管去了，来的尽管来着；去来的中间，又怎样地匆匆呢？早上我起来

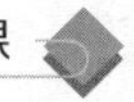

的时候，小屋里射进两三方斜斜的太阳。太阳他有脚啊，轻轻悄悄地挪移了；我也茫茫然跟着旋转。于是——洗手的时候，日子从水盆里过去；吃饭的时候，日子从饭碗里过去；默默时，便从凝然的双眼前过去。我觉察他去的匆匆了，伸出手遮挽时，他又从遮挽着的手边过去；天黑时，我躺在床上，他便伶伶俐俐地从我身上跨过，从我脚边飞去了。等我睁开眼和太阳再见，这算又溜走了一日。我掩着面叹息，但是新来的日子的影儿又开始在叹息里闪过了。

2. 有的人在工作、学习中缺乏耐性和韧性，他们一旦碰了钉子，走了弯路，就开始怀疑自己是否有研究才能。其实，我可以告诉大家，许多有名的科学家和作家，都是经过很多次失败，走过很多弯路才成功的。有人看见一个作家写出一本好小说，或者看见一个科学家发表几篇有分量的论文，便仰慕不已，很想自己能够信手拈来，妙手成章，一觉醒来，誉满天下。其实，成功的作品和论文只不过是作家、学者们整个创作和研究中的极小部分，甚至数量上还不及失败作品的十分之一。大家看到的只是他们成功的作品，而失败的作品是不会公开发表出来的。

四、命题说话片段练习

1. 描述你曾经收到的一件礼物，并说说收到礼物时你的心情如何，这件礼物对你有什么样的意义。

2. 你喜欢假日吗？按照你假日的安排，说一说假日里你通常做什么，是怎么做的。

第三课

扫码听录音

讲解与朗读

一、声母为“m”的单音节字词

妈　馍　米　募　　猫　埋　美　谬
闷　谋　满　蔑　　摸　盲　皿　孟
抹　萌　勉　庙　　咪　摹　牡　脉
眯　霉　卯　灭　　摩　瞒　某　梦
蒙　民　藐　骂　　吗　蘑　亩　觅
哞　忙　秒　麦　　咩　鸣　敏　卖
矛　媒　码　曼　　妙　梅　蟒　面
穆　弥　买　蔓　　末　膜　免　慢
闽　酶　渺　墓　　蛮　盟　姆　命
帽　眸　螨　茂　　妹　玫　蚂　陌

二、形近字辨析与积累

募　暮　墓　幕　慕
摸　膜　模　馍　漠
曼　慢　漫　蔓　鳗
卯　仰　柳　抑　迎
梅　悔　海　侮　诲
莓　酶　霉　　瞒　满　螨
码　蚂　玛　　眯　咪　谜
棉　绵　锦　　描　瞄　锚
摩　磨　魔　　谋　煤　媒
妙　秒　渺　　蛮　峦　恋
玫　枚　攻　　闽　闵　闷

三、"阴平＋上声"的双音节词语

奔涌	亏损	增长	生产	说法	封锁	悲惨	编纂
钢铁	思想	奔跑	羞辱	摧毁	修养	缺口	因此
骚扰	推广	殴打	开口	抓紧	修改	开垦	宗法
思索	温暖	发展	思考	非法	关卡	宾主	压倒
根本	缺点	参考	撒谎	松软	丰满	光彩	音响
黑板	曲解	宾馆	夸奖	君主	珍品	胸骨	宫女
衰减	遵守	标语	家长	衰老	发表	周转	搜索
增产	标准	缺少	加以	花鸟	僧侣	撒手	工厂
商品	钟表	枢纽	观赏	削减	缩短	颠簸	供养
喷洒	拥挤	千瓦	拥有	分享	花朵	多寡	宣讲

四、朗读作品

文本1

去过故宫大修现场的人，就会发现/这里和外面工地的劳作景象/有个明显的区别：这里没有起重机，建筑材料/都是以手推车的形式/送往工地，遇到人力无法运送的木料时，工人们会使用/百年不变的工具——滑轮组。故宫修缮，尊重着"四原"原则，即原材料、原工艺、原结构、原型制。在不影响/体现传统工艺技术手法特点的地方，工匠可以用电动工具，比如开荒料、截头。大多数时候/工匠都用传统工具：木匠画线用的是墨斗、画签、毛笔、方尺、杖竿、五尺；加工制作木构件/使用的工具有锛、凿、斧、锯、刨等等。

最能体现大修难度的/便是瓦作中"苫背"的环节。"苫背"是指/在房顶做灰背的过程，它相当于/为木建筑/添上防水层。有句口诀是/三浆三压，也就是/上三遍石灰浆，然后再压上三遍。但这是个虚数。今天是晴天，干得快，三浆三压硬度/就能符合要求，要是赶上阴天，说不定就要六浆六压。任何一个环节的疏漏/都可能导致漏雨，而这对建筑的损坏/是致命的。

"工"字/早在殷墟甲骨卜辞[①]中/就已经出现过。《周官》与《春秋左传》/记载[②]

① "殷墟甲骨卜辞"是指中国商周时期刻在龟甲兽骨上的记录占卜情况的文字。在文中是强调"工"字出现的时间早。

② "记载"的"载"为多音字，有"zǎi"和"zài"两个读音，此处应读"zǎi"。

周王朝与诸侯/都设有掌管营造的机构。无数的名工巧匠/为我们留下了/那么多宏伟的建筑，但却//很少被列入史籍，扬名于后世。

匠人之所以称之为“匠”，其实不仅仅是因为他们拥有了某种娴熟的技能，毕竟技能还可以通过时间的累积“熟能生巧”，但蕴藏在“手艺”之上的那种对建筑本身的敬畏和热爱却需要从历史的长河中去寻觅。

将壮丽的紫禁城完好地交给未来，最能仰仗的便是这些默默奉献的匠人。故宫的修护注定是一场没有终点的接力，而他们就是最好的接力者。

——普通话水平测试用朗读作品 5 号《大匠无名》

朗读重点提示

1.“一”的变调

yí　　一个

2.“不”的变调

bú　　不变

3. 易错音

建筑 jiàn zhù	修缮 xiū shàn	地方 dì fang
截头 jié tóu	墨斗 mò dǒu	锛 bēn
凿 záo	斧 fǔ	锯 jù
刨 bào	苫背 shàn bèi	石灰浆 shí huī jiāng
符合 fú hé	说不定 shuō · bú dìng	疏漏 shū lòu
殷墟 yīn xū	卜辞 bǔ cí	记载 jì zǎi
诸侯 zhū hóu		

文本 2

立春过后，大地/渐渐从沉睡中/苏醒过来。冰雪融化，草木萌发，各种花次第开放。再过两个月，燕子翩然归来。不久，布谷鸟/也来了。于是转入炎热的夏季，这是植物孕育果实的时期。到了秋天，果实成熟，植物的叶子/渐渐变黄，在秋风中/簌簌地落下来。北雁南飞，活跃在田间草际的昆虫/也都销声匿迹。到处呈现/一片衰草连天的景象，准备迎接风雪载途的寒冬。在地球上/温带和亚热带区域里，年年如是，周而复始。

几千年来，劳动人民注意了/草木荣枯、候鸟去来等/自然现象同气候的关系，据以安排农事。杏花开了，就好像/大自然在传语/要赶快耕地；桃花开了，又好像在暗示/要赶快种谷子。布谷鸟开始唱歌，劳动人民懂得它在唱什么："阿公阿婆，割麦插禾[①]。"这样看来，花香鸟语，草长莺飞，都是大自然的语言。

这些自然现象，我国古代劳动人民称它为物候。物候知识在我国起源很早。古代流传下来的许多农谚/就包含了丰富的物候知识。到了近代，利用物候知识/来研究农业生产，已经发展为一门科学，就是物候学。物候学记录植物的生长荣枯，动物的养育往来，如桃花开、燕子来等自然现象，从而了解随着时节//推移的气候变化和这种变化对动植物的影响。

——普通话水平测试用朗读作品6号《大自然的语言》

朗读重点提示

1. "一"的变调

yí　一片

yì　一门

2. 易错音

融化 róng huà	萌发 méng fā	翩然归来 piān rán guī lái
炎热 yán rè	孕育 yùn yù	成熟 chéng shú
簌簌地 sù sù de	销声匿迹 xiāo shēng nì jì	呈现 chéng xiàn
衰草连天 shuāi cǎo lián tiān	风雪载途 fēng xuě zài tú	区域 qū yù
草长莺飞 cǎo zhǎng yīng fēi	知识 zhī shi	农谚 nóng yàn

五、命题说话

普通话水平测试用话题5：我喜爱的植物

句式：

1. 我们国家生长着许多种植物，比如……
2. 我喜爱的第一种植物是……
3. 我喜爱它的原因是……

---

① "阿公阿婆，割麦插禾"是一句形象生动的俗语，它模仿布谷鸟的叫声，表示催促农民及时耕作。

4. 我喜爱的第二种植物是……

5. 这就是我喜爱的……和……

提纲：

1. 点明你喜爱的植物是什么，可以是一种植物，也可以是多种植物。

2. 讲述该植物的特点，比如外形、生长特点、象征意义等。

3. 说明你喜爱该植物的原因，以及它对你来说有哪些特殊的意义。

4. 讲述你和该植物之间的故事。

5. 点题，表达自己的喜爱之情。

普通话水平测试用话题 6：我的理想（或愿望）

句式：

1. 每个人都有自己的理想（或愿望）。有的人……，有的人……，还有的人……

2. 我的理想（或愿望）是……，这是源于……

3. 不仅……，而且（还）……

4. 为了实现这个理想（或愿望），……

5. 这就是……

提纲：

1. 点明你的理想（或愿望）是什么，比如成为教师、医生、警察、作家、记者、自由职业者等。

2. 举例说明你产生这个理想（或愿望）的原因，比如教书育人，救死扶伤，维护社会治安，进行文学创作，报道事实真相，为老百姓提供生活服务，等等。

3. 讲述你追求理想（或实现愿望）的过程，比如什么时候种下了理想（或愿望）的种子，经历了怎样努力奋斗的过程，如何克服了困难，现在处于什么阶段，今后打算怎么做，等等。

4. 总结这一理想（或愿望）对你的影响和对社会产生的价值。

巩固与提高

扫码听录音

一、听辨并跟读下列单音节字词

音近字

骂—钠	么—呢	脉—耐	梅—内	帽—闹
牡—努	蛮—腩	们—嫩	蟒—馕	猛—能
幂—溺	瞄—袅	篾—孽	谬—拗	冕—捻

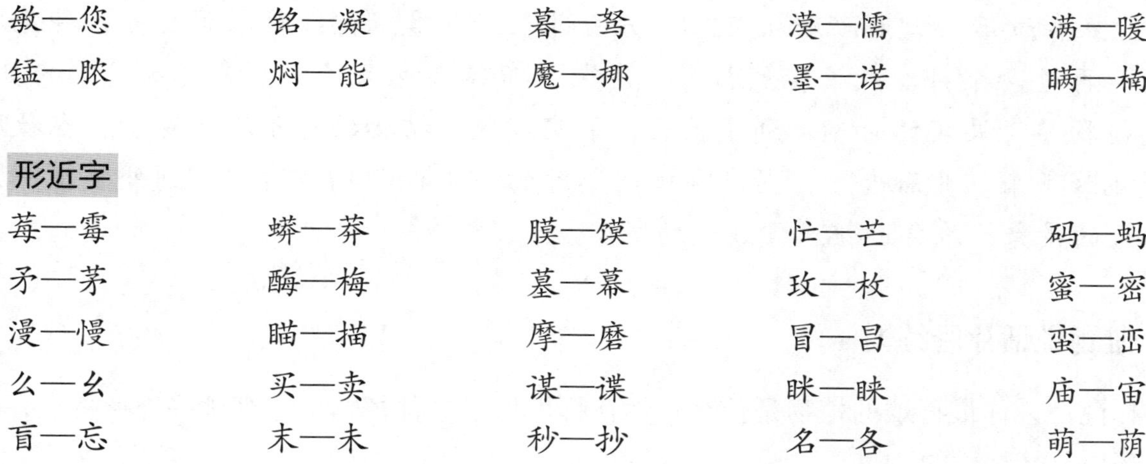

敏—您　铭—凝　暮—弩　漠—懦　满—暖

锰—脓　焖—能　魔—挪　墨—诺　瞒—楠

形近字

莓—霉　蟒—莽　膜—馍　忙—芒　码—蚂

矛—茅　酶—梅　墓—幕　玫—枚　蜜—密

漫—慢　瞄—描　摩—磨　冒—昌　蛮—峦

么—幺　买—卖　谋—谍　眯—睐　庙—宙

盲—忘　末—未　秒—抄　名—各　萌—荫

二、听录音，跟读下列词语

天体	标语	摸索	吞吐	科普	家访	欣赏	出海
批准	颠倒	乖巧	发表	奔跑	松鼠	商讨	阴影
声讨	枯井	香水	出品	邀请	哄抢	缺水	烧火
脱手	精简	相反	宽广	花蕊	西北	插嘴	挥洒
推广	揭晓	刚好	更改	收买	申请	偏远	安稳
标本	倾吐	拥有	精彩	奔走	拥堵	舒缓	高仿
争抢	干洗	喝酒	肤浅	坚挺	翻转	稀少	充满
亲口	收缴	虚拟	修改	甘草	深浅	稀有	瑰宝
冲洗	供给	山谷	潇洒	心理	清扫	亏本	清醒
凶狠	瘫软	驱赶	铅笔	花粉	清理	边角	风采

三、小组成员互读作品选段，互相纠正发音，注意选段中变调、轻声的现象与生僻词语

1. 去过故宫大修现场的人，就会发现这里和外面工地的劳作景象有个明显的区别：这里没有起重机，建筑材料都是以手推车的形式送往工地，遇到人力无法运送的木料时，工人们会使用百年不变的工具——滑轮组。故宫修缮，尊重着“四原”原则，即原材料、原工艺、原结构、原型制。在不影响体现传统工艺技术手法特点的地方，工匠可以用电动工具，比如开荒料、截头。大多数时候工匠都用传统工具：木匠画线用的是墨斗、画签、毛笔、方尺、杖竿、五尺；加工制作木构件使用的工具有锛、凿、斧、锯、刨等等。

2. 立春过后，大地渐渐从沉睡中苏醒过来。冰雪融化，草木萌发，各种花次第开放。再过两个月，燕子翩然归来。不久，布谷鸟也来了。于是转入炎热的夏季，这是植物孕育果实的时期。到了秋天，果实成熟，植物的叶子渐渐变黄，在秋风中簌簌地落下来。北雁南飞，活跃在田间草际的昆虫也都销声匿迹。到处呈现一片衰草连天的景象，准备迎接风雪载途的寒冬。

四、命题说话片段练习

1. 说一说你最喜欢的植物是什么，你在哪里见过这种植物，它有哪些外形特点，它的生长环境是什么样的。

2. 说一说你小时候的理想是什么，现在是否已实现。如果实现了，说一说你是怎么实现的；如果至今还没实现，说一说你打算怎么努力去实现它。

第四课

讲解与朗读

扫码听录音

一、声母为“f”的单音节字词

发	佛	斧	吠	翻	焚	否	富
丰	伐	府	沸	帆	坟	仿	凤
肤	肥	反	份	芳	冯	法	付
妃	繁	粉	放	风	乏	抚	费
番	妨	讽	负	飞	凡	访	奉
孵	烦	纺	缝	芬	防	俯	废
氛	房	匪	范	吩	福	甫	肺
敷	浮	辅	副	绯	罚	坊	附
峰	符	腐	饭	枫	阀	菲	泛
疯	逢	俘	傅	纷	伏	覆	赋

二、形近字辨析与积累

返	板	版	皈	饭
纺	仿	防	访	妨
菲	诽	排	绯	啡
粉	吩	份	纷	氛
峰	逢	蜂	锋	缝
缚	傅	膊	薄	博
副	福	富	幅	辐
赴	仆	扑	朴	补

弗	拂	佛	赋	贼	斌
附	咐	符	妇	扫	雪
府	腐	瘸	讽	枫	疯
奉	捧	棒	肤	扶	芙
番	潘	播	抚	妩	无

三、"阴平＋去声"的双音节词语

方案	荒谬	归纳	加入	干脆	波段	亲切	宣布
丢掉	衰变	分化	操作	听众	歌颂	分裂	侵略
开创	骄傲	牵挂	参赛	激烈	深刻	抓获	欺骗
通讯	开放	需要	纠正	飞快	加快	昏暗	飘逸
割让	商业	通用	推测	夸耀	压力	车站	拼命
驱散	销售	租用	崩溃	遵照	分配	发票	供应
迁就	身份	轻率	当代	压迫	黑暗	方面	勾画
功效	心愿	昔日	催化	专用	衰败	操纵	轻信
安静	消化	山坳	尊贵	宣告	商榷	消费	黑夜
装置	公用	高尚	丰盛	耕作	军事	方略	安慰

四、朗读作品

文本 1

当高速列车／从眼前呼啸而过时，那种转瞬即逝[①]的感觉／让人们不得不发问：高速列车跑得那么快，司机能看清路吗？

高速列车的速度／非常快，最低时速标准／是二百公里。且不说能见度低的雾霾天[②]，就是晴空万里的大白天，即使是视力好的司机，也不能保证／正确识别地面的信号。当肉眼看到前面有障碍时，已经来不及反应。

专家告诉我，目前，我国时速三百公里以上的高铁线路／不设置信号机，高速列车／不用看信号行车，而是通过列控系统／自动识别前进方向。其工作流程为，由铁路专用的／全球数字移动通信系统／来实现数据传输，控制中心／实时接收／无线电波信号，由计算机／自动排列出／每趟列车的／最佳运行速度／和最小行车间隔距离，实现实时追踪控制，确保高速列车／间隔合理地安全运行。当然，时速二百至二百五十公里的高铁线路，仍然设置／信号灯控制装置，由传统的轨道电路／进行信号传输。

中国自古就有／"千里眼"[③]的传说，今日高铁／让古人的传说／成为现实。

---

① "转瞬即逝"指一眨眼就消失了。在作品中形容高速列车的速度很快。

② "雾霾天"是空气中雾和灰尘等杂质混合形成的天气状况。

③ "千里眼"的意思是能看到很远地方的人。本义是指古代神话小说中的一位神仙，常与"顺风耳"一同出现。

所谓“千里眼”，即高铁沿线的摄像头，几毫米见方的石子儿 / 也逃不过它的法眼[①]。通过摄像头 / 实时采集 / 沿线高速列车运行的 / 信息，一旦 // 出现故障或者异物侵限，高铁调度指挥中心监控终端的界面上就会出现一个红色的框将目标锁定，同时，监控系统马上报警显示。调度指挥中心会迅速把指令传递给高速列车司机。

——普通话水平测试用朗读作品 7 号《当今“千里眼”》

朗读重点提示

1. “一”的变调

yí　一旦

2. “不”的变调

bú　不设置　不用

3. 易错音

呼啸而过 hū xiào ér guò	转瞬即逝 zhuǎn shùn jí shì	速度 sù dù
雾霾天 wù mái tiān	即使 jí shǐ	障碍 zhàng ài
来不及 lái · bù jí	设置 shè zhì	传输 chuán shū
每趟 měi tàng	间隔 jiàn gé	距离 jù lí
追踪 zhuī zōng	仍然 réng rán	控制 kòng zhì
装置 zhuāng zhì	轨道 guǐ dào	摄像头 shè xiàng tóu
逃不过 táo · bú guò	一旦 yí dàn	

文本 2

从肇庆市[②]驱车半小时左右，便到了 / 东郊风景名胜 / 鼎湖山。下了几天的小雨刚停，满山笼罩着 / 轻纱似的薄雾。

过了寒翠桥[③]，就听到淙淙的泉声。进山一看，草丛石缝，到处都涌流着 / 清亮的泉水。草丰林茂，一路上 / 泉水时隐时现，泉声不绝于耳。有时几股泉水交错流泻，遮断路面，我们得寻找着 / 垫脚的石块 / 跳跃着前进。愈往上走树愈密，绿阴愈浓。湿漉漉的绿叶，犹如大海的波浪，一层一层涌向山顶。泉水隐到了浓阴的深处，而泉声 / 却更加清纯悦耳。忽然，云中传来钟声，顿时山鸣谷应，悠悠扬扬。安详

① “法眼”指能认识到事物真相的眼力，泛指敏锐深邃的眼力。
② “肇庆市”是广东省辖地级市，位于粤港澳大湾区。
③ “寒翠桥”位于肇庆市鼎湖山景区。

厚重的钟声/和欢快活泼的泉声，在雨后宁静的暮色中，汇成一片美妙的音响。

我们循着钟声，来到了半山腰的庆云寺。这是一座/建于明代、规模宏大的/岭南著名古刹[①]。庭院里/繁花似锦，古树参天。有一株/与古刹同龄的茶花，还有两株/从斯里兰卡引种的、有二百多年树龄的菩提树。我们决定/就在这座寺院里借宿。

入夜，山中万籁俱寂，只有泉声一直传送到枕边。一路上听到的各种泉声，这时候躺在床上，可以用心细细地聆听、辨识、品味。那像小提琴一样轻柔的，是草丛中流淌的/小溪的声音；那像琵琶[②]一样清脆的，//是在石缝间跌落的涧水的声音；那像大提琴一样厚重回响的，是无数道细流汇聚于空谷的声音；那像铜管齐鸣一样雄浑磅礴的，是飞瀑急流跌入深潭的声音。还有一些泉声忽高忽低，忽急忽缓，忽清忽浊，忽扬忽抑，是泉水正在绕过树根，拍打卵石，穿越草丛，流连花间……

蒙胧中，那滋润着鼎湖山万木，孕育出蓬勃生机的清泉，仿佛汩汩地流进了我的心田。

——普通话水平测试用朗读作品8号《鼎湖山听泉》

朗读重点提示

1.“一”的变调

yí　一看　一路上　一片　一座　一样

yì　一层　一株　一直

2. 易错音

肇庆市 zhào qìng shì	驱车 qū chē	东郊 dōng jiāo
鼎湖山 dǐng hú shān	笼罩 lǒng zhào	似的 shì de
寒翠桥 hán cuì qiáo	淙淙 cóng cóng	石缝 shí fèng
涌流 yǒng liú	草丰林茂 cǎo fēng lín mào	
交错流泻 jiāo cuò liú xiè	垫脚 diàn jiǎo	跳跃 tiào yuè
湿漉漉 shī lù lù	犹如 yóu rú	清纯悦耳 qīng chún yuè ěr
山鸣谷应 shān míng gǔ yìng	暮色 mù sè	古刹 gǔ chà
斯里兰卡 sī lǐ lán kǎ	菩提树 pú tí shù	万籁俱寂 wàn lài jù jì
聆听 líng tīng	流淌 liú tǎng	琵琶 pí · pá

① “古刹”指古老的寺庙。
② “琵琶”是一种弦乐器，用木料制成，有四根弦，下部为瓜子形的盘，上部为长柄，柄端弯曲。

五、命题说话

普通话水平测试用话题 7：过去的一年

句式：

1. 过去的一年我做了许多事情，比如说……
2. 上半年……，下半年……
3. 就拿……来说吧，……
4. 这一年我的收获很多，主要有……

提纲：

1. 总括你过去一年里的主要经历。
2. 举例详细表述你这一年的某些生活，比如学习普通话，教书，陪父母看病，旅游，参加培训，观看演出，参加某项比赛，等等。
3. 讲明你在过去一年的主要收获和心得感想。
4. 点题。

普通话水平测试用话题 8：朋友

句式：

1. 我们每个人的一生都有很多朋友。小时候，……；上学的时候，……；工作的时候，……；到了退休，……
2. 下面，我就说一说我……时候的一位朋友吧。
3. 他（她）就是……
4. 记得有一次……
5. 这就是我的朋友。

提纲：

1. 点明你的朋友是谁。
2. 讲述你朋友的特点和其他信息，比如他（她）的外貌、性格、品行、兴趣爱好、工作等。
3. 讲述你欣赏他（她）的原因。
4. 讲述你和朋友之间的故事以及你们的友情。

巩固与提高

扫码听录音

一、听辨并跟读下列单音节字词

音近字

乏—哈	佛—喝	飞—灰	费—黑	否—厚
烦—寒	粉—狠	坟—痕	防—航	坊—夯
峰—哼	冯—衡	缝—哄	菲—徽	肺—惠
肥—毁	焚—恨	繁—涵	筏—蛤	纺—杭
赋—护	逢—横	返—喊	罚—滑	凤—宏

形近字

防—妨	法—洼	拂—佛	缚—傅	斧—芹
沸—拂	封—卦	冯—蚂	凤—风	阀—阁
仿—访	坟—纹	份—纷	敷—放	吠—犬
负—炙	焚—禁	翻—翩	赋—贱	罚—罪
副—幅	否—丕	匪—韭	返—板	赴—仆

二、听录音，跟读下列词语

心率	安放	夸赞	操练	申报	亲近	切菜	欢乐
签到	弯道	恩惠	先烈	耕种	发布	枪毙	方便
编造	发送	鲜艳	灰烬	偏僻	亲自	奔赴	洼地
都市	奔放	清退	多谢	催化	监视	攀附	批判
监控	呼气	将要	分队	家具	规律	宽阔	香菜
敲诈	高兴	轻快	捐献	吸气	跟进	观看	规划
抛弃	规定	飞跃	多面	交换	编剧	刚烈	慌乱
监狱	开会	挥动	工具	封面	娇气	苛刻	高校
班会	亏欠	经过	钞票	播放	崩断	幽静	将近
贪欲	蜂蜜	开动	安慰	金贵	敲定	纠正	编制

三、小组成员互读作品选段，互相纠正发音，注意选段中变调、轻声、儿化的现象与生僻词语

1. 专家告诉我，目前，我国时速三百公里以上的高铁线路不设置信号机，高速

列车不用看信号行车，而是通过列控系统自动识别前进方向。其工作流程为，由铁路专用的全球数字移动通信系统来实现数据传输，控制中心实时接收无线电波信号，由计算机自动排列出每趟列车的最佳运行速度和最小行车间隔距离，实现实时追踪控制，确保高速列车间隔合理地安全运行。

2. 过了寒翠桥，就听到淙淙的泉声。进山一看，草丛石缝，到处都涌流着清亮的泉水。草丰林茂，一路上泉水时隐时现，泉声不绝于耳。有时几股泉水交错流泻，遮断路面，我们得寻找着垫脚的石块跳跃着前进。愈往上走树愈密，绿阴愈浓。湿漉漉的绿叶，犹如大海的波浪，一层一层涌向山顶。泉水隐到了浓阴的深处，而泉声却更加清纯悦耳。忽然，云中传来钟声，顿时山鸣谷应，悠悠扬扬。

四、命题说话片段练习

1. 说一说过去一年里你印象最深刻的事情是什么，为什么这件事给你的印象最深刻。

2. 说出你最好的朋友的一个优点，并简要叙述是什么事情使你发现他（她）的这个优点的。

第五课

扫码听录音

讲解与朗读

一、声母为“d”的单音节字词

搭 德 底 度 呆 蝶 岛 斗
丢 夺 胆 顿 堆 叠 打 盾
灯 踱 党 邓 丁 答 董 电
叼 达 短 舵 堤 读 歹 队
刀 迭 抖 蛋 多 得 抵 杜
兜 碟 挡 凳 吨 敌 等 定
冬 嘀 赌 代 哆 笛 导 诞
滴 毒 捣 带 跌 涤 鼎 动
低 的 点 调 盯 独 躲 对
单 嫡 懂 戴 登 迪 顶 栋

二、形近字辨析与积累

耽 忱 枕 沈 沉
当 挡 档 裆 铛
祷 涛 踌 铸 筹
玷 站 粘 钻 沾
碟 蝶 谍 喋 蹀
订 钉 盯 叮 顶
定 淀 绽 锭 腚
舵 鸵 沱 坨 跎
胆 担 但 诞 涎 蜒
掉 悼 绰 缔 蹄 蒂
滇 颠 巅 佃 甸 钿
东 栋 冻 陡 徒 徙
惰 隋 堕 咄 拙 绌

三、"阳平＋阴平"的双音节词语

明天	从中	平均	传播	年轻	搏击	填充	联通
黄金	硫酸	舷窗	长波	农村	白天	乾坤	衔接
藏身	折光	全身	民歌	情商	繁多	时光	旁边
活塞	来宾	航天	决心	国家	阳光	南方	拳击
燃烧	临终	名称	云端	评分	文章	活期	节拍
萌发	投资	浑身	红军	回收	横批	传说	为期
情操	联欢	前锋	停车	独吞	学科	轮胎	蓝天
辖区	唯一	承包	狂欢	承担	眉峰	民兵	其他
活捉	传销	严冬	学期	旋涡	还击	核心	无边
逃脱	元宵	头盔	皇宫	原因	橱窗	潮汐	长江

四、朗读作品

文本 1

我常想/读书人是世间幸福人，因为/他除了拥有现实的世界之外，还拥有/另一个/更为浩瀚[①]/也更为丰富的世界。现实的世界/是人人都有的，而后一个世界/却为读书人所独有。由此我想，那些失去/或不能阅读的人/是多么的不幸，他们的丧失/是不可补偿的。世间有诸多的不平等，财富的不平等，权力的不平等，而阅读能力的拥有/或丧失/却体现为精神的不平等。

一个人的一生，只能经历/自己拥有的/那一份欣悦，那一份苦难，也许再加上/他亲自闻知的/那一些关于自身以外的/经历和经验。然而，人们通过阅读，却能进入不同时空的/诸多他人的世界。这样，具有阅读能力的人，无形间获得了/超越有限生命的/无限可能性。阅读不仅使他多识了/草木虫鱼之名，而且可以/上溯远古/下及未来[②]，饱览存在的/与非存在的奇风异俗。

更为重要的是，读书加惠于人们的/不仅是知识的增广，而且还在于/精神的感化与陶冶。人们从读书学做人，从那些往哲先贤[③]/以及当代才俊的著述中/学得他们的人格。人们从《论语》中/学得智慧的思考，从《史记》中/学得严肃的历史精

① "浩瀚"形容广大或繁多。在作品中形容广大丰富的精神世界。
② "上溯远古下及未来"的意思是从远古时代一直到未来。
③ "往哲先贤"指以前的智慧卓越的人和有才德的人。

神，从《正气歌》中 / 学得人格的刚烈，从马克思学得人世 // 的激情，从鲁迅学得批判精神，从托尔斯泰学得道德的执着。歌德的诗句刻写着睿智的人生，拜伦的诗句呼唤着奋斗的热情。一个读书人，一个有机会拥有超乎个人生命体验的幸运人。

——普通话水平测试用朗读作品 9 号《读书人是幸福人》

朗读重点提示

1.“一”的变调

yí　一个　一份

yì　一生　一些

2.“不”的变调

bú　不幸

3. 易错音

因为 yīn · wèi　　浩瀚 hào hàn　　丧失 sàng shī

补偿 bǔ cháng　　诸多 zhū duō　　欣悦 xīn yuè

生命 shēng mìng　　上溯 shàng sù　　饱览 bǎo lǎn

奇风异俗 qí fēng yì sú　　加惠 jiā huì　　陶冶 táo yě

往哲先贤 wǎng zhé xiān xián　　才俊 cái jùn　　论语 lún yǔ

智慧 zhì huì　　严肃 yán sù

文本 2

我爱月夜，但我也爱星天。从前在家乡 / 七八月的夜晚 / 在庭院里纳凉[①]的时候，我最爱看 / 天上密密麻麻的繁星。望着星天，我就会忘记一切，仿佛回到了母亲的怀里似的。

三年前 / 在南京 / 我住的地方 / 有一道后门，每晚我打开后门，便看见一个静寂的夜。下面是一片菜园，上面是星群密布的蓝天。星光在我们的肉眼里 / 虽然微小，然而 / 它使我们觉得 / 光明无处不在。那时候 / 我正在读一些天文学的书，也认得一些星星，好像它们就是我的朋友，它们常常在和我谈话一样。

如今在海上，每晚和繁星相对，我把它们认得很熟了。我躺在舱面上，仰望天空。深蓝色的天空里 / 悬着无数半明半昧[②]的星。船在动，星也在动，它们是这样

① “纳凉”指因天气炎热，人们在树荫下乘凉。

② “半明半昧”形容有时明亮，有时昏暗。在作品中形容天上一闪一闪的星星。

低，真是摇摇欲坠[①]呢！渐渐地/我的眼睛模糊了，我好像看见/无数萤火虫/在我的周围飞舞。海上的夜是柔和的，是静寂的，是梦幻的。我望着许多认识的星，我仿佛看见/它们在对我眨眼，我仿佛听见/它们在小声说话。这时我忘记了一切。在星的怀抱中我微笑着，我沉睡着。我觉得自己是一个小孩子，现在睡在母亲的怀里了。

有一夜，那个在哥伦波上船的英国人/指给我看天上的巨人。他用手指着：//那四颗明亮的星是头，下面的几颗是身子，这几颗是手，那几颗是腿和脚，还有三颗星算是腰带。经他这一番指点，我果然看清楚了那个天上的巨人。看，那个巨人还在跑呢！

——普通话水平测试用朗读作品 10 号《繁星》

朗读重点提示

1.“一”的变调

yí　一切　一道　一个　一片　一样　一夜

yì　一些

2.“不”的变调

bú　无处不在

3. 易错音

纳凉 nà liáng　密密麻麻 mì mì má má　繁星 fán xīng

静寂 jìng jì　微小 wēi xiǎo　舱面 cāng miàn

悬着 xuán zhe　半明半昧 bàn míng bàn mèi　摇摇欲坠 yáo yáo yù zhuì

眼睛 yǎn jing　模糊 mó hu　萤火虫 yíng huǒ chóng

梦幻 mèng huàn　眨眼 zhǎ yǎn　仿佛 fǎng fú

哥伦波 gē lún bō

五、命题说话

普通话水平测试用话题 9：童年生活

句式：

1. 每个人都有童年。有的人的童年生活是……的，有的人的童年生活是……的，有的人的童年生活是……的，我认为我的童年生活是……的。

---

① “摇摇欲坠”形容非常危险，就要掉下来或垮下来。在作品中形容星星闪烁，快要掉下来的样子。

2. 我留恋童年的原因有：一是……；二是……；三是……
3. 童年，是……，是……
4. 那一年的……，……
5. 童年生活教会我……，也教会我……。这就是……

提纲：

1. 点明你的童年生活是什么样的，比如纯真，美好，无忧无虑，无拘无束，开心快乐，等等。

2. 介绍一件你童年生活中最难忘的事情，比如滑冰，爬树，游泳，等等。谈谈这件事给你的生活带来的影响或启示。

3. 讲述你童年生活中的一个教训，比如做错事情，没好好学习，破坏了某件东西，等等。

4. 总结你的童年生活。

普通话水平测试用话题 10：我的兴趣爱好

句式：

1. 每个人都有自己的兴趣爱好。有的人……，有的人……，还有的人……
2. 我一直对……感兴趣，因为……
3. 就拿……来说吧，……
4. ……，这就是我的兴趣爱好。
5. 这项爱好使我……，培养了我……的特长，丰富了……，充实了……

提纲：

1. 点明你的兴趣爱好是什么。
2. 说明你有这个兴趣爱好的原因。
3. 举例说一件和你的这个兴趣爱好有关的事情。
4. 总结你的兴趣爱好给你带来的影响。

巩固与提高

扫码听录音

一、听辨并跟读下列单音节字词

音近字

锻—湍	痘—透	舵—拓	第—剃	董—筒
盯—厅	碟—帖	但—坦	雕—挑	谍—铁
挡—躺	掉—跳	德—特	堵—徒	搭—塔
订—婷	跺—驼	巅—舔	逗—偷	倒—讨
抖—投	渡—涂	叨—滔	赌—荼	锭—蜓

形近字

兑—税　　得—碍　　碘—腆　　电—申　　跌—迭
敦—郭　　吨—纯　　蹲—遵　　妒—护　　哆—侈
钓—钩　　玷—沾　　蹈—滔　　低—抵　　悼—淖
地—池　　瞪—蹬　　待—侍　　代—伐　　戴—截
踱—渡　　迪—油　　刀—刁　　杜—牡　　堆—难

二、听录音，跟读下列词语

狂风　葵花　防风　藏书　国家　别称　航天　麻花
黄花　船帆　敌方　膀胱　前天　陈规　狂奔　舷窗
得分　茶杯　昨天　唐诗　同桌　圆圈　红光　啼哭
腾飞　时期　读书　皇家　云烟　皮肤　荷花　红星
评分　隆冬　南方　群山　摩天　回家　晴天　成交
船夫　存心　常规　澄清　油污　鱼鳃　残缺　硫酸
从军　黄蜂　逃脱　晨光　茶花　熊猫　船舱　铂金
前厅　绝交　揉搓　劳工　航空　阳刚　排污　摩擦
石膏　行规　馋猫　龙舟　年初　人声　宏观　聆听
禅宗　船家　胡说　全家　平添　年关　婆娑　长安

三、小组成员互读作品选段，互相纠正发音，注意选段中变调、轻声的现象与生僻词语

1. 更为重要的是，读书加惠于人们的不仅是知识的增广，而且还在于精神的感化与陶冶。人们从读书学做人，从那些往哲先贤以及当代才俊的著述中学得他们的人格。人们从《论语》中学得智慧的思考，从《史记》中学得严肃的历史精神，从《正气歌》中学得人格的刚烈，从马克思学得人世的激情。

2. 我躺在舱面上，仰望天空。深蓝色的天空里悬着无数半明半昧的星。船在动，星也在动，它们是这样低，真是摇摇欲坠呢！渐渐地我的眼睛模糊了，我好像看见无数萤火虫在我的周围飞舞。海上的夜是柔和的，是静寂的，是梦幻的。我望着许多认识的星，我仿佛看见它们在对我眨眼，我仿佛听见它们在小声说话。

四、命题说话片段练习

1. 说一说你的童年是在哪里度过的，在那里发生过什么有趣的事情。

2. 谈谈你的兴趣爱好有哪些，你是怎样培养这些兴趣爱好的。

第六课

扫码听录音

讲解与朗读

一、声母为“t”的单音节字词

塌	啼	土	特	胎	桃	腿	透
贴	谈	躺	痛	吞	糖	挺	眺
湍	陀	塔	替	突	抬	讨	蜕
绦	投	铁	探	听	屯	统	烫
添	调	妥	榻	踢	图	坦	趟
厅	淘	吐	套	推	头	挑	剃
偷	搪	毯	唾	脱	屠	体	跳
他	提	舔	兔	凸	题	叹	剔
托	填	袒	退	涛	婷	筒	态
瘫	陶	桶	泰	汤	彤	獭	踏

二、形近字辨析与积累

他	她	池	地	也
塌	榻	蹋	遢	溻
胎	抬	跆	饴	治
弹	掸	惮	殚	禅
逃	跳	挑	桃	兆
特	待	侍	诗	恃
提	题	堤	匙	是
讨	时	村	忖	付
贴	沾	站	粘	战

条	绦	涤	陶	淘	萄
梯	剃	涕	啼	蹄	缔
通	桶	涌	铜	桐	筒
亭	停	婷	偷	愉	榆

投　设　殁　　　透　绣　诱

推　谁　难　　　蜕　说　税

三、“阳平 + 阳平”的双音节词语

国防　人群　佛学　从而　国民　红娘　无穷　别名

儿童　及时　存亡　然而　神奇　穷人　文学　门铃

平原　船台　从来　成熟　贫穷　蝗虫　同情　全年

和平　回头　顽强　哲学　人民　繁杂　为难　毛驴

结石　围墙　文明　流行　怀疑　原来　重叠　国旗

从头　临床　频繁　柔和　完全　维持　流传　平民

循环　成为　名词　才能　仍然　民族　情怀　连环

牛皮　明年　繁荣　能源　民俗　全局　神情　团圆

完成　寒潮　禾苗　平衡　昂然　合格　王国　学习

留学　拦截　年龄　赔偿　沉着　翱翔　油田　彷徨

四、朗读作品

文本 1

钱塘江大潮，自古以来被称为天下奇观。

农历八月十八 / 是一年一度的观潮日。这一天早上，我们来到了 / 海宁市的盐官镇，据说这里 / 是观潮最好的地方。我们随着观潮的人群，登上了海塘大堤。宽阔的钱塘江 / 横卧在眼前。江面很平静，越往东越宽，在雨后的阳光下，笼罩着一层蒙蒙的薄雾。镇海古塔、中山亭和观潮台 / 屹立在江边。远处，几座小山在云雾中若隐若现。江潮还没有来，海塘大堤上 / 早已人山人海。大家昂首东望，等着，盼着。

午后一点①左右，从远处传来隆隆的响声，好像闷雷滚动。顿时人声鼎沸②，有人告诉我们，潮来了！我们踮着脚③/ 往东望去，江面还是风平浪静，看不出有什么变化。过了一会儿，响声越来越大，只见东边水天相接的地方 / 出现了一条白线，人群又沸腾起来。

① “一点”中的“一”表示序数，不变调，读阴平。

② “人声鼎沸”的意思是人群发出的声音像水在锅里沸腾一样，形容人声嘈杂喧闹。

③ “踮着脚”指抬起脚后跟，用脚尖站着。

那条白线很快地向我们移来，逐渐拉长，变粗，横贯江面。再近些，只见白浪翻滚，形成一堵 / 两丈多高的水墙。浪潮越来越近，犹如千万匹白色战马 / 齐头并进，浩浩荡荡地飞奔而来；那声音如同山崩地裂，好像大地都被震得颤动起来。

霎时，潮头奔腾西去，可是余波还在漫天卷地般 / 涌来，江面上依旧风号浪吼。过了好久，钱塘江才恢复了 // 平静。看看堤下，江水已经涨了两丈来高了。

——普通话水平测试用朗读作品 11 号《观潮》

朗读重点提示

1. “一”的变调

yí　一度　一会儿

yì　一年　一天　一层　一条　一堵

2. 易错音

钱塘江 qián táng jiāng

海塘大堤 hǎi táng dà dī

屹立 yì lì

闷雷滚动 mèn léi gǔn dòng

踮着脚 diǎn zhe jiǎo

沸腾 fèi téng

齐头并进 qí tóu bìng jìn

山崩地裂 shān bēng dì liè

霎时 shà shí

漫天卷地 màn tiān juǎn dì

恢复 huī fù

观潮日 guān cháo rì

横卧 héng wò

若隐若现 ruò yǐn ruò xiàn

人声鼎沸 rén shēng dǐng fèi

看不出 kàn · bù chū

横贯江面 héng guàn jiāng miàn

浩浩荡荡 hào hào dàng dàng

颤动 chàn dòng

余波 yú bō

风号浪吼 fēng háo làng hǒu

文本 2

我和几个孩子 / 站在一片园子里，感受秋天的风。园子里 / 长着几棵高大的梧桐树，我们的脚底下，铺了一层 / 厚厚的梧桐叶。叶枯黄，脚踩在上面，嘎吱嘎吱脆响。风还在一个劲儿地刮，吹打着 / 树上可怜的几片叶子，那上面，就快成光秃秃的了。

我给孩子们上写作课，让孩子们描摹这秋天的风。以为他们一定会说寒冷、残酷和荒凉之类的，结果却出乎我的意料。

一个孩子说，秋天的风，像把大剪刀，它剪呀剪的，就把树上的叶子全剪光了。

我赞许了这个比喻。有二月春风 / 似剪刀[①]之说，秋天的风，何尝不是一把剪刀呢？只不过，它剪出来的 / 不是花红叶绿，而是败柳残荷。

剪完了，它让阳光来住，这个孩子突然接着说一句。他仰向我的小脸，被风吹着，像只通红的小苹果。我怔住，抬头看树，那上面，果真的，爬满阳光啊，每根枝条上都是。失与得，从来都是如此均衡，树在失去叶子的同时，却承接了满树的阳光。

一个孩子说，秋天的风，像个魔术师，它会变出好多好吃的，菱角呀，花生呀，苹果呀，葡萄呀。还有桂花，可以做桂花糕。我昨天吃了桂花糕，妈妈说，是风变出来的。

我笑了。小可爱，经你这么一说，秋天的风，还真是香的。我和孩 // 子们一起嗅，似乎就闻见了风的味道，像块蒸得热气腾腾的桂花糕。

——普通话水平测试用朗读作品 12 号《孩子和秋风》

朗读重点提示

1.“一”的变调

yí　一片　一个劲儿　一定　一个　一句

yì　一层　一把　一说

2.“不”的变调

bú　不是　只不过

3.“啊”的音变

nga　爬满阳光啊。

4. 易错音

梧桐树 wú tóng shù　嘎吱嘎吱 gā zhī gā zhī　脆响 cuì xiǎng

光秃秃 guāng tū tū　描摹 miáo mó　以为 yǐ wéi

残酷 cán kù　败柳残荷 bài liǔ cán hé　怔住 zhèng zhù

均衡 jūn héng　魔术师 mó shù shī　菱角 líng jiao

葡萄 pú · táo

① “二月春风似剪刀”出自唐代诗人贺知章的《咏柳》，意思是二月的春风就像一把剪刀，裁剪出细细的嫩柳叶。

五、命题说话

普通话水平测试用话题11：家乡（或熟悉的地方）

句式：

1. 每个人都有熟悉的地方，有的人熟悉的地方是……，有的人熟悉的地方是……，我最熟悉的地方是……

2. 我的家乡位于……，那里有……，有……，还有……

3. 我的家乡（或这个地方）风景秀丽，有巍峨的高山、清澈的河水，有许多名胜古迹，例如……

4. 我的家乡（或这个地方）美食众多，有令人念念不忘的……

5. 我的家乡（或这个地方）风俗独特，有……，有……，……

6. 我的家乡（或这个地方）交通便利。如果你要出行，可以选择……

7. 我的家乡（或这个地方）物产丰富，盛产……等瓜果。

8. 我的家乡（或这个地方）矿产资源丰富，有全国著名的……等资源。

9. 这就是……，一个让我流连忘返、难以忘怀的地方！

提纲：

1. 总述你的家乡（或熟悉的地方）的整体情况，比如地点、风景、气候、人文特点、风俗习惯等。

2. 讲清楚你的家乡（或熟悉的地方）的特点，比如重要的景点、风俗习惯、特色美食、历史文化等。

3. 说明你的家乡（或熟悉的地方）的变化，以及它带给你的美好回忆。

4. 阐述如何把你的家乡（或熟悉的地方）建设得更加美好。

5. 点题，表达你对家乡（或熟悉的地方）的美好情感，比如赞美、留恋、期望等。

普通话水平测试用话题12：我喜欢的季节（或天气）

句式：

1. 一年有四季，分别是春、夏、秋、冬。四季各有特色，春天……，带给人们……；夏天……，带给人们……；秋天……，带给人们……；冬天……，带给人们……。而我喜欢的季节是……

2. 我喜欢……（季节）的原因是：第一，……；第二，……；第三，……

3. 在……（季节）里，人们可以选择喜欢的服饰，例如……

4. ……（季节），是……的季节；……（季节），是……的季节；……（季节），还是……的季节。

5. 我喜欢……（季节）的……，……（季节）的……，……（季节）的……

6. 曾经的一个……（季节），发生了一件有趣的事，这件事至今让我难以忘怀。那是……

提纲：

1. 介绍你生活的地方有几个季节，每个季节的天气怎么样。
2. 点明你最喜欢的季节（或天气）。
3. 讲明你喜欢这个季节（或天气）的原因。
4. 举例说明在你喜欢的季节（或天气）里，你会安排哪些活动。
5. 讲述这个季节（或天气）对你的生活产生的影响。
6. 点题。

扫码听录音

巩固与提高

一、听辨并跟读下列单音节字词

音近字

拓—剁	滕—蹬	摊—氮	塔—答	抬—岱
徒—毒	钛—怠	袒—胆	眺—雕	婷—锭
陶—蹈	躺—挡	剃—递	湍—端	态—怠
庭—鼎	它—搭	囤—墩	屯—吨	推—堆
偷—兜	帖—跌	瞳—懂	藤—瞪	题—堤

形近字

谭—潭	谈—淡	逃—跳	贴—粘	腿—褪
妥—绥	湍—喘	凸—凹	偷—喻	听—欣
添—舔	体—休	特—持	坦—胆	图—圆
塌—榻	透—绣	疼—痛	厅—丁	泰—秦
调—绸	蜕—锐	兔—免	统—吮	投—设

二、听录音，跟读下列词语

由于	决绝	牛皮	人才	原则	调和	成年	全名
来源	贫寒	成为	陀螺	折叠	淋漓	题材	前年
停留	成名	从头	临摹	难题	国王	来回	平房
抬头	夺权	圆滑	团员	墙头	房梁	存留	临时

洁白	投球	寻常	闻名	从前	还原	全民	着实
环游	严寒	臣服	拔牙	流行	结局	童年	怀柔
勤劳	球员	梧桐	烦人	牛群	颓然	媒婆	钱财
排球	全才	皮鞋	云游	平凡	盲人	头疼	回环
船员	巡查	传承	长城	潜伏	完全	民房	乘凉
节能	云霞	南极	床头	全员	柴门	楼阁	匍匐

三、小组成员互读作品选段，互相纠正发音，注意选段中变调、轻声、儿化的现象与生僻词语

1. 农历八月十八是一年一度的观潮日。这一天早上，我们来到了海宁市的盐官镇，据说这里是观潮最好的地方。我们随着观潮的人群，登上了海塘大堤。宽阔的钱塘江横卧在眼前。江面很平静，越往东越宽，在雨后的阳光下，笼罩着一层蒙蒙的薄雾。镇海古塔、中山亭和观潮台屹立在江边。远处，几座小山在云雾中若隐若现。江潮还没有来，海塘大堤上早已人山人海。大家昂首东望，等着，盼着。

2. 我和几个孩子站在一片园子里，感受秋天的风。园子里长着几棵高大的梧桐树，我们的脚底下，铺了一层厚厚的梧桐叶。叶枯黄，脚踩在上面，嘎吱嘎吱脆响。风还在一个劲儿地刮，吹打着树上可怜的几片叶子，那上面，就快成光秃秃的了。

我给孩子们上写作课，让孩子们描摹这秋天的风。以为他们一定会说寒冷、残酷和荒凉之类的，结果却出乎我的意料。

一个孩子说，秋天的风，像把大剪刀，它剪呀剪的，就把树上的叶子全剪光了。

四、命题说话片段练习

1. 你的家乡在哪里？你对家乡有什么样的感情？离开家乡，你最想念家乡的什么？介绍你家乡的两个名胜古迹。

2. 你最喜欢四季中的哪个季节？说出三个你喜欢这个季节的理由。

第七课

扫码听录音

讲解与朗读

一、声母为“n”的单音节字词

妞　囊　拟　怒　捏　牛　奶　内
拈　年　拧　闹　妮　男　撵　弄
泥　浓　纽　孽　蔫　能　捻　耐
拿　您　哪　娜　难　柠　你　诺
娘　南　努　懦　霓　宁　脑　呐
狞　凝　恼　纳　尼　倪　暖　糯
捺　咛　碾　酿　腻　挪　钮　昵
耐　挠　氖　那　匿　馕　鸟　奈
溺　奴　乃　念　尿　脓　女　钠
聂　驽　袅　嫩　孽　农　扭　镊

二、形近字辨析与积累

尼　泥　呢　昵　妮
拈　站　粘　沾　贴
娘　狼　浪　粮　良
扭　钮　纽　妞　丑
念　恋　忍　忐　忑
奴　怒　努　驽　弩
囊　馕　囔　壤　攘
挠　烧　绕　饶　娆
柠　咛　拧　狞　泞
暖　缓　援　　拟　似　以
脑　恼　闹　　尿　屁　屎
挪　娜　哪　　浓　脓　农
镊　摄　聂　　纳　呐　钠

三、"阳平＋上声"的双音节词语

昂首	传导	玩耍	佛法	男女	全体	存款	言普
逃走	磁场	成品	灵敏	柔软	横扫	成本	人影
成果	南北	而且	行走	调整	如此	群体	回本
宏伟	完美	全景	从此	苹果	良好	如果	云朵
门口	旋转	描写	学者	平等	航海	人口	提醒
牛仔	洪水	财产	寻找	茶馆	着手	诚恳	结尾
逃跑	誊写	完整	豪爽	情感	头脑	原理	头领
柔美	合伙	情景	持久	凉爽	酋长	调解	愚蠢
违反	无语	劳苦	原始	成长	穷苦	情侣	联想
遥远	围剿	来往	华北	茅草	传统	城堡	年尾

四、朗读作品

文本 1

夕阳落山不久，西方的天空，还燃烧着 / 一片橘红色的晚霞。大海，也被这霞光染成了红色，而且 / 比天空的景色 / 更要壮观。因为它是活动的，每当一排排波浪 / 涌起的时候，那映照在浪峰上的霞光，又红又亮，简直就像 / 一片片霍霍燃烧着的火焰，闪烁着，消失了。而后面的一排，又闪烁着，滚动着，涌了过来。

天空的霞光 / 渐渐地淡下去了，深红的颜色 / 变成了绯红，绯红又变为浅红。最后，当这一切红光 / 都消失了的时候，那突然显得高而远了的天空，则呈现出 / 一片肃穆的神色。最早出现的启明星[①]，在这蓝色的天幕上 / 闪烁起来了。它是那么大，那么亮，整个广漠的天幕上 / 只有它在那里 / 放射着令人注目的光辉，活像一盏 / 悬挂在高空的明灯。

夜色加浓，苍空中的"明灯"越来越多了。而城市各处的真的灯火 / 也次第亮了起来，尤其是 / 围绕在海港周围山坡上的 / 那一片灯光，从半空 / 倒映在乌蓝的海面上，随着波浪，晃动着，闪烁着，像一串流动着的珍珠，和那一片片密布在苍穹里的星斗 / 互相辉映，煞是好看。

---

① "启明星"指日出以前，出现在东方天空的金星。它是整个天空中除了太阳和月亮之外最亮的。朗读时，注意后两个字都是后鼻音。

在这幽美的夜色中，我踏着软绵绵的沙滩，沿着海边，慢慢地向前走去。海水，轻轻地抚摸着/细软的沙滩，发出温柔的//唰唰声。晚来的海风，清新而又凉爽。我的心里，有着说不出的兴奋和愉快。

夜风轻飘飘地吹拂着，空气中飘荡着一种大海和田禾相混合的香味儿，柔软的沙滩上还残留着白天太阳炙晒的余温。那些在各个工作岗位上劳动了一天的人们，三三两两地来到这软绵绵的沙滩上，他们浴着凉爽的海风，望着那缀满了星星的夜空，尽情地说笑，尽情地休憩。

——普通话水平测试用朗读作品13号《海滨仲夏夜》

朗读重点提示

1.“一”的变调

yí　一片　一切　一串

yì　一排　一盏

2. 易错音

橘红色 jú hóng sè　晚霞 wǎn xiá　染成 rǎn chéng

涌起 yǒng qǐ　霍霍燃烧 huò huò rán shāo　闪烁 shǎn shuò

绯红 fēi hóng　显得 xiǎn · dé　呈现 chéng xiàn

肃穆 sù mù　启明星 qǐ míng xīng　天幕 tiān mù

广漠 guǎng mò　令人注目 lìng rén zhù mù　一盏 yì zhǎn

悬挂 xuán guà　倒映 dào yìng　苍穹 cāng qióng

星斗 xīng dǒu　互相辉映 hù xiāng huī yìng　煞是 shà shì

沙滩 shā tān

文本2

生命在海洋里诞生/绝不是偶然的，海洋的物理/和化学性质，使它成为/孕育原始生命的摇篮。

我们知道，水是生物的重要组成部分，许多动物组织的含水量/在百分之八十以上，而一些海洋生物的含水量/高达百分之九十五。水是新陈代谢的重要媒介，没有它，体内的一系列生理/和生物化学反应/就无法进行，生命也就停止。因此，在短时期内/动物缺水/要比缺少食物/更加危险。水对今天的生命/是如此重要，它

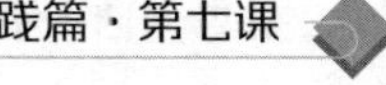

对脆弱的原始生命，更是举足轻重[①]了。生命在海洋里诞生，就不会有缺水之忧。

水是一种良好的溶剂。海洋中/含有许多/生命所必需的无机盐，如氯化钠、氯化钾、碳酸盐、磷酸盐[②]，还有溶解氧，原始生命/可以毫不费力地/从中吸取它所需要的元素。

水具有很高的热容量，加之海洋浩大，任凭夏季烈日曝晒，冬季寒风扫荡，它的温度变化/却比较小。因此，巨大的海洋/就像是天然的"温箱"，是孕育原始生命的温床。

阳光虽然为生命所必需，但是阳光中的紫外线/却有扼杀原始生命的危险。水能有效地吸收紫外线，因而又为原始生命/提供了天然的"屏障"。

这一切/都是原始生命/得以产生和发展的/必要条件。//

——普通话水平测试用朗读作品 14 号《海洋与生命》

朗读重点提示

1. "一"的变调

yí　一系列　一切

yì　一些　一种

2. "不"的变调

bú　绝不是　不会　毫不费力

3. 易错音

诞生 dàn shēng	偶然 ǒu rán	摇篮 yáo lán
含水量 hán shuǐ liàng	新陈代谢 xīn chén dài xiè	媒介 méi jiè
缺少 quē shǎo	危险 wēi xiǎn	脆弱 cuì ruò
溶剂 róng jì	氯化钠 lǜ huà nà	氯化钾 lǜ huà jiǎ
碳酸盐 tàn suān yán	磷酸盐 lín suān yán	溶解氧 róng jiě yǎng
浩大 hào dà	任凭 rèn píng	曝晒 pù shài
扼杀 è shā	提供 tí gōng	屏障 píng zhàng

---

① "举足轻重"的意思是脚一动就会对周围产生影响，形容所处的地位很重要，一举一动都关系到全局。

② "氯化钠、氯化钾、碳酸盐、磷酸盐"是海水中的四种化合物。

五、命题说话

普通话水平测试用话题 13：印象深刻的书籍（或报刊）

句式：

1. 平时，我喜欢读书，例如《三国演义》《水浒传》等，在众多书籍中，让我印象最深刻的是……

2. 这本书让我印象深刻的原因主要有这几点：首先……，其次……，然后……，最后……

3. 这本书主要讲述了……

4. 通过阅读……，我了解了 / 明白了 / 深深地认识到……

提纲：

1. 介绍你喜欢的书籍（或报刊），点明你印象深刻的是什么书（或报刊）。

2. 说明你对该书（或报刊）印象深刻的原因。

3. 详细描述该书（或报刊）的内容。

4. 讲述你读完后的收获或心得。

5. 点题，表达你对阅读的热爱，或者对该书（或报刊）的感情。

普通话水平测试用话题 14：难忘的旅行

句式：

1. 去过的地方，走过的路，看过的风景，都会留在心中。每一次旅行都是一个新的开始，是一次对生命的重新认识。

2. 人生中总会有那么几次旅行让人难以忘怀。记得……

3. 不仅……还……

4. 除此之外，还……

提纲：

1. 点明你对旅行的态度。

2. 讲讲你最难忘的旅行是哪次，并详细叙述那次旅行的经历和途中的趣事。

3. 说明那次旅行让你难忘的原因，比如你在旅行中的收获、这次旅行对你的影响等。

4. 总结你最难忘的旅行，以及你对未来旅行的期望。

巩固与提高

扫码听录音

一、听辨并跟读下列单音节字词

音近字

钠—蜡	呢—肋	拟—厘	努—鲁	女—旅
氖—癞	内—累	挠—捞	难—蓝	南—澜
囊—朗	能—愣	浓—陇	宁—令	孽—劣
袅—撩	拗—柳	捻—练	酿—粮	懦—摞
暖—卵	虐—略	娘—靓	尿—疗	嫩—棱

形近字

脑—恼	浓—脓	倪—霓	钮—纽	呢—泥
弩—努	镊—聂	纳—呐	粘—沾	疟—虐
镊—摄	凝—疑	牛—午	难—谁	内—肉
拟—似	哪—那	奶—仍	孽—薛	碾—辗
诺—若	捺—奈	溺—弱	娜—挪	挠—饶

二、听录音，跟读下列词语

毛毯	绳索	雄伟	民主	夺取	营养	魔鬼	调理
阑尾	残喘	绝美	何等	提取	神勇	查访	城管
迟缓	红薯	白酒	愁苦	馋嘴	模仿	狼狗	银两
平缓	回请	伯母	和美	白米	人品	词谱	城堡
啤酒	长跑	茶品	杨柳	回暖	迎娶	田野	传染
红酒	词曲	肥美	雌蕊	明抢	河水	横扫	谈吐
疾苦	研讨	拔腿	泉水	佛塔	牛马	残雪	觉醒
苗圃	湖水	回想	持有	神采	回首	而已	平整
何苦	华美	眉眼	完整	财产	胡搅	涂抹	模拟
寒冷	雄蕊	滑雪	绝响	茶水	国有	文采	扶养

三、小组成员互读作品选段，互相纠正发音，注意选段中变调、轻声的现象与生僻词语

1. 天空的霞光渐渐地淡下去了，深红的颜色变成了绯红，绯红又变为浅红。最

后，当这一切红光都消失了的时候，那突然显得高而远了的天空，则呈现出一片肃穆的神色。最早出现的启明星，在这蓝色的天幕上闪烁起来了。它是那么大，那么亮，整个广漠的天幕上只有它在那里放射着令人注目的光辉，活像一盏悬挂在高空的明灯。

2. 水是一种良好的溶剂。海洋中含有许多生命所必需的无机盐，如氯化钠、氯化钾、碳酸盐、磷酸盐，还有溶解氧，原始生命可以毫不费力地从中吸取它所需要的元素。

水具有很高的热容量，加之海洋浩大，任凭夏季烈日曝晒，冬季寒风扫荡，它的温度变化却比较小。因此，巨大的海洋就像是天然的"温箱"，是孕育原始生命的温床。

四、命题说话片段练习

1. 你最喜欢哪本书？介绍这本书的主要内容，并谈一谈这本书给你带来了什么启发。
2. 你最喜欢和谁一起去旅行？为什么？说一说你们旅行时的经历。

第八课

讲解与朗读

扫码听录音

一、声母为“l”的单音节字词

拉　罗　理　勒　捞　炉　垒　绿
撸　牢　柳　冽　拎　轮　朗　略
抡　棱　岭　恋　啦　龙　俩　瞭
溜　流　篓　另　廉　脸　冷　泪
螺　卵　履　漏　垃　篮　鲤　吏
驴　裸　乐　陆　羚　鲁　莉　洛
刘　里　骆　六　离　搂　类　丽
玲　老　乱　力　留　李　立　练
楼　撩　吕　路　林　领　例　亮
连　敛　论　露　梁　揽　浪　累

二、形近字辨析与积累

腊　蜡　借　错　措
滥　槛　篮　蓝　监
狼　浪　娘　朗　郎
洛　骆　络　格　烙
冷　玲　铃　聆　领
棱　陵　凌　绫　菱
哩　理　鲤　锂　厘
敛　剑　检　脸　俭
论　抡　轮　伦　纶
啰　锣　萝　箩　逻
拉　垃　啦　赖　懒　獭
栏　烂　拦　揽　榄　缆
唠　捞　涝　擂　镭　蕾
恋　峦　变　凉　谅　晾

撩	缭	瞭	烈	裂	冽
猎	惜	醋	龄	羚	岭
流	琉	梳	楼	搂	蝼
炉	妒	护	绿	禄	氯

三、“阳平 + 去声”的双音节词语

描绘	形状	奇怪	随便	疲倦	词汇	穷困	查验
全部	觉悟	强调	佛像	权利	怀念	培育	头像
墙壁	格外	群众	何况	详细	决议	财政	财富
原料	挪用	时日	权力	黄豆	明确	逃窜	停靠
强盗	纯粹	隔壁	存在	提倡	文化	谋略	咆哮
红色	穷尽	牛顿	全面	明日	节日	怀孕	全力
卓越	绝对	随后	层次	融洽	如下	职务	原告
农药	陈设	角色	难看	德治	责备	强硬	环境
团队	流动	元素	白色	承受	频率	怀抱	情况
平面	愉快	沉重	然后	持续	决定	材料	投入

四、朗读作品

文本 1

在我国历史地理中，有三大都城密集区[①]，它们是：关中盆地、洛阳盆地、北京小平原。其中每一个地区 / 都曾诞生过 / 四个以上 / 大型王朝的都城。而关中盆地、洛阳盆地 / 是前朝历史的 / 两个都城密集区，正是它们 / 构成了早期文明核心地带中 / 最重要的内容。

为什么这个地带 / 会成为华夏文明 / 最先进的地区？这主要是由两个方面的条件 / 促成的，一个是自然环境方面的，一个是人文环境方面的。

在自然环境方面，这里是我国 / 温带季风气候带[②]的南部，降雨、气温、土壤等条件 / 都可以满足 / 旱作农业的需求。中国北方的古代农作物，主要是一年生的粟

① “都城密集区”指在特定区域内，以多个较大城市为核心发展的片区。注意“都”是多音字，在词语中读“dū”。

② “温带季风气候带”是具有特定气候的区域，特点是四季分明，夏季高温多雨，冬季寒冷干燥。

和黍[①]。黄河中下游的自然环境/为粟黍作物的种植和高产/提供了得天独厚的条件。农业生产的发达，会促进整个社会经济的发展，从而推动社会的进步。

在人文环境方面，这里是南北方、东西方大交流的轴心地区。在最早的/六大新石器文化分布形势图中/可以看到，中原处于这些文化分布的中央地带。无论是考古发现/还是历史传说，都有南北文化长距离交流、东西文化相互碰撞的证据。中原地区在空间上恰恰位居中心，成为信息最发达、眼界最宽广、活动最//繁忙、竞争最激烈的地方。正是这些活动，推动了各项人文事务的发展，文明的方方面面就是在处理各类事务的过程中被开创出来的。

——普通话水平测试用朗读作品 15 号《华夏文明的发展与融合》

朗读重点提示

1. "一"的变调

yí　一个
yì　一年

2. 易错音

都城 dū chéng　密集区 mì jí qū　洛阳 luò yáng
核心 hé xīn　季风 jì fēng　气候 qì hòu
土壤 tǔ rǎng　旱作农业 hàn zuò nóng yè　粟 sù
黍 shǔ　轴心 zhóu xīn　处于 chǔ yú
碰撞 pèng zhuàng　恰恰 qià qià

文本 2

于很多中国人而言，火车就是故乡。在中国人的心中，故乡的地位尤为重要，老家的意义非同寻常，所以，即便是坐过无数次火车，但印象最深刻的，或许还是返乡那一趟车。那一列列返乡的火车/所停靠的站台边，熙攘的人流中，匆忙的脚步里，张望的目光下，涌动着的/都是思乡的情绪。每一次看见返乡那趟火车，总觉得是那样可爱与亲切，仿佛看见了千里之外的故乡。上火车后，车启动的一刹那，在车轮与铁轨碰撞的"况且"[②]声中，思乡的情绪/便陡然在车厢里弥漫开来。你知

① "粟和黍"是中国古代两种重要的粮食作物，粟是小米，黍是黄米。
② "况且"在作品中用作拟声词，模拟火车行进的声音。

道，它将驶向的，是你最熟悉也最温暖的故乡。再过几个或者十几个小时，你就会回到故乡的怀抱。这般感受，相信在很多人的身上都曾发生过。尤其在春节、中秋等传统节日到来之际，亲人团聚的时刻，更为强烈。

火车是故乡，火车也是远方。速度的提升，铁路的延伸，让人们通过火车 / 实现了 / 向远方自由流动的梦想。今天的中国老百姓，坐着火车，可以去往 / 九百六十多万平方公里土地上的 / 天南地北，来到祖国东部的平原，到达祖国南方的海边，走进祖国西部的沙漠，踏上祖国北方的草原，去观三山五岳[①]，去看大江大河……

火车与空 // 间有着密切的联系，与时间的关系也让人觉得颇有意思。那长长的车厢，仿佛一头连着中国的过去，一头连着中国的未来。

——普通话水平测试用朗读作品 16 号《记忆像铁轨一样长》

朗读重点提示

1. “一”的变调

yí　一趟　一列　一次　一刹那

2. 易错音

非同寻常 fēi tóng xún cháng　即便 jí biàn　印象 yìn xiàng
熙攘 xī rǎng　匆忙 cōng máng　情绪 qíng xù
陡然 dǒu rán　弥漫 mí màn　熟悉 shú · xī
延伸 yán shēn　三山五岳 sān shān wǔ yuè

五、命题说话

普通话水平测试用话题 15：我喜欢的美食

句式：

1. 美食，是生活中最美好的享受。我喜欢的美食有……
2. 我之所以喜欢……，是因为……
3. ……的制作过程比较复杂。首先……，其次……，然后……，最后……
4. 既……又……
5. 欢迎大家品尝。

---

① “三山五岳”是中国传统文化中对中国名山的总称，其中，“三山”指黄山、庐山、雁荡山，“五岳”指泰山、华山、衡山、嵩山、恒山。

提纲：

1. 介绍自己喜欢的几种美食。
2. 描述你喜欢的美食的名称和特点，比如口感、味道、色泽等。
3. 说明你喜欢这种美食的原因，比如味道、营养价值、文化背景等。
4. 描述你尝试制作这种美食的过程。
5. 分享一些与这种美食相关的有趣的故事或回忆。
6. 点题。

普通话水平测试用话题 16：我所在的学校（或公司、团队、其他机构）

句式：

1. 今天，我想给大家介绍一下我所在的……
2. ……为我提供了……，让我感受到……
3. 在这个令人温暖的集体，我学会了……
4. 我为自己能在……而感到骄傲和自豪。
5. 这就是……

提纲：

1. 简述你所在的集体的基本情况，比如人员、职能、带给你的感受等。
2. 描述你在这个集体中遇到的趣事或者介绍这个集体中某个重要的人物。
3. 讲述这个集体带给你的收获和影响。
4. 总结点题。

巩固与提高

扫码听录音

一、听辨并跟读下列单音节字词

音近字

镰—黏	磷—您	俐—腻	厉—倪	梨—泥
姥—恼	炼—鲶	揽—难	敛—蔫	篮—喃
骆—糯	鹿—弩	冽—镍	陆—奴	栏—南
垃—拿	流—牛	靓—娘	罗—诺	咧—捏
莱—耐	聆—凝	络—糯	绫—泞	箩—诺

形近字

喇—剌	莱—菜	狼—狠	勒—勤	垒—叠

浪—娘	肋—肋	类—娄	棱—陵	吏—史
栗—粟	砾—烁	俩—辆	玲—怜	撩—瞭
凉—晾	例—列	吕—品	捞—涝	踉—酿
略—咯	篮—蓝	楼—搂	裸—稞	乱—刮

二、听录音，跟读下列词语

得到	同伴	强烈	伯乐	的确	前进	弥漫	然后
难怪	排斥	觉悟	门票	仍旧	国庆	煤炭	原色
黄色	恒定	核算	合并	雄壮	燃料	学会	节气
含量	全面	颓废	缠斗	颓丧	仇恨	狂笑	决定
崇尚	谈话	纯粹	强大	词汇	频率	缘故	服气
绝对	肥胖	防备	呈报	存在	白菜	形象	强盛
元素	独院	合唱	倔强	情报	行骗	重复	存货
强调	筹备	芹菜	红豆	行业	求见	维护	残害
传唤	晨报	别字	传唱	重印	重现	年份	回应
强劲	成效	浮现	查账	祥瑞	成色	查探	薄弱

三、小组成员互读作品选段，互相纠正发音，注意选段中变调、轻声的现象与生僻词语

1. 在自然环境方面，这里是我国温带季风气候带的南部，降雨、气温、土壤等条件都可以满足旱作农业的需求。中国北方的古代农作物，主要是一年生的粟和黍。黄河中下游的自然环境为粟黍作物的种植和高产提供了得天独厚的条件。农业生产的发达，会促进整个社会经济的发展，从而推动社会的进步。

2. 那一列列返乡的火车所停靠的站台边，熙攘的人流中，匆忙的脚步里，张望的目光下，涌动着的都是思乡的情绪。每一次看见返乡那趟火车，总觉得是那样可爱与亲切，仿佛看见了千里之外的故乡。上火车后，车启动的一刹那，在车轮与铁轨碰撞的“况且”声中，思乡的情绪便陡然在车厢里弥漫开来。

四、命题说话片段练习

1. 你喜欢美食吗？列举你家乡的三种美食，说一说其中一种美食的做法。

2. 介绍一下你的单位（或学校）以及你所在的部门（或班级）。重点谈一谈你所在的部门（或班级）获得过哪些荣誉，你在部门（或班级）里发挥了什么作用。

第九课

扫码听录音

讲解与朗读

一、声母为“g”的单音节字词

该 阁 拱 购 躬 国 管 贵
光 隔 改 各 孤 格 耿 灌
锅 革 汞 固 闺 蛤 裹 故
辜 骼 感 垢 工 膈 轨 褂
估 嗝 埂 共 庚 恭 稿 顾
缸 葛 秆 逛 瓜 嘎 给 罐
刮 高 搞 棍 勾 乖 港 怪
根 歌 馆 雇 郭 鼓 狗 贡
刚 肝 岗 跪 规 广 拐 惯
龟 跟 诡 柜 官 果 谷 赣

二、形近字辨析与积累

冈 钢 刚 纲 岗
搞 稿 镐 篙 蒿
跟 根 很 狠 恨
勾 构 沟 钩 购
古 估 姑 故 咕
观 现 舰 规 砚
硅 娃 哇 挂 桂
锅 蜗 涡 祸 剐
胳 格 咯
股 投 设
馆 棺 管
跪 桅 诡
挂 佳 娃
垢 逅 后

拱 供 洪
瑰 槐 愧
卦 褂 街
归 扫 雪
勾 勺 句
功 攻 玫

三、"上声+阴平"的双音节词语

体温	转播	晚婚	感伤	改编	两边	手工	返乡
整修	水灾	铁丝	脑筋	马车	首都	海关	枕巾
悄声	体积	拐弯	瓦斯	恍惚	早婚	火车	小猫
陡坡	保温	闪光	早春	喘息	傻瓜	狠心	走心
火坑	简单	武功	小吃	剪刀	捕杀	广播	吮吸
海滨	讲师	女生	忍心	嗓音	体贴	午餐	奖金
洗刷	写生	眼花	掌声	感知	演出	早期	启发
喊声	摆脱	顶端	火山	减轻	苦衷	老乡	假说
解剖	抹杀	北京	卡车	始终	损失	体操	统一
委托	武装	小心	眼光	抢先	指挥	产生	恶心

四、朗读作品

文本1

奶奶给我讲过这样一件事：有一次她去商店，走在她前面的一位阿姨/推开沉重的大门，一直等到她跟上来/才松开手。当奶奶向她道谢的时候，那位阿姨轻轻地说："我的妈妈和您的年龄差不多，我希望她遇到这种时候，也有人为她开门。"听了这件事，我的心温暖了许久。

一天，我陪患病的母亲/去医院输液，年轻的护士/为母亲扎了两针/也没有扎进血管里，眼见针眼处鼓起青包。我正要抱怨几句，一抬头看见了母亲平静的眼神——她正在注视着护士额头上/密密的汗珠，我不禁收住了/涌到嘴边的话。只见母亲轻轻地对护士说："不要紧，再来一次！"第三针果然成功了。那位护士/终于长出了一口气，她连声说："阿姨，真对不起。我是来实习的，这是我第一次[①]给病人扎针，太紧张了。要不是您的鼓励，我真不敢/给您扎了。"母亲用另一只手拉着我，平静地对护士说："这是我的女儿，和你差不多大小，正在医科大学读书，她也将面对自己的第一个[②]患者。我真希望她第一次扎针的时候，也能得到患者的宽容和鼓励。"听了母亲的话，我的心里充满了温暖/与幸福。

---

① "第一次"中的"一"表示序数，不变调，读阴平。
② "第一个"中的"一"表示序数，不变调，读阴平。

是啊，如果我们在生活中 / 能将心比心，就会对老人生出一份 // 尊重，对孩子增加一份关爱，就会使人与人之间多一些宽容和理解。

——普通话水平测试用朗读作品 17 号《将心比心》

朗读重点提示

1.“一”的变调

yí　一件　一次　一位　一份

yì　一直　一天　一抬头　一口　一只

2.“不”的变调

bú　不要紧

3.“啊”的音变

ra　是啊。

4. 易错音

年龄 nián líng	患病 huàn bìng	输液 shū yè
血管 xuè guǎn	抱怨 bào yuàn	额头 é tóu
不禁 bù jīn	对不起 duì · bù qǐ	要不是 yào · bú shì
鼓励 gǔ lì	患者 huàn zhě	宽容 kuān róng

文本 2

晋祠[①]之美，在山，在树，在水。

这里的山，巍巍的，有如一道屏障；长长的，又如伸开的两臂，将晋祠拥在怀中。春日黄花满山，径幽香远；秋来草木萧疏，天高水清。无论什么时候 / 拾级登山 / 都会心旷神怡。

这里的树，以古老苍劲见长。有两棵老树：一棵是周柏，另一棵是唐槐。那周柏，树干劲直，树皮皱裂，顶上挑着几根 / 青青的疏枝，偃卧于石阶旁。那唐槐，老干粗大，虬枝盘屈，一簇簇柔条，绿叶如盖。还有水边殿外的松柏槐柳，无不显出苍劲的风骨。以造型奇特见长的，有的偃如老妪负水，有的挺如壮士托天，不一而足[②]。

① “晋祠”是为纪念晋国开国君主唐叔虞而建的祠，位于山西省太原市，是全国重点文物保护单位之一。

② “不一而足”中的“一”不变调，读阴平。

圣母殿前的左扭柏，拔地而起，直冲云霄，它的树皮上的纹理/一齐向左边拧去，一圈一圈，丝纹不乱，像地下旋起了一股烟，又似天上垂下了一根绳。晋祠在古木的荫护下，显得分外幽静、典雅。

这里的水，多、清、静、柔。在园里信步，但见这里一泓深潭，那里一条小渠。桥下有河，亭中有井，路边有溪。石间细流脉脉，如线如缕；林中碧波闪闪，如锦如缎。这些水都来自"难老泉"。泉上有亭，亭上悬挂着/清代著名学者傅山写的/"难老泉"三个字。这么多的水/长流不息，日日夜夜/发出叮叮咚咚的响声。水的清澈真令人叫绝，无论//多深的水，只要光线好，游鱼碎石，历历可见。水的流势都不大，清清的微波，将长长的草蔓拉成一缕缕的丝，铺在河底，挂在岸边，合着那些金鱼、青苔以及石栏的倒影，织成一条条大飘带，穿亭绕榭，冉冉不绝。当年李白来到这里，曾赞叹说："晋祠流水如碧玉。"当你沿着流水去观赏那亭台楼阁时，也许会这样问：这几百间建筑怕都是在水上漂着的吧！

——普通话水平测试用朗读作品18号《晋祠》

朗读重点提示

1. "一"的变调

yí　一道　一簇

yì　一棵　一齐　一圈　一股　一根　一泓　一条

2. "不"的变调

bú　丝纹不乱

3. 易错音

晋祠 jìn cí
径幽香远 jìng yōu xiāng yuǎn
拾级登山 shè jí dēng shān
古老苍劲 gǔ lǎo cāng jìng
唐槐 táng huái
树皮皱裂 shù pí zhòu liè
疏枝 shū zhī
石阶 shí jiē
一簇簇 yí cù cù
巍巍 wēi wēi
草木萧疏 cǎo mù xiāo shū
心旷神怡 xīn kuàng shén yí
周柏 zhōu bǎi
树干劲直 shù gàn jìng zhí
挑着 tiǎo zhe
偃卧 yǎn wò
虬枝盘屈 qiú zhī pán qū
松柏槐柳 sōng bǎi huái liǔ

俨如 yǎn rú
左扭柏 zuǒ niǔ bǎi
直冲云霄 zhí chōng yún xiāo
荫护 yìn hù
幽静 yōu jìng
一泓深潭 yì hóng shēn tán
如锦如缎 rú jǐn rú duàn
叮叮咚咚 dīng dīng dōng dōng
老妪 lǎo yù
拔地而起 bá dì ér qǐ
丝纹不乱 sī wén bú luàn
分外 fèn wài
典雅 diǎn yǎ
细流脉脉 xì liú mò mò
长流不息 cháng liú bù xī
清澈 qīng chè

五、命题说话

普通话水平测试用话题 17：尊敬的人

句式：

1. 每个人心目中都有自己尊敬的人。有的人尊敬……，有的人尊敬……，还有的人尊敬……

2. 下面，我就说一说我最尊敬的……吧。他就是……
在我心中，我最尊敬的人是……

3. ……是一个……的人。

4. 记得有一次，……

5. ……的品质和行为，让我深深地感受到了人生的真谛和价值。

6. 这就是我尊敬的人。

提纲：

1. 点明你尊敬的人是谁。值得尊敬的人一般是指那些具有高尚品质的人，可以是伟大的、著名的人物，例如毛泽东、周恩来、屠呦呦、袁隆平等；也可以是你身边的人，例如老师、邻居、父母、同学等。

2. 讲述你尊敬的人的特点，比如外貌、性格、高尚的品质等。重点介绍他（她）的高尚品质，比如舍己为人，任劳任怨，乐于助人，兢兢业业，有爱心，讲奉献，有家国情怀，等等。

3. 围绕高尚的品质讲述你尊敬的人的主要事迹。

4. 阐述你尊敬的人对你产生的影响，表明你要学习他（她）的优点。

5. 总结点题。

普通话水平测试用话题 18：我喜爱的动物

句式：

1. 世界上有许多种动物，比如……

2. 我喜爱的第一种动物是……
3. 这种动物的生活习性有……
4. 我喜爱它的原因是……
5. 有一次，……
6. 我喜爱的第二种动物是……
7. 这就是我喜爱的……和……

提纲：

1. 点明你喜爱的动物是什么，可以是一种动物，也可以是多种动物。
2. 讲述该动物的特点，比如外形、生活习性等。
3. 说明你喜爱该动物的原因，以及它对你来说有哪些特殊的意义。
4. 讲述和该动物有关的事情，或者你和该动物之间的故事。
5. 点题，表达自己的喜爱之情。

巩固与提高

扫码听录音

一、听辨并跟读下列单音节字词

音近字

刚—炕	惯—宽	搞—拷	构—寇	杆—刊
沽—酷	纲—糠	概—揩	隔—磕	胳—恪
官—宦	根—很	埂—恒	枸—喉	肝—憨
肛—慷	褂—垮	哽—铿	鼓—唬	橄—喊
光—晃	菇—苦	功—控	沟—抠	过—阔

形近字

膏—肓	戈—弋	给—洽	菇—茹	攻—玫
宫—官	巩—恐	勾—匈	孤—狐	刮—乱
卦—封	广—厂	归—扫	郭—敦	柜—拒
乖—乘	雇—扉	拐—捌	观—现	鼓—豉
柑—泔	瓜—爪	埂—梗	诡—桅	狗—驹

二、听录音，跟读下列词语

法官　本身　巧思　海参　表彰　哪些　导播　笔芯

手心	比分	北方	免签	补充	顶班	反观	转弯
反光	祖先	酒精	紧张	卷边	美声	雪山	脚尖
俯冲	贬低	两清	火花	顶尖	保鲜	起飞	倒班
广东	反方	等车	海鲜	把关	苦瓜	午休	总攻
井边	股东	酒杯	首先	早操	雨披	产销	感伤
涨薪	舞衣	摆拍	闯关	请安	损伤	本金	保修
小说	已经	转发	子孙	火锅	小姑	首推	美工
反扑	抚摸	长高	陡坡	领班	产生	板书	抹黑
火光	取经	表叔	粉刷	靶心	火堆	领先	语音

三、小组成员互读作品选段，互相纠正发音，注意选段中变调、轻声、儿化的现象与生僻词语

1. 一天，我陪患病的母亲去医院输液，年轻的护士为母亲扎了两针也没有扎进血管里，眼见针眼处鼓起青包。我正要抱怨几句，一抬头看见了母亲平静的眼神——她正在注视着护士额头上密密的汗珠，我不禁收住了涌到嘴边的话。只见母亲轻轻地对护士说："不要紧，再来一次！"第三针果然成功了。那位护士终于长出了一口气，她连声说："阿姨，真对不起。我是来实习的，这是我第一次给病人扎针，太紧张了。要不是您的鼓励，我真不敢给您扎了。"

2. 这里的树，以古老苍劲见长。有两棵老树：一棵是周柏，另一棵是唐槐。那周柏，树干劲直，树皮皱裂，顶上挑着几根青青的疏枝，偃卧于石阶旁。那唐槐，老干粗大，虬枝盘屈，一簇簇柔条，绿叶如盖。还有水边殿外的松柏槐柳，无不显出苍劲的风骨。以造型奇特见长的，有的偃如老妪负水，有的挺如壮士托天，不一而足。圣母殿前的左扭柏，拔地而起，直冲云霄，它的树皮上的纹理一齐向左边拧去，一圈一圈，丝纹不乱，像地下旋起了一股烟，又似天上垂下了一根绳。晋祠在古木的荫护下，显得分外幽静、典雅。

四、命题说话片段练习

1. 介绍一位你尊敬的人，谈一谈你在他（她）身上学到了哪些做人的道理。
2. 选择自然界中你最喜欢的动物，讲述你和这个动物之间发生的有趣的故事。

第十课

讲解与朗读

扫码听录音

一、声母为“k”的单音节字词

开 扛 卡 看 刊 咳 凯 亢

抠 狂 坎 靠 苛 葵 考 克

坑 魁 可 控 空 奎 肯 叩

康 壳 孔 裤 枯 傀 口 挎

夸 磕 苦 块 宽 瞌 垮 旷

筐 铿 款 愧 亏 窟 捆 匮

坤 盔 槛 困 窥 蝌 恐 扩

哭 勘 啃 廓 昆 龛 慨 况

咖 酷 坷 瞰 稞 脍 烤 刻

堪 扣 寇 客 揩 矿 馈 阔

二、形近字辨析与积累

坎 砍 炊 吹 饮

亢 抗 炕 坑 吭

可 苛 柯 呵 河

块 筷 抉 决 诀

抠 枢 呕 驱 躯

渴 喝 揭 竭 褐

盔 盆 盂 盏 盗

困 因 囡 国 圃

酷 酒 酚 酵 醋

夸 亏 跨 垮 挎

孔 吼 扎 轧 札

叩 即 印 却 卯

考 烤 拷 老 孝

魁 魄 槐 愧 鬼
坤 抻 伸 神 审
奎 闺 硅 桂 洼
垦 恳 退 科 蝌 抖
空 控 腔 矿 旷 扩
筐 框 眶 溃 馈 匮
课 颗 棵 慨 概 既
康 糠 慷 揩 楷 谐
刻 核 该 堪 勘 甚
客 恪 各 括 活 阔
廓 郭 廊 刊 刑 利
捆 困 菌 扛 杠 虹

三、"上声 + 阳平"的双音节词语

讲学	砍伐	鄙夷	拱桥	保存	选择	反而	隐藏
果实	勇于	阐明	委员	考评	阻拦	永别	散文
反驳	椭圆	粉红	饱和	海轮	老伯	表情	仿佛
采集	改革	履行	楷模	洗涤	水流	沼泽	总额
美学	胆囊	简直	暖瓶	扯皮	嘴唇	补偿	钾肥
眼前	处于	恐龙	语文	尾随	首席	美元	请求
表层	主人	女郎	以及	广博	启程	选拔	恳求
品德	解除	皎洁	匪徒	总结	种群	垮台	法庭
缅怀	导读	挺拔	往来	陨石	挽回	强求	表皮
坦然	审查	史籍	眼神	慨然	养殖	野蛮	普及

四、朗读作品

文本 1

人们常常把人与自然对立起来，宣称要征服自然。殊不知 / 在大自然面前，人类永远只是一个天真幼稚的孩童，只是大自然机体上 / 普通的一部分，正像一株小草 / 只是她的普通一部分 / 一样。如果说 / 自然的智慧是大海，那么，人类的智慧 / 就只是大海中的一个小水滴，虽然这个水滴也能映照大海，但毕竟不是大海，可是，人们 / 竟然不自量力地宣称 / 要用这滴水 / 来代替大海。

看着人类这种狂妄的表现，大自然一定会窃笑——就像母亲面对无知的孩子那样的笑。人类的作品飞上了太空，打开了一个个微观世界，于是人类沾沾自喜，以为揭开了大自然的秘密。可是，在自然看来，人类上下翻飞的这片巨大空间，不过是咫尺之间而已，就如同鲲鹏看待斥鷃一般，只是蓬蒿之间[①]罢了。即使从人类自身智慧发展史的角度看，人类也没有理由过分自傲：人类的知识与其祖先相比诚然有了极大的进步，似乎有嘲笑古人的资本；可是，殊不知对于后人而言 / 我们也是古人，一万年以后的人们 / 也同样 / 会嘲笑今天的我们，也许在他们看来，我们的科学观念 / 还幼稚得很，我们的航天器[②]/ 在他们眼中 / 不过是个非常简单的 // 儿童玩具。

——普通话水平测试用朗读作品 19 号《敬畏自然》

朗读重点提示

1.“一”的变调

yí　一个　一部分　一样　一定　一万

yì　一株　一般

2.“不”的变调

bú　不是　不自量力　不过

3. 易错音

宣称 xuān chēng　殊不知 shū bù zhī　幼稚 yòu zhì

窃笑 qiè xiào　沾沾自喜 zhān zhān zì xǐ　秘密 mì mì

上下翻飞 shàng xià fān fēi　咫尺之间 zhǐ chǐ zhī jiān　鲲鹏 kūn péng

斥鷃 chì yàn　蓬蒿之间 péng hāo zhī jiān　自傲 zì ào

祖先 zǔ xiān　诚然 chéng rán

文本 2

舞台上的幕布拉开了，音乐奏起来了。演员们踩着音乐的拍子，以庄重而有节奏的步法 / 走到灯光前面来了。灯光 / 射在他们五颜六色的服装和头饰上，一片金碧辉煌的彩霞。

① “蓬蒿之间”出自《庄子 · 逍遥游》，是斥鷃这种小鸟活动的空间范围，在作品中指人类像斥鷃一样目光短浅，自认为生存和活动的空间很广阔。

② “航天器”指在地球附近空间或太阳系空间飞行的飞行器，如人造地球卫星、宇宙飞船、空间站等。

当女主角[①]穆桂英[②]/以轻盈而矫健的步子/出场的时候，这个平静的海面/陡然动荡起来了，它上面/卷起了一阵暴风雨：观众/像触了电似的/迅即对这位女英雄/报以雷鸣般的掌声。她开始唱了。她圆润的歌喉在夜空中颤动，听起来辽远而又切近，柔和而又铿锵。戏词/像珠子似的/从她的一笑一颦[③]中，从她优雅的“水袖”[④]中，从她婀娜[⑤]的身段中，一粒一粒地滚下来，滴在地上，溅到空中，落进每一个人的心里，引起一片深远的回音。这回音听不见，却淹没了/刚才涌起的/那一阵热烈的掌声。

观众像着了魔一样，忽然变得鸦雀无声。他们看得入了神。他们的感情和舞台上女主角的感情融在了一起。女主角的歌舞渐渐进入高潮。观众的情感/也渐渐进入高潮。潮在涨。没有谁能控制住它。这个一度平静下来的人海忽然又动荡起来了。戏就在这时候要到达顶点。我们的女主角在这时候就像一朵盛开的鲜花，观众想把这朵鲜花捧在手里，不让//它消逝。他们不约而同地从座位上立起来，像潮水一样，涌到我们这位艺术家面前。舞台已经失去了界限，整个的剧场成了一个庞大的舞台。

我们这位艺术家是谁呢？他就是梅兰芳同志。半个世纪的舞台生涯过去了，六十六岁的高龄，仍然能创造出这样富有朝气的美丽形象，表现出这样充沛的青春活力，这不能不说是奇迹。这奇迹的产生是必然的，因为我们拥有这样热情的观众和这样热情的艺术家。

——普通话水平测试用朗读作品 20 号《看戏》

朗读重点提示

1.“一”的变调

yí　一片　一阵　一笑　一粒　一个　一样　一度

yì　一颦　一起　一朵

2.“不”的变调

bú　不让

---

① “女主角”指戏剧、影视等艺术表演中的主要女性角色或主要女演员。

② “穆桂英”是长篇小说《杨家将》中的人物，是中国古代作品中为人民所喜爱的女英雄形象。

③ “一笑一颦”指脸上的表情，“颦”的意思是皱眉。

④ “水袖”指表演古典戏曲、舞蹈的演员所穿服装的袖端拖下来的部分，用白色绸子或绢制成。

⑤ “婀娜”形容姿态柔软而美好。

3. 易错音

步法 bù fǎ
金碧辉煌 jīn bì huī huáng
女主角 nǚ zhǔ jué
轻盈 qīng yíng
矫健 jiǎo jiàn
迅即 xùn jí
女英雄 nǚ yīng xióng
切近 qiè jìn
铿锵 kēng qiāng
一笑一颦 yí xiào yì pín
婀娜 ē nuó
听不见 tīng · bú jiàn
淹没 yān mò
着魔 zháo mó
鸦雀无声 yā què wú shēng
感情 gǎn qíng
鲜花 xiān huā

五、命题说话

普通话水平测试用话题 19：我了解的地域文化（或风俗）

句式：

1. ……幅员辽阔，物产丰饶，居住着……，长期以来，形成了独特的……文化。
2. 我通过查阅相关资料，了解了……的文化。
3. ……的地域文化具有多样性和独特的魅力，我非常喜欢。拿……来说吧，……
4. 既……又……
5. ……且……
6. 此外，……
7. 希望大家关注和了解不同的地域文化，尊重文化多样性，促进文化交流与融合。

提纲：

1. 描述你了解的地域文化的背景，比如地理位置、历史渊源等。
2. 举例说明该地域文化的特点，比如风俗习惯、传统手工艺、美食、节日、建筑风格等。
3. 探讨该地域文化的发展趋势，以及如何更好地保护和发扬该地域文化。
4. 分析该地域文化对当地人的影响，比如当地人的价值观、生活方式等。
5. 探讨该地域文化的价值以及它对社会的贡献。
6. 鼓励大家了解和尊重不同的地域文化，促进文化交流与融合。

普通话水平测试用话题 20：体育运动的乐趣

句式：

1. 体育运动是一种充满活力和乐趣的活动，它不仅能……，更能……
2. 首先，……；其次，……；此外，……
3. 平时，我喜欢……，但我最喜欢的体育运动是……

4. ……让我……

5. ……给我的生活带来了……

6. 一方面……，另一方面……

7. 综上所述，……

提纲：

1. 描述体育运动在生活中的积极作用，可以从体育运动对身体健康、心理健康和社交关系的积极影响等方面展开来说，比如体育运动如何帮助我们保持健康，提高自信心，增强毅力，提升团队协作能力，等等。

2. 分享你参加体育运动的经历与感受，比如你从小到大参加过的运动项目和取得的成就，并表达你参与体育运动后的快乐和成就感，描述你在运动中与队友、教练和对手建立的友谊。

3. 描述你参加体育运动时遇到的挑战，比如体能极限、心理压力和技术瓶颈等。

4. 分析你是如何克服这些挑战的，比如坚持训练，寻求教练的指导，进行技术创新，等等。

5. 描述体育运动带给你的乐趣与收获，比如释放压力，享受竞技的刺激，感受与他人互动的快乐，等等。

6. 分析体育运动是如何丰富个人生活的，比如提供健康的生活方式，使人保持积极的生活态度，等等。

7. 总结，强调体育运动带来的乐趣和收获，以及它对个人成长和社会的贡献。鼓励更多的人参与体育运动，体验其中的快乐。

巩固与提高

扫码听录音

一、听辨并跟读下列单音节字词

音近字

刊—竿	夸—瓜	旷—逛	苦—骨	馈—贵
凯—改	坎—赶	扣—够	款—管	康—冈
扛—杠	枯—故	楷—概	捆—棍	拷—搞
咳—核	窥—灰	垮—滑	控—供	库—雇
啃—很	棵—何	筷—淮	坑—恒	昆—混

形近字

揩—偕	勘—斟	砍—次	科—抖	矿—扩

刻—骇	渴—喝	傀—槐	廓—郭	寇—冠
窥—规	困—因	况—祝	括—话	宽—觅
槛—监	枯—古	葵—癸	奎—闺	磕—瞌
铿—坚	窟—屈	壳—壶	坤—砷	筐—眶

二、听录音，跟读下列词语

保持	本能	表达	秉承	采集	草原	厂房	倒霉
法学	底层	菲薄	改良	敢于	感觉	骨骼	管辖
果实	海拔	海洋	恍然	缓和	火柴	假如	狡猾
解决	紧急	警察	咀嚼	举行	凯旋	产权	考核
恳求	老人	理由	两旁	旅行	满足	每年	渺茫
偶然	乞求	企图	启迪	悄然	冗长	演员	妥协
体裁	宛如	永恒	宇航	整齐	转移	走廊	祖国
语言	缅怀	敏捷	女儿	铲除	齿轮	此时	打折
主持	可怜	保洁	朗读	老年	保值	齿龈	版图
补足	主席	保全	两级	表格	采伐	补习	饱含
表决	主题	可能	准则	总和	组合	彩虹	产能

三、小组成员互读作品选段，互相纠正发音，注意选段中变调、轻声的现象与生僻词语

1. 人们常常把人与自然对立起来，宣称要征服自然。殊不知在大自然面前，人类永远只是一个天真幼稚的孩童，只是大自然机体上普通的一部分，正像一株小草只是她的普通一部分一样。如果说自然的智慧是大海，那么，人类的智慧就只是大海中的一个小水滴，虽然这个水滴也能映照大海，但毕竟不是大海，可是，人们竟然不自量力地宣称要用这滴水来代替大海。

2. 当女主角穆桂英以轻盈而矫健的步子出场的时候，这个平静的海面陡然动荡起来了，它上面卷起了一阵暴风雨：观众像触了电似的迅即对这位女英雄报以雷鸣般的掌声。她开始唱了。她圆润的歌喉在夜空中颤动，听起来辽远而又切近，柔和而又铿锵。戏词像珠子似的从她的一笑一颦中，从她优雅的“水袖”中，从她婀娜的身段中，一粒一粒地滚下来，滴在地上，溅到空中，落进每一个人的心里，引起一片深远的回音。这回音听不见，却淹没了刚才涌起的那一阵热烈的掌声。

四、命题说话片段练习

1. 介绍一种你熟悉的地域文化或风俗，可以是节日习俗、传统工艺、美食等。重点讲讲它的特点。

2. 选择一项你喜欢或曾经参与过的体育运动，例如拔河、打篮球、打乒乓球、做广播操等，从旁观者或经历者的角度说两件与这项体育运动有关的事。

第十一课

扫码听录音

讲解与朗读

一、声母为“h”的单音节字词

哈	蛤	海	亥	酣	禾	罕	汉
夯	红	谎	巷	呵	航	很	患
黑	毫	吼	贺	哼	孩	虎	恨
轰	痕	悔	后	乎	恒	恍	互
花	含	缓	赫	欢	喉	火	耗
荒	狐	喊	或	灰	华	郝	晃
昏	怀	狠	汇	憨	还	唬	混
鼾	皇	哄	幻	豁	滑	伙	祸
忽	浑	幌	翰	徽	活	盒	害
喝	韩	衡	贿	婚	寒	鸿	获
嘿	壶	讳	彗	厚	壑	霍	惑

二、形近字辨析与积累

哄	洪	烘	供	共
胡	葫	湖	蝴	糊
灰	诙	恢	炭	碳
挥	辉	浑	荤	晕
氦	氨	氟	氢	氧
怀	坏	环	还	杯
杭	航	亢	坑	炕
旱	捍	悍	焊	早
呵	河	荷	何	苛
痕	很	狠	恨	根
汗	肝	竿	杆	秆
换	唤	涣	焕	痪

荒	谎	慌	侯	候	猴
豪	嚎	壕	黄	簧	横
回	徊	蛔	浩	皓	冶
户	护	沪	喊	感	憾
皇	惶	蝗	槐	魂	愧
华	哗	桦	海	悔	晦
慧	惠	彗	函	涵	幽
狐	弧	孤	喝	褐	揭
淮	准	椎	话	适	括

三、"上声＋上声"的双音节词语

土匪	主宰	马匹	美女	导演	保养	旅馆	小组
打铁	水鸟	抖擞	准许	软骨	奶粉	骨髓	诋毁
采取	捣鬼	走访	土壤	打扰	永久	本领	给予
渺小	典雅	扭转	彼此	苟且	打赌	品种	敏感
铁索	场所	脑髓	总统	爽朗	小丑	眨眼	感染
傀儡	审美	引导	偶尔	整理	也许	掌管	卤水
鲁莽	稳产	洗澡	手法	理解	裸体	警犬	所以
脑海	广场	冷水	展览	宝塔	古董	烤火	橄榄
党委	选举	矮小	管理	蚂蚁	反省	产品	缓解
水准	腿脚	勉强	美好	表演	采访	拱手	简短

四、朗读作品

文本 1

十年，在历史上不过是一瞬间。只要稍加注意，人们就会发现：在这一瞬间里，各种事物都悄悄经历了自己的千变万化。

这次重新访日，我处处感到亲切和熟悉，也在许多方面发觉了日本的变化。就拿奈良的一个角落来说吧，我重游了 / 为之感受很深的 / 唐 / 招提寺[①]，在寺内各处 / 匆匆走了一遍，庭院依旧，但意想不到 / 还看到了一些新的东西。其中之一[②]，就是近几年从中国移植来的"友谊之莲"。

① "唐招提寺"原名建初律寺、招提寺，位于日本奈良，唐代僧人鉴真东渡日本后，于公元 759 年创建。
② "其中之一"中的"一"在词句的末尾，不变调，读阴平。

在/存放鉴真[①]遗像的/那个院子里，几株中国莲/昂然挺立，翠绿的宽大荷叶/正/迎风而舞，显得/十分愉快。开花的季节/已过，荷花朵朵/已变为/莲蓬累累[②]。莲子的颜色/正在/由青转紫，看来/已经成熟了。

我禁不住想："因"已转化为"果"。

中国的莲花开在日本，日本的樱花开在中国，这不是偶然。我希望这样一种盛况延续不衰。

在这些日子里，我看到了不少多年不见的老朋友，又结识了一些新朋友。大家喜欢涉及的话题之一[③]，就是古长安[④]和古奈良[⑤]。那还用得着问吗，朋友们缅怀过去，正是瞩望未来。瞩目于未来的人们必将获得未来。

我不例外，也希望一个美好的未来。

为了中日人民之间的友谊，我将不会浪费今后生命的每一瞬间。//

——普通话水平测试用朗读作品21号《莲花和樱花》

朗读重点提示

1."一"的变调

yí　一瞬间　一个　一遍

yì　一些　一种

2."不"的变调

bú　不过　不是　不见　不例外　不会

3.易错音

瞬间 shùn jiān　奈良 nài liáng　为之 wèi zhī

唐招提寺 táng zhāo tí sì　意想不到 yì xiǎng · bú dào　友谊 yǒu yì

鉴真 jiàn zhēn　昂然 áng rán　翠绿 cuì lǜ

朵朵 duǒ duǒ　莲蓬累累 lián peng léi léi　莲子 lián zǐ

禁不住 jīn · bú zhù　结识 jié shí　缅怀 miǎn huái

瞩望 zhǔ wàng

① "鉴真"为唐代僧人，公元688年生，公元763年卒。应邀东渡日本，前五次都没成功，第六次才成功。在日本传布律宗，并将中国的建筑、雕塑、医药学等介绍到日本，为中日两国文化交流做出卓越贡献。

② "累累"在作品中形容接连成串的样子，应读"léi léi"。

③ "话题之一"中的"一"在词句的末尾，不变调，读阴平。

④ "长安"是西汉、隋、唐等朝代的都城，在今陕西西安一带。

⑤ "奈良"是日本本州中西部历史名城，公元710—784年间为日本都城，称"平城京"。奈良时代的都城平城京受唐长安和洛阳的影响最明显。

文本 2

我打猎归来，沿着花园的林阴路走着。狗跑在我前边。

突然，狗放慢脚步，蹑足潜行，好像嗅到了前边有什么野物。

我顺着林阴路望去，看见了一只/嘴边还带黄色、头上/生着柔毛的小麻雀。风/猛烈地吹打着林阴路上的白桦树，麻雀/从巢里跌落下来，呆呆地伏在地上，孤立无援地/张开两只/羽毛还未丰满的小翅膀。

我的狗/慢慢向它靠近。忽然，从附近一棵树上/飞下一只黑胸脯的老麻雀，像一颗石子似的/落到狗的跟前。老麻雀全身倒竖着羽毛，惊恐万状，发出绝望、凄惨的叫声，接着向露出牙齿、大张着的狗嘴扑去。

老麻雀是猛扑下来救护幼雀的。它用身体/掩护着自己的幼儿……但它整个小小的身体因恐怖而战栗着，它小小的声音也变得粗暴嘶哑，它在牺牲自己！

在它看来，狗该是多么庞大的怪物啊！然而，它还是不能站在自己高高的、安全的树枝上……一种比它的理智更强烈的力量，使它从那儿扑下身来。

我的狗站住了，向后退了退……看来，它也感到了这种力量。

我赶紧唤住惊慌失措的狗，然后我怀着崇敬的心情，走开了。

是啊，请不要见笑。我崇敬那只小小的、英勇的鸟儿，我崇敬它那种爱的冲动和力量。

爱，我//想，比死和死的恐惧更强大。只有依靠它，依靠这种爱，生命才能维持下去，发展下去。

——普通话水平测试用朗读作品 22 号《麻雀》

朗读重点提示

1. "一" 的变调

yì　一只　一棵　一颗　一种

2. "不" 的变调

bú　不要

3.“啊”的音变

wa　狗该是多么庞大的怪物啊！

ra　是啊，请不要见笑。

4. 易错音

蹑足潜行 niè zú qián xíng

白桦树 bái huà shù

伏 fú

翅膀 chì bǎng

石子 shí zǐ

惊恐万状 jīng kǒng wàn zhuàng

露出 lòu chū

嘶哑 sī yǎ

怪物 guài wu

惊慌失措 jīng huāng shī cuò

猛烈 měng liè

跌落 diē luò

孤立无援 gū lì wú yuán

胸脯 xiōng pú

倒竖 dào shù

凄惨 qī cǎn

战栗 zhàn lì

牺牲 xī shēng

力量 lì · liàng

崇敬 chóng jìng

五、命题说话

普通话水平测试用话题 21：让我快乐的事情

句式：

1. 快乐是一种积极的情绪，每个人在生活中都会追求快乐。能给人们带来快乐的事情很多，例如……，又例如……

2. 我也不例外，让我快乐的事情有很多，例如……，其中让我感到最快乐的是……

3. ……也是一件让我感到快乐的事情。

4. 当……的时候 / 时，……

5. 总之，对我来说，……

提纲：

1. 总述快乐是我们每个人都渴望的情感，介绍生活中能使人快乐的事例。

2. 举例说明你最快乐的事情是什么，比如与家人共度时光，与朋友相聚，追求个人兴趣和爱好，挑战自我和实现目标，等等。

3. 分析这些事情给你带来的快乐和满足感，以及它们如何影响你的生活品质。

4. 总结快乐在生活中的价值和意义，鼓励大家积极寻找自己的快乐之道，让生活充满阳光和希望。

普通话水平测试用话题22：我喜欢的节日

句式：

1. 我们国家的节日很丰富，例如……
2. 我最喜欢的节日是……
3. ……是一个热闹非凡的节日，各种庆祝活动和传统习俗让人们沉浸在欢乐的气氛中。
4. 最重要的是，……让我感受到家的温暖和亲情的力量。
5. 总之，……是我最喜欢的节日之一，它带给我无尽的快乐和温暖。
6. 尤其是……
7. 除此之外，……还……

提纲：

1. 点明你最喜欢的节日是哪个。
2. 描述这个节日的背景和起源。
3. 分析这个节日的特色，包括它的庆祝方式、传统习俗和文化内涵。
4. 分享你在这个节日里相关的经历和故事，比如家庭聚会、庆祝活动和独特体验等。
5. 总结你对这个节日的热爱，表达你在这个节日中获得的快乐、感动和满足，阐述它对你生活的影响和意义，或者这个节日给人们带来的影响。

巩固与提高

一、听辨并跟读下列单音节字词

音近字

函—烦	辉—妃	夯—芳	谎—仿	护—腹
喊—反	吼—否	幌—访	徽—非	唬—府
哈—发	横—缝	悔—嘿	怀—孩	骇—坏
谎—缓	婚—哼	哄—衡	洪—魂	盒—活
获—互	壑—惑	豁—喝	荤—狠	混—恨

形近字

徽—微	韩—讳	贿—郁	狐—孤	缓—暖
憨—敢	鼾—鼻	郝—赫	喙—缘	喝—竭
酣—酥	巷—港	吼—孔	恍—光	祸—锅

壶—壳	惑—感	鸿—鹤	海—侮	狠—跟
患—串	函—幽	浩—治	浑—挥	混—棍

二、听录音，跟读下列词语

给以	脊髓	火种	祖母	考古	老虎	窈窕	舞女
惨死	处女	可以	鬼脸	美景	水果	处理	好歹
诊所	小巧	转眼	顶点	总理	影响	稳妥	辗转
领土	草拟	所有	乞讨	美酒	抢险	苦恼	倘使
堡垒	赶紧	检讨	甲板	打扫	口语	浅显	雨伞
改写	主体	水草	打垮	感慨	导体	短跑	拇指
捣毁	允许	了解	只好	改悔	腐朽	许久	起草
首尾	铁轨	永远	懒散	尽管	处死	领海	水獭
勉强	往返	保险	口吻	减少	手稿	久远	老板
许可	买主	坎坷	以往	苦果	子女	母体	港口

三、小组成员互读作品选段，互相纠正发音，注意选段中变调、轻声的现象与生僻词语

1. 这次重新访日，我处处感到亲切和熟悉，也在许多方面发觉了日本的变化。就拿奈良的一个角落来说吧，我重游了为之感受很深的唐招提寺，在寺内各处匆匆走了一遍，庭院依旧，但意想不到还看到了一些新的东西。其中之一，就是近几年从中国移植来的“友谊之莲”。

在存放鉴真遗像的那个院子里，几株中国莲昂然挺立，翠绿的宽大荷叶正迎风而舞，显得十分愉快。开花的季节已过，荷花朵朵已变为莲蓬累累。莲子的颜色正在由青转紫，看来已经成熟了。

2. 我的狗慢慢向它靠近。忽然，从附近一棵树上飞下一只黑胸脯的老麻雀，像一颗石子似的落到狗的跟前。老麻雀全身倒竖着羽毛，惊恐万状，发出绝望、凄惨的叫声，接着向露出牙齿、大张着的狗嘴扑去。

老麻雀是猛扑下来救护幼雀的。它用身体掩护着自己的幼儿……但它整个小小的身体因恐怖而战栗着，它小小的声音也变得粗暴嘶哑，它在牺牲自己！

四、命题说话片段练习

1. 讲述一件让你快乐的事，可以是你与家人、朋友相聚共度的美好时光，也可以是你追求个人兴趣和爱好、挑战自我并实现目标的事。

2. 选择一个你喜欢的节日，说说它的日期、背景和起源，具体描述节日期间人们都做些什么事，比如有什么庆祝活动、传统习俗等。

第十二课

讲解与朗读

扫码听录音

一、声母为“j”的单音节字词

击　即　己　冀　家　颊　假　价
尖　嚼　茧　件　江　劫　侥　叫
椒　局　姐　届　阶　爵　紧　晋
巾　荚　井　敬　荆　及　九　臼
纠　吉　举　具　居　急　奖　峻
捐　杰　讲　计　撅　菊　炯　嫁
军　橘　窘　荐　鸡　绝　卷　窖
佳　疾　脊　界　肩　节　拣　舅
今　棘　谨　旧　鞠　截　韭　眷
畸　捷　搅　季　羁　嫉　锦　祭

二、形近字辨析与积累

讥　机　饥　肌　叽
跤　郊　饺　较　皎
即　既　唧　鲫　暨
骄　娇　轿　矫　桥
秸　洁　结　桔　髻
决　诀　抉　快　筷
竞　竟　境　镜　意
己　记　纪　忌　已
技　妓　枝　歧　支
净　静　挣　狰　睁

建　健　键　毽　腱
巨　拒　距　矩　臣
间　涧　简　问　同
居　剧　据　锯　店
具　俱　惧　且　沮
加　枷　驾　架　茄
捡　检　俭　睑　剑
揪　锹　瞅　愁　秋

疆　僵　缰
崛　倔　掘
经　径　茎
久　玖　灸
贱　践　残
焦　礁　瞧
挤　济　剂
句　拘　驹
减　碱　咸
戒　诫　戎
艰　跟　根
均　钧　匀
酒　洒　酉

俊　竣　骏
厥　撅　蕨
级　极　汲
京　惊　鲸
歼　扦　纤
夹　荚　颊
渐　惭　斩
甲　申　由
柬　谏　束
剪　煎　箭
君　郡　群
锦　棉　绵
精　情　请

三、“上声＋去声”的双音节词语

窘迫　领袖　吵架　损坏　以致　反射　踊跃　往日
粉碎　喜庆　涌现　股份　稳定　使用　以内　甬道
享用　考证　所谓　引用　转变　品味　赶快　宝贵
否认　整个　奖状　以外　早日　有趣　拐杖　比赛
板凳　举重　比喻　阐释　储备　打架　抵制　海域
访问　抚恤　改善　解散　巩固　管道　诡辩　法制
缓慢　火焰　角落　感谢　尽快　警惕　沮丧　慨叹
渴望　孔隙　朗诵　笼罩　满意　勉励　启示　散射
手术　属性　损害　倘若　统计　紊乱　显著　眼镜
演绎　养料　冶炼　宇宙　展示　诊断　瞩目　转瞬

四、朗读作品

文本 1

在浩瀚无垠[①]的沙漠里，有一片美丽的绿洲，绿洲里藏着一颗闪光的珍珠。这颗珍珠就是敦煌莫高窟。它坐落在我国甘肃省敦煌市三危山和鸣沙山的怀抱中。

鸣沙山东麓[②]/是平均高度为十七米的崖壁。在一千六百多米长的崖壁上，凿有大小洞窟/七百余个，形成了规模宏伟的石窟群。其中/四百九十二个洞窟中，共有/彩色塑像/两千一百[③]余尊，各种壁画/共四万五千多平方米。莫高窟/是我国古代无数艺术匠师/留给人类的珍贵文化遗产。

莫高窟的彩塑，每一尊都是一件精美的艺术品。最大的有九层楼那么高，最小的还不如一个手掌大。这些彩塑个性鲜明，神态各异。有慈眉善目的菩萨，有威风凛凛的天王，还有强壮勇猛的力士……

莫高窟壁画的内容丰富多彩，有的是描绘古代劳动人民打猎、捕鱼、耕田、收割的情景，有的是描绘人们/奏乐、舞蹈、演杂技的场面，还有的/是描绘大自然的美丽风光。其中最引人注目的是飞天[④]。壁画上的飞天，有的臂挎花篮，采摘鲜花；有的反弹琵琶[⑤]，轻拨银弦；有的倒悬身子，自天而降；有的彩带飘拂，漫天遨游[⑥]；有的舒展着双臂，翩翩起舞。看着这些精美动人的壁画，就像走进了//灿烂辉煌的艺术殿堂。

莫高窟里还有一个面积不大的洞窟——藏经洞。洞里曾藏有我国古代的各种经卷、文书、帛画、刺绣、铜像等共六万多件。由于清朝政府腐败无能，大量珍贵的文物被外国强盗掠走。仅存的部分经卷，现在陈列于北京故宫等处。

莫高窟是举世闻名的艺术宝库。这里的每一尊彩塑、每一幅壁画、每一件文物，都是中国古代人民智慧的结晶。

——普通话水平测试用朗读作品 23 号《莫高窟》

---

① “浩瀚无垠”形容广大或繁多，没有边际。
② “东麓”指东边山脚。
③ “两千一百”中的“一”不变调，读阴平。
④ “飞天”指佛教壁画或石刻中在空中飞舞的神。
⑤ “反弹琵琶”指莫高窟壁画中飞天的一种舞姿造型。
⑥ “遨游”指漫游，游历。

朗读重点提示

1. "一"的变调

yí	一片	一件	一个
yì	一颗	一千六百	一尊

2. 易错音

浩瀚无垠 hào hàn wú yín
莫高窟 mò gāo kū
鸣沙山 míng shā shān
崖壁 yá bì
平方米 píng fāng mǐ
彩塑 cǎi sù
菩萨 pú · sà
力士 lì shì
挎 kuà
倒悬 dào xuán
飘拂 piāo fú
舒展 shū zhǎn
敦煌 dūn huáng
甘肃 gān sù
东麓 dōng lù
塑像 sù xiàng
匠师 jiàng shī
慈眉善目 cí méi shàn mù
威风凛凛 wēi fēng lǐn lǐn
引人注目 yǐn rén zhù mù
轻拨银弦 qīng bō yín xián
自天而降 zì tiān ér jiàng
漫天遨游 màn tiān áo yóu
翩翩起舞 piān piān qǐ wǔ

文本 2

森林涵养水源，保持水土，防止水旱灾害的作用非常大。据专家测算，一片十万亩面积的森林，相当于一个两百万立方米的水库，这正如农谚所说的："山上多栽树，等于修水库。雨多它能吞，雨少它能吐。"①

说起森林的功劳，那还多得很。它除了为人类 / 提供木材及许多种 / 生产、生活的原料之外，在维护生态环境方面 / 也是功劳卓著，它用另一种 / "能吞能吐"的特殊功能 / 孕育了人类。因为地球在形成之初，大气中的二氧化碳 / 含量很高，氧气很少，气温也高，生物 / 是难以生存的。大约在四亿年之前，陆地才产生了森林。森林慢慢将大气中的二氧化碳吸收，同时吐出新鲜氧气，调节气温：这才具备了人类生存的条件，地球上才最终有了人类。

① 这句话是指在山上多种树可以保持水土，就好像修了一座水库，具有蓄水、净水、产水和补枯等作用。因此，森林是另一种意义的"水库"。

森林，是地球生态系统的主体，是大自然的总调度室[①]，是地球的绿色之肺。森林维护地球生态环境的这种“能吞能吐”的特殊功能是其他任何物体都不能取代的。然而，由于地球上的燃烧物增多，二氧化碳的排放量/急剧增加，使得地球生态环境/急剧恶化[②]，主要表现为/全球气候变暖，水分蒸发加快，改变了气流的循环，使气候变化加剧，从而引发/热浪、飓风[③]、暴雨、洪涝及干旱。

为了//使地球的这个“能吞能吐”的绿色之肺恢复健壮，以改善生态环境，抑制全球变暖，减少水旱等自然灾害，我们应该大力造林、护林，使每一座荒山都绿起来。

——普通话水平测试用朗读作品24号《“能吞能吐”的森林》

朗读重点提示

1.“一”的变调

yí　一片　一个

yì　一种

2. 易错音

涵养 hán yǎng	水旱 shuǐ hàn	面积 miàn jī
农谚 nóng yàn	卓著 zhuó zhù	能吞能吐 néng tūn néng tǔ
二氧化碳 èr yǎng huà tàn	调节 tiáo jié	调度室 diào dù shì
排放量 pái fàng liàng	急剧 jí jù	增加 zēng jiā
恶化 è huà	循环 xún huán	飓风 jù fēng
洪涝 hóng lào		

五、命题说话

普通话水平测试用话题23：我欣赏的历史人物

句式：

1. 我欣赏的历史人物是……
2. 我特别欣赏他（她）的……

---

① “调度室”的“调”为多音字，此处应读“diào”；“调”在“调节”中读“tiáo”。

② “恶化”指向坏的方面变。

③ “飓风”指发生在大西洋西部的热带气旋，是一种极强烈的风暴。

3. ……也是我欣赏的历史人物之一。

4. 我之所以欣赏……，是因为……

5. ……让我……

提纲：

1. 点明你欣赏的历史人物是谁。

2. 结合历史故事介绍第一个人物，包括这位历史人物的名字、生活年代、成就等，并说出你欣赏他（她）的原因。

3. 介绍第二个你欣赏的历史人物，并说出你欣赏他（她）的原因。

4. 总结你欣赏的历史人物对后世的影响，包括他（她）的思想、理念、政策等方面的传承和发展。

5. 阐述你欣赏的历史人物给你的启示和你的感悟。

普通话水平测试用话题 24：劳动的体会

句式：

1. 劳动是一种付出和奉献的行为。在人类社会发展的历程中，劳动……

2. 我经常……：在学校，……；在家里，……；在外面，……。这些劳动经历使我受益匪浅。

3. 首先，劳动让我感受到了……

4. 其次，劳动让我学会了……

5. 此外，劳动还让我认识到了……

6. 通过劳动，我收获了……

7. 朋友们，让我们……

提纲：

1. 阐述劳动的意义和价值，分析劳动在人类社会中的重要性和必要性。

2. 分享你的劳动经历，包括在学校、家庭、社会中等不同场合的劳动体验。

3. 表达你在劳动过程中的感受和体会，比如收获、成长、成就感等。

4. 阐述劳动对你的人生观、价值观的启示和影响。

5. 呼吁大家热爱劳动，积极参与劳动，共同创造美好的未来。

巩固与提高

扫码听录音

一、听辨并跟读下列单音节字词

音近字

均—谆	级—职	荚—炸	径—证	舅—皱
窘—肿	捐—专	缰—章	监—占	酵—照
金—真	聚—祝	眷—赚	既—至	侥—沼
交—敲	价—洽	郡—裙	救—球	犟—强
畸—骑	嫁—恰	酵—撬	居—驱	撅—缺

形近字

娟—绢	跤—较	骄—矫	缉—辑	晋—普
津—律	局—届	瘠—脊	搅—觉	臼—舀
爵—嚼	拣—练	锦—绵	激—缴	菌—茵
棘—刺	戟—朝	兼—谦	祭—蔡	麂—鹿
绩—债	剿—巢	揭—竭	浸—侵	炙—灸

二、听录音，跟读下列词语

摆动	榜样	保障	本性	比例	笔记	表现	哺育
彩色	草地	场地	处分	此外	打败	导弹	等候
抵抗	陡峭	短暂	法律	反复	反应	诽谤	讽刺
抚慰	辅助	腐败	赶快	感受	岗位	古迹	广泛
果断	海岸	罕见	好像	假设	检验	奖励	侥幸
解释	谨慎	考虑	可靠	恳切	恐惧	冷漠	理性
脸色	垄断	美妙	猛烈	敏锐	纽带	乞丐	忍耐
扫荡	闪烁	手势	首要	水稻	损耗	坦率	体会
稳健	显露	想象	写作	眼泪	演奏	以便	隐蔽
勇气	友谊	掌握	指令	种类	主任	准备	姊妹

三、小组成员互读作品选段，互相纠正发音，注意选段中变调、轻声的现象与生僻词语

1. 鸣沙山东麓是平均高度为十七米的崖壁。在一千六百多米长的崖壁上，凿有

大小洞窟七百余个，形成了规模宏伟的石窟群。其中四百九十二个洞窟中，共有彩色塑像两千一百余尊，各种壁画共四万五千多平方米。莫高窟是我国古代无数艺术匠师留给人类的珍贵文化遗产。

2. 说起森林的功劳，那还多得很。它除了为人类提供木材及许多种生产、生活的原料之外，在维护生态环境方面也是功劳卓著，它用另一种“能吞能吐”的特殊功能孕育了人类。因为地球在形成之初，大气中的二氧化碳含量很高，氧气很少，气温也高，生物是难以生存的。大约在四亿年之前，陆地才产生了森林。森林慢慢将大气中的二氧化碳吸收，同时吐出新鲜氧气，调节气温：这才具备了人类生存的条件，地球上才最终有了人类。

四、命题说话片段练习

1. 介绍一位你欣赏的历史人物，陈述他（她）的基本信息和相关事件，说说他（她）对你的影响。

2. 讲述一次你参加过的劳动，例如种树，收割农作物，打扫卫生，参加志愿活动，等等。详细描述你劳动的过程。

第十三课

扫码听录音

讲解与朗读

一、声母为“q”的单音节字词

妻 潜 巧 恰 腔 瘸 寝 趣
轻 穷 娶 券 丘 裙 遣 怯
趋 泉 岂 歉 掐 囚 抢 沁
悄 歧 请 劝 缺 穹 起 窍
牵 强 犬 妾 屈 勤 顷 迄
侵 渠 浅 契 卿 乔 且 雀
蚯 权 启 嵌 柒 擎 取 撬
亲 琼 曲 却 凄 乾 企 磬
迁 拳 绮 惬 锹 前 旗 切
邛 黔 棋 球 祛 敲 痊 墙

二、形近字辨析与积累

栖 牺 洒 晒 硒
期 欺 棋 斯 箕
崎 骑 绮 畸 倚
钱 浅 贱 栈 残
枪 抢 呛 跄 怆
跷 浇 烧 饶 晓
悄 俏 鞘 宵 削
清 请 晴 蜻 睛
躯 躺 躬 躲 射
蛆 沮 组 阻 泪
琼 惊 凉 晾 掠
蜷 圈 倦 祛 法 怯
掐 陷 焰 谦 歉 廉
砌 沏 彻 脐 济 挤

三、"去声+阴平"的双音节词语

线圈	富翁	客厅	电压	坐标	降低	自发	运输
日趋	地区	碧波	外宾	特征	细菌	贯穿	放松
挂钩	聚焦	扩张	外科	募捐	划分	大多	罢工
暗中	挎包	这些	贵宾	镇压	上升	旷工	夏天
冠军	对方	作风	画家	日光	客观	卫生	税收
印刷	刺激	召开	作家	教师	太空	抗击	内心
用功	寄生	挫伤	大约	故居	若干	四周	不安
目光	似乎	略微	下跌	设施	战争	最终	创新
冻疮	丧失	认真	最初	互相	簇拥	色光	散发
上空	变更	必须	象征	至今	后天	附庸	上班

四、朗读作品

文本1

中国没有人不爱荷花的。可我们楼前池塘中独独缺少荷花。每次看到或想到，总觉得是一块心病。有人从湖北来，带来了洪湖的几颗莲子，外壳呈黑色，极硬。据说，如果埋在淤泥[①]中，能够千年不烂。我用铁锤在莲子上砸开了一条缝，让莲芽能够破壳而出，不至永远埋在泥中。把五六颗敲破的莲子投入池塘中，下面就是听天由命[②]了。

这样一来，我每天就多了一件工作：到池塘边上去看上几次。心里总是希望，忽然有一天，"小荷才露尖尖角"[③]，有翠绿的莲叶长出水面。可是，事与愿违[④]，投下去的第一年[⑤]，一直到秋凉落叶，水面上也没有出现什么东西。但是/到了第三年，却忽然/出了奇迹。有一天，我忽然发现，在我投莲子的地方/长出了几个圆圆的绿叶，虽然颜色极惹人喜爱，但是/却细弱单薄[⑥]，可怜兮兮[⑦]地/平卧在水面上，像/水浮莲的叶子一样。

---

① "淤泥"指河流、湖沼、水库、池塘中沉积的泥沙，所含有机物多，常呈灰黑色。
② "听天由命"指任凭事态自然发展变化，不做主观努力，有时也指碰机会或听其自然。
③ "小荷才露尖尖角"出自宋代诗人杨万里的《小池》，其中"露"为多音字，有"lù"和"lòu"两个读音，此处应读"lù"。
④ "事与愿违"指事情的发展跟主观愿望相反。
⑤ "第一年"中的"一"表示序数，不变调，读阴平。
⑥ "单薄"的"薄"为多音字，有"báo""bó""bò"三个读音，此处应读"bó"。
⑦ "可怜兮兮"指非常可怜的样子。

真正的奇迹出现在第四年上。到了一般荷花长叶的时候，在去年飘浮着五六个叶片的地方，一夜之间，突然长出了一大片绿叶，叶片扩张的速度，范围的扩大，都是惊人地快。几天之内，池塘内不小一部分，已经全为绿叶所覆盖。而且原来平卧在水面上的像是水浮莲一样的 // 叶片，不知道是从哪里聚集来了力量，有一些竟然跃出了水面，长成了亭亭的荷叶。这样一来，我心中的疑云一扫而光：池塘中生长的真正是洪湖莲花的子孙了。我心中狂喜，这几年总算是没有白等。

——普通话水平测试用朗读作品 25 号《清塘荷韵》

朗读重点提示

1.“一”的变调

yí　一块　一件　一样　一夜　一大片　一部分

yì　一条　一来　一天　一直　一般

2.“不”的变调

bú　不爱　不烂　不至

3. 易错音

淤泥 yū ní　一条缝 yì tiáo fèngr　莲芽 lián yár

破壳 pò ké　听天由命 tīng tiān yóu mìng　露 lù

事与愿违 shì yǔ yuàn wéi　细弱单薄 xì ruò dān bó　可怜兮兮 kě lián xī xī

水浮莲 shuǐ fú lián　覆盖 fù gài

文本 2

在原始社会里，文字还没有创造出来，却先有了歌谣一类的东西。这也就是文艺。

文字创造出来以后，人就用它把所见所闻所想所感的一切记录下来。一首歌谣，不但口头唱，还要刻呀，漆呀，把它保留在什么东西上。这样，文艺和文字就并了家。

后来纸和笔 / 普遍地使用了，而且发明了印刷术。凡是需要记录下来的东西，要多少份就可以有多少份。于是所谓文艺，从外表说，就是一篇稿子，一部书，就是许多文字的集合体。

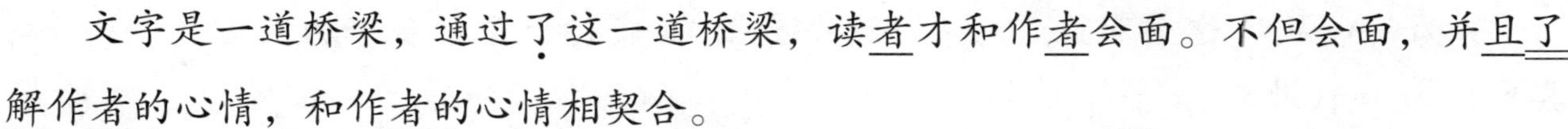

文字是一道桥梁，通过了这一道桥梁，读者才和作者会面。不但会面，并且了解作者的心情，和作者的心情相契合。

就作者的方面说，文艺的创作 / 决不是随便取许多文字来集合在一起。作者着手创作，必然对于人生先有所见，先有所感。他把这些 / 所见所感 / 写出来，不作 / 抽象的分析，而作 / 具体的描写，不作 / 刻板的记载，而作 / 想象的安排。他准备写的 / 不是普通的论说文、记叙文；他准备写的 / 是文艺。他 / 动手写，不但选择那些 / 最适当的文字，让它们集合起来，还要审查 / 那些写下来的文字，看 / 有没有应当修改 / 或是增减的。总之，作者想做到的是：写下来的文字 / 正好传达出 / 他的所见所感。

就读者的 // 方面说，读者看到的是写在纸面或者印在纸面的文字，但是看到文字并不是他们的目的。他们要通过文字去接触作者的所见所感。

——普通话水平测试用朗读作品 26 号《驱遣我们的想象》

朗读重点提示

1. “一”的变调

yí　一类　一切　一部　一道

yì　一首　一篇　一起

2. “不”的变调

bú　不但　不是　不作

3. 易错音

歌谣 gē yáo	所见所闻 suǒ jiàn suǒ wén	所想所感 suǒ xiǎng suǒ gǎn
印刷术 yìn shuā shù	稿子 gǎo zi	集合体 jí hé tǐ
桥梁 qiáo liáng	契合 qì hé	着手 zhuó shǒu
分析 fēn xī	适当 shì dàng	增减 zēng jiǎn

五、命题说话

普通话水平测试用话题 25：我喜欢的职业（或专业）

句式：

1. 每个人都有自己喜爱的职业（或专业）。我非常喜欢……这一职业（或专业）。
2. 这个职业（或专业）不仅……，而且……

3. 为了能从事这个职业（或学习这个专业），我付出了很多努力。首先，……；其次，……；此外，……

4. 能够从事（或学习）……，我感到很快乐。

5. 我希望……

提纲：

1. 点明你喜欢的职业（或专业）是什么。

2. 介绍这个职业（或专业）的基本信息，包括它的定义、工作内容（或学习内容）、行业前景等。

3. 分析这个职业（或专业）的特点和优势。

4. 分享你与这个职业（或专业）相关的经历和故事，比如实习、志愿服务、培训等。

5. 描述你在这个职业（或专业）中获得的快乐、感动和满足，并说明它对你的生活的影响和意义。

6. 表达你关于这个职业（或专业）的愿望。

普通话水平测试用话题 26：向往的地方

句式：

1. 我向往的地方是……

2. 我之所以向往……，有两个原因：一是……，二是……

3. 我一直梦想着能过上……的生活。

4. 在这里，我可以……，可以……，可以……，还可以……

5. 这个地方成为我……，让我感受到……

6. 我计划……，乘坐……，和……一起前往……

7. 真希望……

提纲：

1. 点明你向往的地方是哪里，比如某个城市、景点、乡村等。

2. 描述你向往这个地方的原因，可以从历史、文化、政治、经济等角度来说。

3. 阐述你去那里想做哪些事，比如游览名胜古迹，品尝当地美食，感受著名学府的魅力，等等。

4. 陈述你前往目的地的计划。

5. 表明你对计划早日实施的渴望。

巩固与提高

扫码听录音

一、听辨并跟读下列单音节字词

音近字

洽—岔	抢—厂	趋—初	劝—串	穹—崇
轻—撑	歉—颤	乔—潮	曲—储	裙—纯
岂—耻	黔—蝉	锵—昌	琼—春	憔—巢
弃—戏	欠—现	全—悬	区—需	群—寻
钱—衔	寝—薪	掐—匣	倾—星	邱—修

形近字

戚—威	迄—屹	器—嚣	遣—遗	锹—揪
鹊—鸦	窃—窍	囚—因	钦—饮	禽—离
擎—警	酋—奠	痊—栓	瘸—腐	榷—鹤
裘—袅	磬—馨	秦—泰	祈—析	琴—岑
虔—虎	洽—拾	铅—沿	蔷—啬	祛—怯

二、听录音，跟读下列词语

半天	报刊	曝光	爆发	必需	变迁	宦官	厉声
不堪	菜蔬	撤销	措施	怠工	诞生	当天	舅妈
地租	电灯	玷污	调拨	定期	动机	杜鹃	寄托
放心	废墟	废渣	奋发	付出	负担	附加	更加
构思	购销	瞬间	雇佣	贯穿	贯通	汉奸	后方
健康	健身	叫嚣	进攻	进军	竞争	据说	没收
竣工	辣椒	浪花	乐观	利息	沥青	四肢	肃清
列车	陆军	律师	秘书	蜜蜂	面积	末期	现金
陌生	目标	那些	耐心	气压	契约	器官	射击
入侵	宪章	献身	橡胶	信息	示威	事先	是非

三、小组成员互读作品选段，互相纠正发音，注意选段中变调、轻声、儿化的现象与生僻词语

1. 中国没有人不爱荷花的。可我们楼前池塘中独独缺少荷花。每次看到或想到，

总觉得是一块心病。有人从湖北来，带来了洪湖的几颗莲子，外壳呈黑色，极硬。据说，如果埋在淤泥中，能够千年不烂。我用铁锤在莲子上砸开了一条缝，让莲芽能够破壳而出，不至永远埋在泥中。把五六颗敲破的莲子投入池塘中，下面就是听天由命了。

2. 就作者的方面说，文艺的创作决不是随便取许多文字来集合在一起。作者着手创作，必然对于人生先有所见，先有所感。他把这些所见所感写出来，不作抽象的分析，而作具体的描写，不作刻板的记载，而作想象的安排。他准备写的不是普通的论说文、记叙文；他准备写的是文艺。他动手写，不但选择那些最适当的文字，让它们集合起来，还要审查那些写下来的文字，看有没有应当修改或是增减的。总之，作者想做到的是：写下来的文字正好传达出他的所见所感。

四、命题说话片段练习

1. 说一说你喜欢的职业（或专业）是什么，详细描述这个职业（或专业）的具体工作内容（或学习内容）。

2. 介绍一个你向往的地方，可以是某个城市、景点或你的家乡等。详细描述那里的人、事、景，重点讲那个地方吸引你的两方面内容，梳理你向往那里的原因。

第十四课

扫码听录音

讲解与朗读

一、声母为“x”的单音节字词

熄　匣　显　项　销　协　醒　信
凶　徐　朽　绚　薛　旬　写　隙
稀　贤　小　象　嚣　袭　许　泄
心　雄　雪　嗅　虚　玄　晓　驯
休　淆　享　下　掀　携　喜　孝
熏　咸　选　序　辛　巡　险　卸
勋　悬　洗　夏　戌　穴　想　羡
芯　循　癣　逊　镶　斜　血　婿
溪　虾　纤　些　鲜　吁　靴　皙
杏　旭　宿　幸　宪　巷　效　腺

二、形近字辨析与积累

吸　极　汲　级　圾
析　祈　折　欣　新
徙　徒　陡　频　涉
狭　峡　陕　挟　颊
限　垠　很　恨　眼
详　洋　样　氧　痒
响　饷　倘　淌　晌
逍　宵　硝　销　消
屑　削　悄　逍　俏
歇　蝎　渴　喝　揭
形　刑　型　研　妍
袖　油　抽　迪　柚
玄　弦　炫　舷　眩

旬	询	峋	绚	殉			
偕	楷	揩	谐	皆			
宣	喧	渲			猩	腥	醒
霞	暇	假			瞎	辖	割
萧	潇	肃			亵	裹	衷
衅	拌	畔			绣	锈	诱
戌	戍	戊			效	郊	敌

三、“去声＋阳平”的双音节词语

辩驳	数学	涅槃	配合	恰如	大娘	未曾	外国
颂扬	特别	报名	月球	灭亡	上层	忘怀	健全
挫折	定额	爱国	运行	电流	太平	用途	不良
少年	地球	课程	地层	范围	钻头	串联	政权
盎然	复习	坏人	面临	化肥	测量	日程	篡夺
内容	日食	盗贼	赞成	送别	课堂	动员	技能
正常	个别	透明	拒绝	大学	伴随	为何	命题
下级	擅长	未来	现存	病人	价值	善良	大伯
去年	沸腾	混合	预防	电能	构成	召集	种植
断层	暂时	下旬	共同	自由	辨别	特长	润滑

四、朗读作品

文本1

语言，也就是说话，好像是极其稀松平常①的事儿。可是仔细想想，实在是一件了不起的大事。正是因为说话跟吃饭、走路一样的平常，人们才不去想它究竟是怎么回事儿。其实这三件事儿都是极不平常的，都是使人类不同于别的动物的特征。

记得在小学里读书的时候，班上有一位“能文”的大师兄，在一篇作文的开头写下这么两句：“鹦鹉能言，不离于禽；猩猩能言，不离于兽。”②我们看了都非常佩服。后来知道这两句是有来历的，只是字句有些出入。又过了若干年，才知道这两

① “稀松平常”指很普通，不特别。

② “鹦鹉能言，不离于禽；猩猩能言，不离于兽。”这句话原文为“鹦鹉能言，不离飞鸟；猩猩能言，不离禽兽”，出自《礼记·曲礼上》。它的意思是鹦鹉虽然能模仿人说话，但终究还是飞鸟；猩猩虽然也能说话，但终究还是走兽。

句话都有问题。鹦鹉能学人说话，可只是作为现成的公式来说，不会加以变化。只有人们说话是从具体情况出发，情况一变，话也跟着变。

西方学者拿黑猩猩做实验，它们能学会极其有限的一点儿符号语言，可是学不会把它变成有声语言。人类语言/之所以能够“随机应变”，在于/一方面/能把语音/分析成若干音素，又把这些音素/组合成音节，再把音节/连缀起来。另一方面，又能分析/外界事物/及其变化，形成/无数的“意念”，一一[①]配以语音，然后/综合运用，表达各种复杂的意思。一句话，人类语言的特点就在于能用变化无穷的语音，表达变化无穷的//意义。这是任何其他动物办不到的。

——普通话水平测试用朗读作品27号《人类的语言》

朗读重点提示

1.“一”的变调

yí　一件　一样　一位　一变　一句

yì　一篇　一点儿　一方面

2.“不”的变调

bú　不去　不会

3. 易错音

稀松平常 xī sōng píng cháng　想想 xiǎng xiang　了不起 liǎo · bù qǐ

特征 tè zhēng　鹦鹉 yīng wǔ　不离于禽 bù lí yú qín

猩猩 xīng xing　不离于兽 bù lí yú shòu　实验 shí yàn

符号 fú hào　学不会 xué · bú huì　随机应变 suí jī yìng biàn

音素 yīn sù　连缀 lián zhuì　意念 yì niàn

复杂 fù zá　意思 yì si

文本2

父亲喜欢下象棋。那一年，我大学回家度假，父亲教我下棋。

我们俩摆好棋，父亲让我先走三步，可不到三分钟，三下五除二[②]，我的兵将损

① “一一”指一个一个地，应读“yī yī”。
② “三下五除二”是珠算口诀之一，常用来形容做事及动作敏捷利索。

失大半，棋盘上空荡荡的，只剩下老帅、士和一车两卒[①]在孤军奋战。我还不肯罢休，可是已无力回天，眼睁睁看着父亲“将军”，我输了。

我不服气，摆棋再下。几次交锋，基本上都是不到十分钟/我就败下阵来。我不禁有些泄气。父亲对我说：“你初学下棋，输是正常的。但是/你要知道输在什么地方；否则，你就是再下上十年，也还是输。”

“我知道，输在棋艺上。我技术上不如你，没经验。”

“这只是次要因素，不是最重要的。”

“那最重要的是什么？”我奇怪地问。

“最重要的是你的心态不对。你不珍惜你的棋子。”

“怎么不珍惜呀？我每走一步，都想半天。”我不服气地说。

“那是后来，开始/你是这样吗？我给你计算过，你三分之二的棋子/是在前三分之一[②]的时间内丢失的。这期间/你走棋不假思索，拿起来就走，失了也不觉得可惜。因为你觉得棋子很多，失一两个不算什么。”

我看看父亲，不好意思地低下头。“后三分之二的时间，你又犯了相反的错误：对棋子过于珍惜，每走一步，都思前想后，患得患失，一个棋也不想失，//结果一个一个都失去了。”

——普通话水平测试用朗读作品28号《人生如下棋》

朗读重点提示

1.“一”的变调

yí　一步　一个

yì　一年　一车两卒　一两个

2.“不”的变调

bú　不到　不是　不对　不算

3. 易错音

三下五除二 sān xià wǔ chú èr　　一车两卒 yì jū liǎng zú

---

① “一车两卒”中的“车”是多音字，此处应读“jū”，指象棋棋子的一种；“卒”也是多音字，此处应读“zú”，指兵，这里也是象棋棋子的一种。

② “三分之一”中的“一”在词语的末尾，不变调，读阴平。

眼睁睁 yǎn zhēng zhēng
将军 jiāng jūn
服气 fú qì
棋艺 qí yì
棋子 qí zǐ
计算 jì suàn
不假思索 bù jiǎ sī suǒ
可惜 kě xī
看看 kàn kan
不好意思 bù hǎo yì si

五、命题说话

普通话水平测试用话题 27：让我感动的事情

句式：

1. 每个人都有……，我也不例外。曾经有一件……，至今让我难以忘怀。
2. 那件令我感动的事情发生在……，当时我正在……
3. 他（她）的……行为，让我的内心深受触动。
4. 他（她）那种……的精神深深地感染了我。在以后的生活中，我决心……，献出……，让陷入困境的人感受到……
5. 现在我偶然间回想起……，仍会……，我希望……

提纲：

1. 开门见山地讲述让你感动的一次经历或者听说的事，比如地震、火灾、交通事故、洪水等灾难中发生的事。
2. 讲述志愿者或者好心人为受困群众提供物资、医疗等援助，还有很多陌生人为他们捐款，受困群众感受到温暖等情况。
3. 表达援助者的精神让你受到的感动。
4. 讲述受到这件事的影响后，你是如何做的。
5. 点题，提出希望或者呼吁。

普通话水平测试用话题 28：我喜爱的艺术形式

句式：

1. 艺术是人类文化的重要组成部分，它包含各种形式，如绘画、音乐、文学、舞蹈等。
2. 人们的美好生活离不开……，它为我们带来了……，使我们的生活……
3. ……艺术不仅……，而且……
4. ……艺术除了……，还……
5. 在……的时候，……能够给我带来……；在……的时候，……能够给我带来……；在……的时候，……能够给我带来……

提纲：

1. 概述艺术在生活中的重要性以及意义。
2. 介绍两三种你喜欢的艺术形式，阐述你喜欢它们的原因或讲述你的相关经历。
3. 介绍你自己或别人在班级活动、元旦晚会或校级比赛中的一次才艺展示。
4. 总结你喜爱的艺术形式给你带来的生活体验和精神享受。

巩固与提高

扫码听录音

一、听辨并跟读下列单音节字词

音近字

宪—嵌	辛—亲	巡—群	瞎—卡	泻—窃
旭—趣	朽—糗	薛—阙	销—翘	熄—期
谢—妾	硝—悄	仙—签	系—泣	宣—圈
勋—孙	想—搡	孝—臊	星—僧	凶—松
像—尚	消—捎	修—收	乡—商	虾—纱

形近字

熙—煦	锡—剔	嫌—歉	芯—蕊	械—诫
懈—解	膝—漆	悉—番	牺—晒	熏—黑
玄—弦	纤—迁	衔—衍	邪—鸦	楔—契
胁—肋	馨—磬	嗅—臭	欣—掀	斜—叙
淆—肴	酗—汹	吁—迂	险—睑	戌—戍

二、听录音，跟读下列词语

爱情	布局	闭合	变革	变形	事实	病毒	病情
定型	动能	对流	不曾	菜肴	促成	大臣	抗衡
愕然	范畴	诞辰	蛋白	径流	到达	救国	道德
地图	附着	帝国	电磁	贵族	调查	化合	幻觉
悍然	鳄鱼	负责	库存	列强	共鸣	固然	确凿
翰林	讳言	浩劫	贸然	混淆	诺言	继承	间谍
建国	健儿	鉴别	预言	较为	教材	教学	教员
进而	世俗	近来	竟然	镜头	砾石	聚集	密集

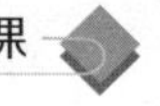

克服	课题	意图	下颌	力求	力图	力学	掠夺
罪行	汽油	造谣	热忱	外籍	盛行	剩余	氏族

三、小组成员互读作品选段，互相纠正发音，注意选段中变调、轻声的现象与生僻词语

1. 记得在小学里读书的时候，班上有一位“能文”的大师兄，在一篇作文的开头写下这么两句：“鹦鹉能言，不离于禽；猩猩能言，不离于兽。”我们看了都非常佩服。后来知道这两句是有来历的，只是字句有些出入。又过了若干年，才知道这两句话都有问题。鹦鹉能学人说话，可只是作为现成的公式来说，不会加以变化。只有人们说话是从具体情况出发，情况一变，话也跟着变。

2. 我们俩摆好棋，父亲让我先走三步，可不到三分钟，三下五除二，我的兵将损失大半，棋盘上空荡荡的，只剩下老帅、士和一车两卒在孤军奋战。我还不肯罢休，可是已无力回天，眼睁睁看着父亲“将军”，我输了。

我不服气，摆棋再下。几次交锋，基本上都是不到十分钟我就败下阵来。我不禁有些泄气。父亲对我说：“你初学下棋，输是正常的。但是你要知道输在什么地方；否则，你就是再下上十年，也还是输。”

四、命题说话片段练习

1. 介绍一件让你感动的事情，可以是你在媒体上看到的事，也可以是在你身边发生的事。比如在地震、火灾、交通事故、洪水等灾难中，工作人员或志愿者无私的服务；或者是在日常生活中你遇到困难时，别人对你的帮助。详细描述事情的经过。

2. 介绍一种你喜欢的艺术形式，比如唱歌、跳舞、绘画、书法等。描述一下你日常是怎么练习的；或者详细说说你参加过什么相关的艺术活动或比赛，描述整个过程。最后谈谈你取得了哪些相关的成就。

第十五课

扫码听录音

讲解与朗读

一、声母为“z”的单音节字词

灾　杂　攒　葬　糟　责　怎　奏
资　足　总　罪　增　咱　纂　作
匝　择　宰　皂　尊　贼　紫　粽
租　昨　嘴　造　遵　卒　走　攥
宗　则　仔　暂　栽　凿　籽　座
脏　族　早　醉　遭　泽　咋　坐
哉　啧　滓　最　踪　咂　崽　纵
钻　砸　枣　做　咨　在　藻　自
综　澡　左　灶　滋　蚤　姊　再
憎　阻　仄　赠　鬃　佐　诅　字

二、形近字辨析与积累

哉　栽　载　裁　截
宰　滓　锌　辞　幸
遭　糟　嘈　槽　曹
澡　噪　燥　躁　操
择　泽　译　绎　驿
增　憎　赠　僧　蹭
宗　综　踪　粽　淙
租　诅　阻　组　祖
昨　咋　作　诈　怎
卒　碎　醉　悴　粹
灶　肚　杜　吐　社
责　啧　渍　债　绩
子　籽　仔　　　兹　滋　磁

咨	资	姿	脏	赃	庄
蚤	搔	骚	奏	揍	凑
紫	紧	絮	仄	厌	厅
纂	篡	攥	足	促	捉

三、“去声 + 上声”的双音节词语

少女	话筒	懊恼	矿产	进口	不许	恰好	况且
夜晚	上午	按钮	配偶	面孔	效果	率领	系统
妇女	造反	赞美	政党	恰巧	用品	作品	看法
作者	授予	握手	色彩	探讨	探索	奋勇	物品
并且	血管	赛场	用场	翅膀	宁肯	对偶	篡改
报纸	外省	历史	乐曲	愿景	下等	不法	戏曲
战场	婢女	确保	顺手	外语	灭火	木偶	傍晚
候鸟	汗水	政委	快艇	迫使	弱点	促使	患者
扩展	懊悔	在场	信仰	后悔	课本	外表	宁可
用法	趁早	重点	榨取	禁止	赛跑	静止	药品

四、朗读作品

文本 1

仲夏[1]，朋友相邀游十渡。在城里住久了，一旦进入山水之间，竟有一种生命复苏的快感。

下车后，我们舍弃了大路，挑选了一条半隐半现在庄稼地里的小径，弯弯绕绕地来到了十渡渡口。夕阳下的拒马河慷慨地撒出一片散金碎玉[2]，对我们表示欢迎。

岸边山崖上 / 刀斧痕犹存的崎岖小道，高低凸凹，虽没有 /“难于上青天”[3]的险恶，却也有 / 踏空了滚到拒马河洗澡的风险。狭窄处 / 只能手扶岩石 / 贴壁而行。当“东坡草堂”[4]几个红漆大字 / 赫然出现在前方岩壁时，一座镶嵌在岩崖间的石砌茅草屋同时跃进眼底。草屋 / 被几级石梯托得高高的，屋下 / 俯瞰着一湾河水，屋前 / 顺

---

① “仲夏”指夏季的第二个月，即农历五月。

② “散金碎玉”形容拒马河在夕阳的照射下，水面的色彩如同散了的金子与碎了的玉石一般。

③ “难于上青天”出自唐代诗人李白的《蜀道难》。

④ “东坡草堂”由宋代词人苏轼而得名，苏轼号“东坡”。

山势辟出了一片空地，算是院落吧！右侧有一小小的蘑菇形的凉亭，内设石桌石凳，亭顶褐黄色的茅草像流苏般向下垂泻，把现实和童话串成了一体。草屋的构思者最精彩的一笔，是设在院落边沿的柴门和篱笆，走近这儿，便有了“花径不曾缘客扫，蓬门今始为君开”[①]的意思。

当我们重登凉亭时，远处的蝙蝠山已在夜色下化为剪影，好像就要展翅扑来。拒马河趁人们看不清它的容貌时豁开了嗓门儿韵味十足地唱呢！偶有不安分的小鱼儿和青蛙蹦跳 // 成声，像是为了强化这夜曲的节奏。此时，只觉世间唯有水声和我，就连偶尔从远处赶来歇脚的晚风，也悄无声息。

当我渐渐被夜的凝重与深邃所融蚀，一缕新的思绪涌动时，对岸沙滩上燃起了篝火，那鲜亮的火光，使夜色有了躁动感。篝火四周，人影绰约，如歌似舞。朋友说，那是北京的大学生们，结伴来这儿度周末的。遥望那明灭无定的火光，想象着篝火映照的青春年华，也是一种意想不到的乐趣。

——普通话水平测试用朗读作品 29 号《十渡游趣》

朗读重点提示

1. “一”的变调

yí　一旦　一片　一座

yì　一种　一条　一湾　一小小的　一体　一笔

2. 易错音

仲夏 zhòng xià	庄稼地 zhuāng jia dì	慷慨 kāng kǎi
撒 sǎ	散金碎玉 sǎn jīn suì yù	刀斧痕 dāo fǔ hén
崎岖 qí qū	凸凹 tū āo	狭窄处 xiá zhǎi chù
赫然 hè rán	镶嵌 xiāng qiàn	岩崖间 yán yá jiān
石砌 shí qì	茅草屋 máo cǎo wū	俯瞰 fǔ kàn
辟出 pì chū	蘑菇形 mó gu xíng	褐黄色 hè huáng sè
垂泻 chuí xiè	串成 chuàn chéng	边沿 biān yán
篱笆 lí ba	蝙蝠山 biān fú shān	看不清 kàn · bù qīng
豁开 huō kāi	嗓门儿 sǎng ménr	韵味 yùn wèi

① “花径不曾缘客扫，蓬门今始为君开”出自唐代诗人杜甫的《客至》。

文本 2

在 / 闽西南[①]和粤东北的 / 崇山峻岭中，点缀着 / 数以千计的圆形围屋 / 或土楼，这就是 / 被誉为“世界民居奇葩”的 / 客家民居。

客家人 / 是古代从中原繁盛的地区 / 迁到南方的。他们的居住地 / 大多在偏僻、边远的山区，为了防备盗匪的骚扰 / 和当地人的排挤，便建造了 / 营垒式住宅，在土中 / 掺石灰，用糯米饭、鸡蛋清作黏合剂，以竹片、木条作筋骨，夯筑起 / 墙厚一米，高十五米以上的土楼。它们大多为三至六层楼，一百至二百多间房屋 / 如橘瓣状排列，布局均匀，宏伟壮观。大部分土楼 / 有两三百年甚至五六百年的历史，经受无数次地震撼动、风雨侵蚀以及炮火攻击而安然无恙，显示了传统建筑文化的魅力。

客家先民崇尚圆形，认为圆是吉祥、幸福和安宁的象征。土楼围成圆形的房屋均按八卦布局排列，卦与卦之间设有防火墙，整齐划一[②]。

客家人在治家、处事、待人、立身等方面，无不体现出明显的文化特征。比如，许多房屋大门上刻着这样的正楷[③]对联：“承前祖德勤和俭，启后子孙读与耕”[④]，表现了先辈希望子孙和睦相处、勤俭持家的愿望。楼内房间大小一模一样，他们不分贫富、贵贱，每户人家平等地分到底层至高层各 // 一间房。各层房屋的用途惊人地统一，底层是厨房兼饭堂，二层当贮仓，三层以上作卧室，两三百人聚居一楼，秩序井然，毫不混乱。土楼内所保留的民俗文化，让人感受到中华传统文化的深厚久远。

——普通话水平测试用朗读作品 30 号《世界民居奇葩》

朗读重点提示

1.“一”的变调

yí　一模一样

yì　一米　一百　一模一样

2. 易错音

闽西南 mǐn xī nán　粤东北 yuè dōng běi　崇山峻岭 chóng shān jùn lǐng

① “闽西南”中的“闽”是福建省的简称。“粤东北”中的“粤”是广东省的简称。

② “整齐划一”中的“一”在词句的末尾，不变调，读阴平。

③ “正楷”指的是楷书。

④ “承前祖德勤和俭，启后子孙读与耕”意思是继承祖辈勤劳和节俭的美好品德，引导后代子孙努力读书、认真耕作。

点缀 diǎn zhuì 数以千计 shù yǐ qiān jì 誉为 yù wéi
奇葩 qí pā 偏僻 piān pì 盗匪 dào fěi
骚扰 sāo rǎo 排挤 pái jǐ 搀 chān
糯米饭 nuò mǐ fàn 黏合剂 nián hé jì 筋骨 jīn gǔ
夯筑 hāng zhù 橘瓣状 jú bàn zhuàng 均匀 jūn yún
撼动 hàn dòng 侵蚀 qīn shí 安然无恙 ān rán wú yàng
魅力 mèi lì 防火墙 fáng huǒ qiáng 整齐划一 zhěng qí huà yī
处事 chǔ shì 和睦相处 hé mù xiāng chǔ 勤俭持家 qín jiǎn chí jiā
一模一样 yì mú yí yàng

五、命题说话

普通话水平测试用话题 29：我了解的十二生肖

句式：

1. 十二生肖包括……，每个生肖都有自己的……，例如……
2. 我是……年出生的，我的生肖是……，我认为它是……
3. 十二生肖不仅可以……，还可以……。因为每个生肖都有……

提纲：

1. 点明十二生肖有哪些。
2. 介绍十二生肖的来源。
3. 讲述你知道的有关十二生肖的故事。
4. 介绍自己的生肖。
5. 介绍周围熟悉的人的生肖。
6. 总结。

普通话水平测试用话题 30：学习普通话（或其他语言）的体会

句式：

1. 学习普通话（或其他语言）让我体会到了……，它不仅是……，更是……
2. 刚开始的时候……，后来……
3. 学习普通话（或其他语言）的过程中，我遇到……，但正是这些……使我更加坚定了……
4. 学习普通话（或其他语言）的过程中，我结交了……，我们一起……
5. 学习普通话（或其他语言）的方法很多，比如……
6. 我制订了一个学习普通话（或其他语言）的计划：……

7. 我相信……

提纲：

1. 阐述学习普通话（或其他语言）对个人和社会的重要性，例如：学习普通话对个人来说，可以拓宽视野，增强沟通能力，增加就业机会；对社会来说，可以增强“五个认同”，铸牢中华民族共同体意识。

2. 讲述你学习普通话（或其他语言）的经历，包括学习的过程、方法、收获、感悟、过去与现在水平的对比等。

3. 陈述你学习普通话（或其他语言）的具体计划。

4. 表达你学好普通话（或其他语言）的决心、愿望。

巩固与提高

扫码听录音

一、听辨并跟读下列单音节字词

音近字

灾—摘　　暂—崭　　嘴—锥　　咂—札　　增—蒸

葬—障　　皂—照　　棕—种　　凿—沼　　怎—诊

租—诸　　遵—谆　　曾—争　　组—煮　　脏—彰

杂—擦　　宗—淙　　昨—撮　　枣—漕　　紫—此

葬—藏　　姿—知　　走—凑　　泽—测　　佐—挫

形近字

攒—赞　　栽—载　　蚤—搔　　最—撮　　憎—僧

糟—嘈　　哉—裁　　杂—染　　咋—诈　　造—糙

崽—思　　啧—渍　　仄—厌　　姊—妹　　尊—奠

贼—绒　　纂—攥　　皂—帛　　凿—幽　　责—贡

仔—籽　　钻—粘　　卒—萃　　则—铡　　自—咱

二、听录音，跟读下列词语

半岛　　弟子　　电影　　扮演　　淡水　　暴雨　　背景　　避免

变法　　病理　　不等　　部署　　大脑　　大体　　致使　　助手

厕所　　颤抖　　彻底　　大姐　　自我　　作法　　户口　　不已

代表　　带领　　贷款　　逮捕　　电场　　到底　　稻谷　　地板

地表	过敏	话语	电阻	淀粉	定理	动手	对比
遏止	分子	奋起	愤慨	互补	赋予	购买	固体
固有	健美	后果	据点	做法	电脑	幻想	气馁
记载	见解	技法	呐喊	饲养	酗酒	庙宇	臼齿
入手	赡养	上涨	政府	设法	列举	摄影	市场
试管	是否	术语	跳舞	痛苦	谚语	预想	谅解

三、小组成员互读作品选段，互相纠正发音，注意选段中变调、轻声的现象与生僻词语

1. 岸边山崖上刀斧痕犹存的崎岖小道，高低凸凹，虽没有“难于上青天”的险恶，却也有踏空了滚到拒马河洗澡的风险。狭窄处只能手扶岩石贴壁而行。当“东坡草堂”几个红漆大字赫然出现在前方岩壁时，一座镶嵌在岩崖间的石砌茅草屋同时跃进眼底。草屋被几级石梯托得高高的，屋下俯瞰着一湾河水，屋前顺山势辟出了一片空地，算是院落吧！

2. 客家人是古代从中原繁盛的地区迁到南方的。他们的居住地大多在偏僻、边远的山区，为了防备盗匪的骚扰和当地人的排挤，便建造了营垒式住宅，在土中掺石灰，用糯米饭、鸡蛋清作黏合剂，以竹片、木条作筋骨，夯筑起墙厚一米，高十五米以上的土楼。它们大多为三至六层楼，一百至二百多间房屋如橘瓣状排列，布局均匀，宏伟壮观。

四、命题说话片段练习

1. 介绍一下十二生肖。讲述你了解的关于十二生肖的文化故事。选一个你喜欢的生肖，详细描述它的外形、习性等特点。

2. 说说学习普通话对个人发展的重要性，比如拓宽视野，增强沟通能力，增加就业机会，等等。

第十六课

扫码听录音

讲解与朗读

一、声母为“c”的单音节字词

擦　裁　采　蔡　猜　残　惨　灿
参　藏　草　册　仓　曹　此　蹭
操　层　璀　次　匆　从　睬　凑
粗　瓷　忖　促　蹿　存　彩　窜
崔　攒　撮　脆　村　蚕　刺　寸
搓　惭　簇　策　皴　辞　赐　篡
餐　才　踩　菜　糙　嘈　淬　璨
囱　曾　沧　厕　摧　慈　舱　醋
聪　丛　侧　萃　蹉　材　词　挫
苍　雌　测　措　葱　祠　瘁　锉

二、形近字辨析与积累

曹　槽　嘈　遭　糟
词　祠　伺　饲　司
采　彩　踩　睬　菜
萃　啐　淬　悴　翠
雌　推　堆　准　维
错　措　醋　借　腊
测　侧　厕　铡　则
崔　催　摧　璀　崖
猜　清　请　情　精
匆　葱　忽　勿　物
参　掺　惨　渗　叁
裁　栽　载　哉　戴
惭　渐　崭　斩　浙

才	财	材	苍	沧	舱
曾	蹭	兽	蹿	窜	串
搓	蹉	差	慈	磁	兹
从	丛	众	挫	锉	座
蔡	察	祭	寸	村	忖

三、“去声 + 去声”的双音节词语

定律	战略	谬论	命运	障碍	重用	政策	愿望
状况	运动	外贸	创造	下列	爱好	盼望	画卷
下降	片面	训练	恰当	挂念	数量	虐待	日渐
热量	概括	配套	创作	恶劣	挂帅	浪费	怪异
探测	纵队	造句	照相	内在	政治	顾虑	傲慢
受骗	瘦弱	懊丧	侧重	绿化	概率	作怪	脆弱
快速	废旧	耗费	病榻	爆炸	作战	气象	眷恋
透彻	迅速	热爱	恶化	日益	策略	纳粹	症状
应用	照料	挫败	照样	让位	纳税	创办	报废
血液	未遂	谬误	换算	扩散	叙述	竞赛	诈骗

四、朗读作品

文本 1

我国的建筑，从古代的宫殿到近代的一般住房，绝大部分是对称的，左边怎么样，右边也怎么样。苏州园林①可绝不讲究对称，好像故意避免似的。东边有了一个亭子或者一道回廊，西边决不会来一个同样的亭子或者一道同样的回廊。这是为什么？我想，用图画来比方，对称的建筑是图案画，不是美术画，而园林是美术画，美术画要求自然之趣，是不讲究对称的。

苏州园林里都有假山和池沼②。

假山的堆叠，可以说是一项艺术而不仅是技术。或者是/重峦叠嶂③，或者是/几座小山/配合着竹子/花木，全在乎/设计者和匠师们/生平多阅历，胸中有丘

① “苏州园林”是中国古典园林的杰出代表。

② “池沼”指比较大的水坑。

③ “重峦叠嶂”指重重叠叠的山峰。

壑[1]，才能使/游览者攀登的时候/忘却苏州城市，只觉得/身在山间。

至于池沼，大多引用活水。有些园林池沼宽敞，就把池沼作为全园的中心，其他景物配合着布置。水面假如成河道模样，往往安排桥梁。假如安排两座以上的桥梁，那就一座一个样，决不雷同。

池沼/或河道的边沿/很少砌/齐整的石岸，总是/高低屈曲任其自然。还在那儿/布置几块玲珑的石头，或者/种些花草。这也是为了取得从各个角度看都成一幅画的效果。池沼里/养着金鱼或各色鲤鱼，夏秋季节荷花或睡莲//开放，游览者看"鱼戏莲叶间"，又是入画的一景。

——普通话水平测试用朗读作品31号《苏州园林》

朗读重点提示

1. "一"的变调

yí　一个　一道　一项　一座

yì　一般　一幅

2. "不"的变调

bú　不会

3. 易错音

宫殿 gōng diàn　对称 duì chèn　讲究 jiǎng · jiū

比方 bǐ fang　池沼 chí zhǎo　重峦叠嶂 chóng luán dié zhàng

在乎 zài hū　丘壑 qiū hè　宽敞 kuān · chǎng

模样 mú yàng　砌 qì　齐整 qí zhěng

屈曲 qū qū　玲珑 líng lóng　石头 shí tou

幅 fú

文本2

泰山极顶看日出，历来被描绘成十分壮观的奇景。有人说：登泰山而看不到日出，就像一出大戏没有戏眼，味儿终究有点寡淡。

我去爬山那天，正赶上个难得的好天，万里长空，云彩丝儿都不见。素常烟雾

[1] "丘壑"本义指山丘和沟壑，泛指山水幽僻的地方，常用来比喻深远的意境。

腾腾的山头，显得眉目分明。同伴们都欣喜地说：“明天早晨准可以看见日出了。”我也是抱着这种想头，爬上山去。

一路/从山脚/往上爬，细看山景，我觉得挂在眼前的/不是五岳独尊的泰山，却像一幅/规模惊人的青绿山水画，从下面倒展开来。在画卷中/最先露出的/是山根底那座明朝建筑/岱宗坊，慢慢地便现出/王母池、斗母宫、经石峪。山/是一层比一层深，一叠/比一叠奇，层层叠叠，不知/还会有多深多奇。万山丛中，时而点染着/极其工细的人物。王母池旁的吕祖殿里/有不少尊明塑，塑着/吕洞宾等一些人，姿态神情/是那样有生气，你看了，不禁会脱口赞叹说：“活啦。”

画卷继续展开，绿阴森森的柏洞露面[①]不太久，便来到对松山。两面奇峰对峙[②]着，满山峰都是奇形怪状的老松，年纪怕都有上千岁了，颜色竟那么浓，浓得好像要流下来似的。来到这儿，你不妨权当一次画里的写意人物，坐在路旁的对松亭里，看看山色，听听流//水和松涛。

一时间，我又觉得自己不仅是在看画卷，却又像是在零零乱乱翻着一卷历史稿本。

——普通话水平测试用朗读作品32号《泰山极顶》

朗读重点提示

1.“一”的变调

yí　一路　一次

yì　一出　一幅　一层　一叠　一些

2.“不”的变调

bú　不见　不是　不太久

3. 易错音

看不到 kàn · bú dào	戏眼 xì yǎn	味儿 wèir
有点 yǒu diǎnr	云彩丝儿 yún cai sīr	山头 shān tóu
想头 xiǎng tou	五岳独尊 wǔ yuè dú zūn	山根 shān gēnr
岱宗坊 dài zōng fāng	斗母宫 dǒu mǔ gōng	经石峪 jīng shí yù

① “露面”的“露”为多音字，有“lòu”和“lù”两个读音，此处应读“lòu”。

② “对峙”是相对而立的意思。

吕祖殿 lǚ zǔ diàn　　绿阴森森 lǜ yīn sēn sēn　　柏洞 bǎi dòng
露面 lòu miàn　　对峙 duì zhì　　权当 quán dàng
听听 tīng ting

五、命题说话

普通话水平测试用话题 31：家庭对个人成长的影响

句式：

1. 家庭是个人成长……
2. 家庭影响着……
3. 家庭环境可以塑造……性格。
4. 家庭环境可以培养……价值观。
5. 父母的言传身教对孩子……

提纲：

1. 强调家庭在个人成长中的重要性，以及家庭环境对个体性格、价值观的塑造作用。
2. 描述和睦的家庭氛围对个体成长的积极影响，如建立安全感、信任感，形成自尊心、自信心，等等。
3. 分析不和谐的家庭氛围可能给个体带来的消极影响，如容易焦虑、自卑，带有攻击性，等等。
4. 阐述父母对个体成长的影响，可以从性格塑造、价值观形成、兴趣培养等方面来说。
5. 以你的家庭教育为例展开叙述，介绍父母是如何培养你的，对你的成长有哪些影响。

普通话水平测试用话题 32：生活中的诚信

句式：

1. 生活中，诚信是最宝贵的品质。我们应该……
2. 诚信是人际交往的基石，没有诚信就没有……
3. 诚信是……，它照亮了我们的人生道路。有了诚信，……；如果失去诚信，……
4. 生活中，我们应该以诚信为本，用诚信赢得……
5. 我有一次难忘的经历，它让我体会到诚信的重要性。那是发生在……
6. 总之，诚信……

提纲：

1. 阐释诚信的内容和要求。
2. 分析朋友之间诚信的重要性与影响。

3. 分析家庭成员之间诚信的重要性与影响。
4. 分析同事、合作伙伴之间诚信的重要性与影响。
5. 讲述自己讲诚信的经历或者他人讲诚信的故事。
6. 总结诚信对我们一生发展的影响。

巩固与提高

扫码听录音

一、听辨并跟读下列单音节字词

音近字

摧—醉	忖—尊	惨—攒	蹿—攥	采—栽
蔡—赛	策—涩	餐—叁	灿—散	舱—桑
操—缫	赐—嗣	聪—松	簇—溯	皴—孙
篡—串	层—呈	撮—拙	翠—陲	蹉—戳
猜—拆	藏—偿	灿—颤	囱—舂	糙—超

形近字

擦—察	裁—哉	操—臊	蹭—赠	匆—勿
蔡—祭	沧—沦	措—惜	窜—串	醋—酷
葱—忽	搓—差	皴—皱	蚕—茧	槽—糟
裁—载	残—践	祠—饲	瓷—瓮	雌—雄
篡—纂	刺—棘	赐—踢	凑—奏	促—捉

二、听录音，跟读下列词语

旭日	被告	信用	假日	滥用	速率	质量	跨度
重量	害怕	效率	贯彻	翌日	恋爱	正面	大量
概念	试卷	魅力	纪律	按照	破坏	散落	面貌
奠定	继续	辩证	地质	退让	运用	罪孽	就算
构造	大褂	借用	命运	世纪	罪恶	翠绿	确定
内脏	炮弹	预备	奥妙	算账	物价	叛变	灌溉
渗透	制度	病变	饲料	利用	票据	烈日	谩骂
畅快	犯罪	变化	确认	凑近	败坏	外汇	矿物
罪犯	雇用	测算	跨越	对抗	定量	奋斗	粪便
顺序	大厦	课外	绘画	动作	宴会	用具	对照

三、小组成员互读作品选段，互相纠正发音，注意选段中变调、轻声、儿化的现象与生僻词语

1. 我国的建筑，从古代的宫殿到近代的一般住房，绝大部分是对称的，左边怎么样，右边也怎么样。苏州园林可绝不讲究对称，好像故意避免似的。东边有了一个亭子或者一道回廊，西边决不会来一个同样的亭子或者一道同样的回廊。这是为什么？我想，用图画来比方，对称的建筑是图案画，不是美术画，而园林是美术画，美术画要求自然之趣，是不讲究对称的。

2. 一路从山脚往上爬，细看山景，我觉得挂在眼前的不是五岳独尊的泰山，却像一幅规模惊人的青绿山水画，从下面倒展开来。在画卷中最先露出的是山根底那座明朝建筑岱宗坊，慢慢地便现出王母池、斗母宫、经石峪。山是一层比一层深，一叠比一叠奇，层层叠叠，不知还会有多深多奇。万山丛中，时而点染着极其工细的人物。王母池旁的吕祖殿里有不少尊明塑，塑着吕洞宾等一些人，姿态神情是那样有生气，你看了，不禁会脱口赞叹说："活啦。"

四、命题说话片段练习

1. 介绍你的家庭成员及家庭基本情况，说说家里谁对你的影响较大，讲述一件你们之间发生的事。

2. 说说你对诚信的理解，可以从诚信的内容、重要性等方面来阐释；然后具体描述一件与诚信相关的事及这件事给你的启示，可以是你与家人、朋友、同事或合作伙伴等之间发生的事，事情的内容可以从讲诚信或不讲诚信的角度讲。

第十七课

扫码听录音

讲解与朗读

一、声母为“s”的单音节字词

腮　俗　洒　赛　叁　隋　伞　散
桑　随　嗓　涩　缫　绥　嫂　颂
森　丝　怂　讼　苏　司　索　算
梭　嘶　所　邃　搔　嗦　死　巳
鳃　虽　笋　瑟　斯　孙　损　寺
僧　搜　髓　溯　酸　隼　扫　粟
缩　锁　塑　嗣　思　撒　诉　伺
唆　擞　祀　蒜　塞　琐　隧　丧
私　肆　肃　俟　酥　速　诵　臊
艘　祟　穗　宿　松　蓑　卅　嗽

二、形近字辨析与积累

斯　厮　撕　嘶　期
司　饲　伺　词　祠
唆　梭　酸　俊　峻
僧　曾　憎　增　赠
诵　涌　桶　捅　通
苏　办　协　胁　肋
酥　酸　醋　醉　醒
稣　鲜　鲤　鲫　鳖
伞　全　余　企　命
桑　嗓　柴　粟　浆
臊　操　躁　噪　燥
巳　祀　已　己　乙
寺　等　侍　待　恃

俟　埃　唉　挨　矣
肃　萧　箫　潇　啸
思　腮　鳃　恩　崽
松　颂　讼　塞　赛　寒
搔　骚　蚤　三　仨　叁
隋　随　髓　嫂　搜　艘
蓑　衰　哀　怂　从　丛
俗　谷　欲　缫　巢　剿
速　悚　束　损　陨　员
肆　律　津　诉　拆　斥
啬　墙　蔷　嗽　漱　懒
粟　栗　贾　遂　隧　邃
笋　尹　伊　洒　酒　酚

三、“阴平＋轻声”的双音节词语

巴结　巴掌　帮手　梆子　包袱　鞭子　苍蝇　差事
称呼　出息　窗户　耷拉　答应　耽搁　灯笼　提防
钉子　东家　嘟囔　端详　啰唆　风筝　甘蔗　杆子
膏药　疙瘩　胳膊　跟头　规矩　功夫　钩子　姑娘
关系　棺材　弓子　哈欠　机灵　家伙　尖子　将就
交情　街坊　精神　开通　拉扯　桌子　眯缝　片子
铺盖　清楚　圈子　商量　烧饼　生意　师傅　虱子
收成　叔叔　舒坦　思量　他们　摊子　挑剔　挖苦
窝囊　稀罕　先生　乡下　消息　心思　星星　兄弟
丫头　胭脂　秧歌　妖精　衣裳　冤家　扎实　招牌

四、朗读作品

文本 1

在太空的黑幕上，地球/就像/站在宇宙舞台中央/那位/最美的大明星，浑身散发出/夺人心魄的、彩色的、明亮的光芒，她披着浅蓝色的纱裙/和白色的飘带，如同天上的仙女/缓缓飞行。

地理知识告诉我，地球上大部分地区覆盖着海洋，我果然看到了大片蔚蓝色的海水，浩瀚的海洋骄傲地披露着广阔壮观的全貌，我还看到了黄绿相间[①]的陆地，连绵的山脉纵横其间；我看到我们平时所说的天空，大气层中飘浮着片片雪白的云彩，那么轻柔，那么曼妙，在阳光普照下，仿佛贴在地面上一样。海洋、陆地、白云，它们呈现在飞船下面，缓缓驶来，又缓缓离去。

我知道自己还是在轨道上飞行，并没有完全脱离地球的怀抱，冲向宇宙的深处，然而这也足以让我震撼了，我 / 并不能看清宇宙中众多的星球，因为实际上 / 它们离我们的距离非常遥远，很多都是以光年计算。正因为如此，我觉得 / 宇宙的广袤 / 真实地摆在我的眼前，即便 / 作为中华民族第一个[②]飞天的人 / 我已经跑到 / 离地球表面四百公里的空间，可以称为太空人了，但是实际上 / 在浩瀚的宇宙面前，我 / 仅像一粒尘埃。

虽然独自在太空飞行，但我想到了此刻千万 // 中国人翘首以待，我不是一个人在飞，我是代表所有中国人，甚至人类来到了太空。我看到的一切证明了中国航天技术的成功，我认为我的心情一定要表达一下，就拿出太空笔，在工作日志背面写了一句话："为了人类的和平与进步，中国人来到太空了。"以此来表达一个中国人的骄傲和自豪。

——普通话水平测试用朗读作品 33 号《天地九重》

朗读重点提示

1. "一"的变调

yí　一样　一粒

2. 易错音

披露 pī lù　黄绿相间 huáng lǜ xiāng jiàn　连绵 lián mián
纵横其间 zòng héng qí jiān　漂浮 piāo fú　云彩 yún cai
曼妙 màn miào　星球 xīng qiú　遥远 yáo yuǎn
光年 guāng nián　广袤 guǎng mào

① "黄绿相间"中的"间"为多音字，有"jiān"和"jiàn"两个读音，此处应读"jiàn"；"间"在"纵横其间"中读"jiān"。
② "第一个"中的"一"表示序数，不变调，读阴平。

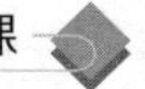

文本 2

最使我难忘的，是我小学时候的女教师 / 蔡芸芝先生。

现在回想起来，她那时有十八九岁。右嘴角边 / 有榆钱大小一块黑痣。在我的记忆里，她是一个温柔和美丽的人。

她从来不打骂我们。仅仅有一次，她的教鞭好像要落下来，我用石板一迎，教鞭轻轻地敲在石板边上，大伙笑了，她也笑了。我用儿童的狡猾的眼光察觉，她爱我们，并没有存心要打的意思。孩子们是多么善于观察这一点啊。

在课外的时候，她教我们跳舞，我现在还记得 / 她把我扮成女孩子表演跳舞的情景。

在假日里，她把我们 / 带到她的家里 / 和女朋友的家里。在她的女朋友的园子里，她还让我们观察蜜蜂；也是在那时候，我认识了蜂王，并且 / 平生第一次①吃了蜂蜜。

她爱诗，并且爱用歌唱的音调 / 教我们读诗。直到现在 / 我还记得她读诗的音调，还能背诵她教我们的诗：

圆天盖着大海，

黑水托着孤舟，

远看不见山，

那天边只有云头，

也看不见树，

那水上只有海鸥……

今天想来，她对我的接近文学和爱好文学，是有着多么有益的影响！

像这样的教师，我们怎么会 / 不喜欢她，怎么会 / 不愿意和她亲近呢？我们见了她 / 不由得就围上去。即使她写字的时候，我 // 们也默默地看着她，连她握铅笔的姿势都急于模仿。

——普通话水平测试用朗读作品 34 号《我的老师》

① “第一次”中的“一”表示序数，不变调，读阴平。

朗读重点提示

1.“一”的变调

yí　一块　一个　一次

yì　一迎　一点

2.“不”的变调

bú　不见　不愿意

3.“啊”的音变

nɑ　孩子们是多么善于观察这一点啊。

4. 易错音

蔡芸芝 cài yún zhī　先生 xiān sheng　嘴角 zuǐ jiǎo

榆钱 yú qián　黑痣 hēi zhì　大伙 dà huǒr

云头 yún tóu　看不见 kàn · bú jiàn

五、命题说话

普通话水平测试用话题 33：谈服饰

句式：

1. 伴随着人类社会的产生和发展，服饰也产生了。服饰包括……

2. 不同的……，有着不同的服饰。例如，……

3. 现代社会，服饰的种类很多，有……，有……，有……

4. 对……而言，服饰的颜色、质量和款式很重要。

5. 在……的时候，我一般选择……；在……的时候，我一般选择……；在……的时候，我一般选择……

6. 总之，服饰……

提纲：

1. 介绍服饰包括衣着和饰品。列举常见的服饰，例如衣着包括衣服、鞋、袜、帽子等，饰品包括耳环、项链、戒指、手镯等。

2. 列举不同时期的服饰。

3. 概括介绍不同场合中应选择什么样的服饰。

4. 具体介绍一次你对个人服饰的选择，例如参加聚会、外出旅游、参加会议等你选择的服饰。

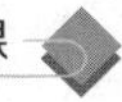

5. 总结服饰的重要性。

普通话水平测试用话题 34：自律与我

句式：

1. 自律是指……
2. 在生活中，我能够做到……，因为我非常重视……
3. 自律，不仅可以使我……，使我……，还可以使我……
4. 就拿我自己的经历来说，……
5. 总而言之，……

提纲：

1. 阐述自律的定义和内涵。
2. 说明自律在个人成长、工作、学习等方面的体现和重要性。
3. 讲述你在生活、学习、工作中自律的表现，例如合理规划每天的时间，保持良好的生活、学习、工作习惯，经常总结和反思，等等。
4. 谈谈如何制订自律的计划和目标。
5. 总结自律对提高个人品质和生活质量的显著作用。

巩固与提高

扫码听录音

一、听辨并跟读下列单音节字词

音近字

蓑—说　桑—晌　塞—筛　涩—社　伞—陕
寺—恃　搔—捎　森—深　穗—税　苏—输
扫—草　僧—曾　素—促　腮—猜　叁—参
俟—刺　碎—翠　酸—蹿　臊—操　塑—醋
琐—错　松—聪　虽—摧　嗽—凑　蒜—篡

形近字

酥—酸　遂—逐　巳—已　诵—涌　悚—束
骚—蚤　梭—俊　唆—峻　蓑—衰　俟—矣
损—陨　肃—萧　擞—数　粟—栗　卅—州
祟—崇　绥—妥　臊—躁　嗣—祠　嗽—漱
瑟—琴　啬—墙　俗—谷　隋—髓　肆—律

二、听录音，跟读下列词语

班子	包子	杯子	车子	窗子	村子	单子	耽误
刀子	滴水	东西	多么	疯子	高粱	哥哥	鸽子
根子	工夫	公公	姑姑	官司	闺女	夹子	结实
金子	窟窿	妈妈	拍子	欺负	亲戚	清楚	塞子
沙子	身子	牲口	师父	狮子	收拾	梳子	舒服
疏忽	孙子	她们	踏实	梯子	挑子	温和	屋子
瞎子	箱子	歇息	蝎子	猩猩	休息	靴子	鸭子
烟筒	吆喝	椰子	衣服	冤枉	张罗	招呼	折腾
芝麻	知识	指甲	珠子	庄稼	庄子	锥子	作坊
它们	招牌	哆嗦	拉扯	冤家	眯缝	精神	开通

三、小组成员互读作品选段，互相纠正发音，注意选段中变调、轻声、儿化的现象与生僻词语

1. 地理知识告诉我，地球上大部分地区覆盖着海洋，我果然看到了大片蔚蓝色的海水，浩瀚的海洋骄傲地披露着广阔壮观的全貌，我还看到了黄绿相间的陆地，连绵的山脉纵横其间；我看到我们平时所说的天空，大气层中飘浮着片片雪白的云彩，那么轻柔，那么曼妙，在阳光普照下，仿佛贴在地面上一样。海洋、陆地、白云，它们呈现在飞船下面，缓缓驶来，又缓缓离去。

2. 现在回想起来，她那时有十八九岁。右嘴角边有榆钱大小一块黑痣。在我的记忆里，她是一个温柔和美丽的人。

她从来不打骂我们。仅仅有一次，她的教鞭好像要落下来，我用石板一迎，教鞭轻轻地敲在石板边上，大伙笑了，她也笑了。我用儿童的狡猾的眼光察觉，她爱我们，并没有存心要打的意思。孩子们是多么善于观察这一点啊。

四、命题说话片段练习

1. 列举常见的服饰种类，说说你喜欢什么样的服饰，最后谈谈服饰给我们带来的影响。

2. 先阐述自律的定义和内涵，然后详细描述一项你在运动、学习或饮食等方面的自律安排，可以从制订的计划、具体实施情况和收获等角度讲。

第十八课

讲解与朗读

扫码听录音

一、声母为“zh”的单音节字词

知　闸　者　债　招　轴　诊　这
章　逐　拯　拽　征　灼　准　壮
沾　折　眨　召　抓　职　整　治
追　直　展　种　专　卓　长　诈
庄　竹　掌　浙　粘　辙　指　骤
忠　啄　嘱　转　遮　执　主　照
谆　植　肘　重　捉　宅　煮　蔗
真　烛　找　政　贞　琢　窄　战
摘　哲　沼　赚　渣　铡　崭　寨
枕　酌　褶　坠　州　侄　拄　众

二、形近字辨析与积累

扎　轧　礼　乱　虬
渣　喳　楂　查　杳
乍　诈　炸　昨　作
寨　塞　赛　寒　骞
栈　浅　钱　线　践
锥　椎　谁　准　淮
拄　驻　蛀　柱　注
著　诸　煮　暑　署
债　啧　渍　绩　责
毡　玷　帖　黏　粘
沼　迢　诏　昭　超
谆　淳　醇　敦　郭
赚　谦　嫌　歉　廉

赘	傲	遨	熬	鳌			
掌	裳	常	棠	堂			
征	怔	证	政	症			
狰	睁	挣	静	净			
仲	钟	肿	种	忠			
酌	灼	约	钓	豹			
展	辗	碾			褶	熠	煜
绽	淀	锭			瞩	嘱	属
篆	缘	喙			撞	憧	瞳

三、“阳平 + 轻声”的双音节词语

笛子	脖子	蛾子	骡子	肠子	池子	牌子	锤子
橘子	碟子	房子	篮子	聋子	钳子	麻子	翎子
馒头	苗头	前头	行头	拳头	石头	甜头	学问
含糊	模糊	迷糊	糊涂	福气	脾气	娘家	婆家
红火	活泼	凉快	勤快	白净	苗条	麻利	麻烦
狐狸	蛤蟆	核桃	葫芦	篱笆	铃铛	胡琴	粮食
和尚	财主	媒人	石匠	奴才	朋友	娃娃	媳妇
行当	合同	石榴	柴火	眉毛	门道	蘑菇	牌楼
咳嗽	连累	忙活	难为	明白	盘算	琢磨	拾掇
能耐	便宜	实在	头发	时辰	名堂	云彩	行李

四、朗读作品

文本 1

我喜欢出发。

凡是到达了的地方，都属于昨天。哪怕那山再青，那水再秀，那风再温柔。太深的流连 / 便成了一种羁绊，绊住的不仅有双脚，还有未来[①]。

怎么能不喜欢出发呢？没见过大山的巍峨[②]，真是遗憾；见了大山的巍峨 / 没见过大海的浩瀚，仍然遗憾；见了大海的浩瀚 / 没见过大漠的广袤，依旧遗憾；见了

① “羁绊”本义指缠住了不能脱身，束缚，在这里指强烈的情感联系和依赖。这句话的意思是不能因为留恋过去而失去对未来的向往。

② “巍峨”形容山或建筑物高大雄伟。

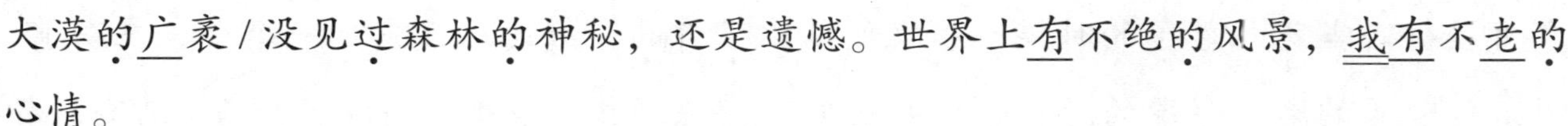

大漠的广袤/没见过森林的神秘，还是遗憾。世界上有不绝的风景，我有不老的心情。

我自然知道，大山有坎坷，大海有浪涛，大漠有风沙，森林有猛兽。即便这样，我依然喜欢。

打破生活的平静/便是另一番景致，一种属于年轻的景致。真庆幸，我还没有老。即便真老了又怎么样，不是有句话叫老当益壮吗？

于是，我还想从大山那里学习深刻，我还想从大海那里学习勇敢，我还想从大漠那里学习沉着，我还想从森林那里学习机敏。我想学着品味一种缤纷的人生。

人能走多远？这话不是要问两脚/而是要问志向。人能攀多高？这事不是要问双手/而是要问意志。于是，我想用青春的热血/给自己树起一个高远的目标。不仅是为了争取一种光荣，更是为了追求一种境界。目标实现了，便是光荣；目标实现不了，人生也会因//这一路风雨跋涉变得丰富而充实；在我看来，这就是不虚此生。

是的，我喜欢出发，愿你也喜欢。

——普通话水平测试用朗读作品35号《我喜欢出发》

朗读重点提示

1.“一”的变调

yí　一个

yì　一种　一番

2.“不”的变调

bú　不是

3. 易错音

流连 liú lián	羁绊 jī bàn	巍峨 wēi é
坎坷 kǎn kě	景致 jǐng zhì	庆幸 qìng xìng
老当益壮 lǎo dāng yì zhuàng	沉着 chén zhuó	缤纷 bīn fēn
热血 rè xuè	实现不了 shí xiàn · bù liǎo	

文本2

乡下人家/总爱在屋前搭一瓜架，或种南瓜，或种丝瓜，让那些瓜藤攀上棚架，爬上屋檐。当花儿落了的时候，藤上便结出了青的、红的瓜，它们一个个挂在房前，衬着那长长的藤，绿绿的叶。青、红的瓜，碧绿的藤/和叶，构成了一道/别有风趣的装饰，比那/高楼门前/蹲着一对石狮子/或是/竖着两根大旗杆，可爱多了。

有些人家，还在门前的场地上/种几株花，芍药，凤仙，鸡冠花，大丽菊，它们依着时令，顺序开放，朴素中带着几分华丽，显出一派独特的农家风光。还有些人家，在屋后/种几十枝竹，绿的叶，青的竿，投下一片浓浓的绿荫。几场春雨过后，到那里走走，你常常会看见/许多鲜嫩的笋，成群地/从土里探出头来。

鸡，乡下人家/照例总要养几只的。从他们的房前屋后走过，你肯定会瞧见/一只母鸡，率领一群小鸡，在竹林中觅食；或是瞧见/耸着尾巴的雄鸡，在场地上大踏步地走来走去。

他们的屋后/倘若有一条小河，那么/在石桥旁边，在/绿树荫下，你会见到/一群鸭子/游戏水中，不时地/把头/扎到水下去/觅食。即使附近的石头上/有妇女在捣衣[①]，它们也从不吃惊。

若是在夏天的傍晚/出去散步，你常常会瞧见/乡下人家吃晚饭//的情景。他们把桌椅饭菜搬到门前，天高地阔地吃起来。天边的红霞，向晚的微风，头上飞过的归巢的鸟儿，都是他们的好友。它们和乡下人家一起，绘成了一幅自然、和谐的田园风景画。

——普通话水平测试用朗读作品36号《乡下人家》

朗读重点提示

1.“一”的变调

yí　一个　一道　一对　一派　一片

yì　一瓜架　一只　一群　一条

2. 易错音

瓜藤 guā téng	棚架 péng jià	屋檐 wū yán
花儿 huā ér	芍药 sháo yao	绿荫 lǜ yīn
几场 jǐ cháng	走走 zǒu zou	鲜嫩 xiān nèn

① “捣衣”指用木棒捶打衣物使其干净。

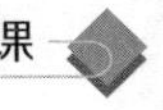

笋 sǔn　　率领 shuài lǐng　　觅食 mì shí
耸 sǒng　　尾巴 wěi ba　　雄鸡 xióng jī
倘若 tǎng ruò　　捣衣 dǎo yī

五、命题说话

普通话水平测试用话题 35：对终身学习的看法

句式：

1. 终身学习是指……
2. 现代社会的发展，离不开终身学习。
3. 终身学习可以提升……，可以锻炼……，还可以使我们……
4. 生活中，坚持终身学习也会遇到挫折，例如……
5. 生活中，很多有成就的人都有终身学习的习惯，例如……，又如……
6. 我相信只要……，就可以……
7. 总之，……

提纲：

1. 简要介绍终身学习的概念。
2. 讲述终身学习的意义，例如它对个人成长和发展的重要性，它是应对社会变革、科技进步的需要，等等。
3. 分享自己在终身学习过程中的经历和体会，以及所学知识和技能对自己的影响。
4. 指出终身学习过程中可能会遇到的困难和挑战，可以从时间管理、学习动力、资源获取等方面来说。
5. 讲述你身边的人或者熟悉的名人坚持终身学习的故事。
6. 提供终身学习的建议。
7. 总结终身学习对个人发展的影响。

普通话水平测试用话题 36：谈谈卫生与健康

句式：

1. 养成良好的卫生与健康习惯，不仅……，还……
2. 卫生与健康之间有密不可分的联系。卫生是……，而健康则是……
3. 在日常生活中，养成良好的卫生习惯至关重要。比如……
4. 不良的卫生习惯会对健康产生负面影响。例如……
5. 我经常聆听健康方面的讲座，以了解……

6. 我相信养成良好的卫生和健康习惯，能让我更好地享受生活。

7. 要想保持良好的……，就要做到以下几点：第一，……；第二，……；第三，……

提纲：

1. 引入卫生与健康的话题，阐述其对于个人和社会的意义。
2. 阐释卫生与健康之间的关系。
3. 介绍一些日常生活中良好的卫生习惯，如勤洗手，定期清洁房间，等等。
4. 通过实例说明不良卫生习惯对健康的负面影响。
5. 介绍一下你平时是怎样保持良好的卫生习惯的。
6. 介绍一些公共卫生措施，如疫苗接种、传染病防控等。
7. 总结。

巩固与提高

扫码听录音

一、听辨并跟读下列单音节字词

音近字

照—造	阵—怎	涨—脏	诈—杂	沾—簪
章—赃	煮—祖	种—总	止—紫	诏—超
辙—扯	赚—传	准—蠢	皱—凑	撰—纂
瞻—衫	斟—呻	眨—傻	郑—圣	找—扫
寨—赛	帐—酱	渣—家	谆—尊	整—诊

形近字

眨—泛	摘—滴	栅—删	辗—碾	湛—堪
兆—跳	肇—律	折—拆	哲—咨	浙—晰
枕—沈	砧—粘	震—霹	峙—持	琢—豚
浊—蚀	幢—憧	赚—谦	拽—曳	著—屠
转—砖	烛—蛀	宙—审	衷—裹	掷—郑

二、听录音，跟读下列词语

明白	眉毛	麻烦	孩子	篱笆	盘算	学问	石头
房子	粮食	萝卜	婆婆	行李	头发	合同	麻利

舌头	台子	能耐	凉快	白净	连累	咳嗽	名堂
媳妇	桃子	福气	蛾子	难为	媒人	云彩	什么
含糊	行当	咱们	馒头	锤子	嘀咕	苗头	帘子
裁缝	前头	鼻子	胡琴	累赘	宅子	朋友	轮子
牌楼	时候	学生	园子	勤快	便宜	笼子	石榴
琢磨	模糊	娃娃	旗子	时辰	人家	拳头	橘子
财主	绸子	锄头	红火	碟子	儿子	糊涂	蛤蟆
葫芦	核桃	唠叨	迷糊	娘家	忙活	脾气	竹子

三、小组成员互读作品选段，互相纠正发音，注意选段中变调、轻声的现象与生僻词语

1. 凡是到达了的地方，都属于昨天。哪怕那山再青，那水再秀，那风再温柔。太深的流连便成了一种羁绊，绊住的不仅有双脚，还有未来。

怎么能不喜欢出发呢？没见过大山的巍峨，真是遗憾；见了大山的巍峨没见过大海的浩瀚，仍然遗憾；见了大海的浩瀚没见过大漠的广袤，依旧遗憾；见了大漠的广袤没见过森林的神秘，还是遗憾。世界上有不绝的风景，我有不老的心情。

2. 乡下人家总爱在屋前搭一瓜架，或种南瓜，或种丝瓜，让那些瓜藤攀上棚架，爬上屋檐。当花儿落了的时候，藤上便结出了青的、红的瓜，它们一个个挂在房前，衬着那长长的藤，绿绿的叶。青、红的瓜，碧绿的藤和叶，构成了一道别有风趣的装饰，比那高楼门前蹲着一对石狮子或是竖着两根大旗杆，可爱多了。

有些人家，还在门前的场地上种几株花，芍药，凤仙，鸡冠花，大丽菊，它们依着时令，顺序开放，朴素中带着几分华丽，显出一派独特的农家风光。还有些人家，在屋后种几十枝竹，绿的叶，青的竿，投下一片浓浓的绿荫。几场春雨过后，到那里走走，你常常会看见许多鲜嫩的笋，成群地从土里探出头来。

四、命题说话片段练习

1. 说一说为什么终身学习对每个人都至关重要，分享一件自己通过学习获得成长的经历。

2. 谈一谈不良的卫生习惯对身体健康有哪些影响，说一说在日常生活中你最讲卫生的三个方面。

第十九课

扫码听录音

讲解与朗读

一、声母为“ch”的单音节字词

叉 柴 产 畅 超 沉 扯 绰
吃 虫 丑 处 揣 船 闯 啜
舂 锤 喘 创 出 筹 宠 斥
撑 潮 场 趁 搀 查 逞 撤
插 常 齿 颤 称 崇 楚 臭
窗 纯 耻 触 戳 承 炒 刹
痴 肠 阐 矗 抽 潺 储 炽
穿 禅 敞 串 昌 惩 侈 搐
嗤 酬 铲 掣 初 槌 蠢 翅
舂 茬 陈 彻 抄 醇 瞅 诧

二、形近字辨析与积累

拆 折 析 祈 斩
茬 荐 茬 若 荷
昌 冒 猖 倡 唱
禅 蝉 殚 掸 惮
抄 炒 秒 妙 沙
忱 耽 沈 枕 鸩
揣 喘 惴 湍 踹
疮 怆 抢 跄 苍
澄 橙 蹬 瞪 凳
炽 识 积 织 帜
肠 场 汤 杨 荡
乘 剩 乖 秉 兼
淳 敦 享 亨 哼
崇 祟 综 踪 宗

巢	缫	剿	丞	承	丞
掺	惨	渗	彻	沏	砌
酬	洲	洲	啜	辍	缀

三、"上声＋轻声"的双音节词语

把子	板子	膀子	幌子	舍得	尺子	底子	胆子
茧子	饺子	老子	痞子	眨巴	嗓子	嫂子	养活
傻子	斧子	喜欢	曲子	毯子	婶子	影子	使唤
主子	种子	爪子	早上	脑子	老婆	老爷	姥姥
打算	打听	怎么	打发	打量	打扮	妥当	稳当
姐夫	姐姐	女婿	奶奶	我们	你们	寡妇	铁匠
耳朵	骨头	脑袋	眼睛	尾巴	嘴巴	指甲	指头
里头	码头	枕头	伙计	哑巴	扁担	比方	晚上
老实	本事	懒得	委屈	暖和	马虎	爽快	小气
补丁	口袋	喇叭	火候	喇嘛	晌午	首饰	祖宗

四、朗读作品

文本 1

我们的船渐渐地逼近榕树了。我有机会看清它的真面目：是一棵大树，有数不清的丫枝，枝上又生根，有许多根一直垂到地上，伸进泥土里。一部分树枝垂到水面，从远处看，就像一棵大树斜躺在水面上一样。

现在正是枝繁叶茂的时节。这棵榕树 / 好像在把它的全部生命力 / 展示给我们看。那么多的绿叶，一簇堆在另一簇的上面，不留一点儿缝隙。翠绿的颜色 / 明亮地 / 在我们的眼前闪耀，似乎每一片树叶上 / 都有一个新的生命 / 在颤动，这美丽的 / 南国的树！

船在树下 / 泊了片刻，岸上很湿，我们没有上去。朋友说 / 这里是"鸟的天堂"，有许多鸟 / 在这棵树上做窝，农民 / 不许人去 / 捉它们。我仿佛听见 / 几只鸟扑翅的声音，但是 / 等到我的眼睛注意地 / 看那里时，我却看不见 / 一只鸟的影子。只有无数的树根 / 立在地上，像许多根木桩。地是湿的，大概涨潮时 / 河水常常冲上岸去。

"鸟的天堂"里没有一只鸟，我这样想到。船开了，一个朋友拨着船，缓缓地流到河中间去。

第二天，我们划着船/到一个朋友的家乡去，就是那个/有山有塔的地方。从学校出发，我们又经过那"鸟的天堂"。

这一次是在早晨，阳光照在水面上，也照在树梢上。一切都//显得非常光明。我们的船也在树下泊了片刻。

起初四周围非常清静。后来忽然起了一声鸟叫。我们把手一拍，便看见一只大鸟飞了起来，接着又看见第二只，第三只。我们继续拍掌，很快地这个树林就变得很热闹了。到处都是鸟声，到处都是鸟影。大的，小的，花的，黑的，有的站在枝上叫，有的飞起来，在扑翅膀。

——普通话水平测试用朗读作品37号《鸟的天堂》

朗读重点提示

1. "一"的变调

yí　一部分　一样　一簇　一片　一个　一次　一切

yì　一棵　一直　一点儿　一只

2. 易错音

逼近 bī jìn	面目 miàn mù	数不清 shǔ·bù qīng
丫枝 yā zhī	枝繁叶茂 zhī fán yè mào	缝隙 fèng xì
闪耀 shǎn yào	泊 bó	天堂 tiān táng
扑翅 pū chì	影子 yǐng zi	涨潮 zhǎng cháo
拨 bō	树梢 shù shāo	

文本 2

两百多年前，科学家做了一次实验。他们在一间屋子里/横七竖八[①]地/拉了许多绳子，绳子上/系着许多铃铛，然后/把蝙蝠[②]的眼睛蒙上，让它在屋子里飞。蝙蝠飞了几个钟头，铃铛一个也没响，那么多的绳子，它一根也没碰着。

---

① "横七竖八"是一个成语，形容纵横杂乱。

② "蝙蝠"是一种哺乳动物，头部和躯干像老鼠，四肢和尾部之间有皮质的膜，夜间在空中飞翔，吃蚊、蛾等昆虫。视力很弱，靠本身发出的超声波来引导飞行。

科学家又做了两次实验：一次把蝙蝠的耳朵塞上，一次把蝙蝠的嘴封住，让它在屋子里飞。蝙蝠就像没头苍蝇[①]似的/到处乱撞，挂在绳子上的铃铛/响个不停。

三次实验的结果证明，蝙蝠夜里飞行，靠的不是眼睛，而是靠嘴和耳朵配合起来探路的。

后来，科学家经过反复研究，终于揭开了/蝙蝠能在夜里飞行的秘密。它一边飞，一边从嘴里发出超声波[②]。而这种声音，人的耳朵是听不见的，蝙蝠的耳朵/却能听见。超声波向前传播时，遇到障碍物就反射回来，传到蝙蝠的耳朵里，它就立刻改变飞行的方向。

知道蝙蝠在夜里如何飞行，你猜到飞机夜间飞行的秘密了吗？现代飞机上/安装了雷达，雷达的工作原理/与蝙蝠探路类似。雷达通过天线/发出无线电波，无线电波/遇到障碍物就反射回来，被雷达接收到，显示在荧光屏上。从雷达的荧光屏上，驾驶员能够清楚地看到/前方有没有障碍物，所//以飞机飞行就更安全了。

——普通话水平测试用朗读作品38号《夜间飞行的秘密》

朗读重点提示

1.“一”的变调

yí　一次　一个

yì　一间　一根　一边

2.“不”的变调

bú　不是

3. 易错音

横七竖八 héng qī shù bā　绳子 shéng zi　铃铛 líng dang

蝙蝠 biān fú　蒙上 méng · shàng　碰着 pèng zháo

塞上 sāi · shàng　苍蝇 cāng ying　超声波 chāo shēng bō

传播 chuán bō　障碍物 zhàng ài wù　雷达 léi dá

类似 lèi sì　荧光屏 yíng guāng píng

---

① “没头苍蝇”用于比喻，形容行动盲目、乱闯乱撞。

② “超声波”是一种人耳听不见的声波，许多动物都能发射和接收超声波，蝙蝠能利用微弱的超声回波在黑暗中飞行。

五、命题说话

普通话水平测试用话题37：对环境保护的认识

句式：

1. 我深知环境保护的重要性，并致力于保护环境。

2. 环境保护、经济发展和人类发展是一个相互关联、相互促进的整体。环境保护……，经济发展……，而人类发展则……。因此，我们应该……，实现三者的协调发展。

3. 当前环境问题复杂多样，对人类的生产和健康造成了严重影响。我认为当前主要的环境问题有……，其原因是……

4. 政府和相关部门在环境保护方面采取了多项有力措施，例如……

5. 我认为每个人都应该采取行动来保护环境，而不是破坏环境。

6. 我经常参与……活动，例如……

7. 我尽可能选择环保的产品和服务，以减少……

8. 我认为增强环境保护的意识很重要。因此，……

提纲：

1. 强调环境保护的紧迫性，可以从环境污染、生态破坏、人民对生活品质的追求、健康的需要等方面说。

2. 指出环境保护与经济发展、人类发展的关系。

3. 分析当前环境问题及其成因。环境问题主要源于人类对自然环境的破坏等，例如水污染、土壤污染、海洋污染、大气污染等。

4. 介绍政府和相关部门在环境保护方面采取的措施，例如开发新能源汽车，提倡低碳生活，出台环保政策，等等。

5. 呼吁社会组织发挥自身优势，积极参与环保公益活动。

6. 陈述自己为了环境保护所做的事情。

7. 提出对未来环境保护的展望。

普通话水平测试用话题38：谈社会公德（或职业道德）

句式：

1. 每个人都应该遵守……，因为它是……

2. ……约束人们的……

3. ……的内容涵盖很多方面，例如……

4. 拿……来说吧，……

5. 政府应采取有力措施增强人们的……意识，例如……

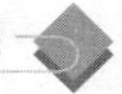

6. 我们呼吁……维护……，增强……意识，……

提纲：

1. 介绍社会公德（或职业道德）的定义。

2. 阐述社会公德（或职业道德）在维护社会秩序、促进人际交往等方面的重要性。

3. 分析当今社会中存在的违反社会公德（或职业道德）的现象，以及这些现象可能带来的负面影响。

4. 倡导公民自觉遵守社会公德（或职业道德）。

5. 探讨如何增强社会公德（或职业道德）意识，提出具体的措施和方法。例如，加强家庭教育、学校教育、媒体宣传，建立相应的制度保障、奖惩机制，等等。

6. 讲述身边的实际事例，说明社会公德（或职业道德）的重要性。

巩固与提高

扫码听录音

一、听辨并跟读下列单音节字词

音近字

超—敲　　偿—强　　船—全　　虫—穷　　炒—巧

禅—前　　崇—琼　　产—遣　　场—赏　　处—属

吃—师　　刹—霎　　蠢—吮　　潮—勺　　扯—舍

川—蹿　　赤—次　　春—村　　陈—岑　　昌—苍

充—聪　　叉—渣　　称—政　　抽—周　　丑—久

形近字

掣—擎　　叉—又　　岔—忿　　拆—折　　忏—迁

闸—闯　　厂—广　　怅—胀　　彻—砌　　忱—沈

丞—拯　　斥—斤　　舂—春　　踌—铸　　臭—嗅

储—诸　　炊—饮　　踹—湍　　川—州　　捶—睡

除—涂　　瞅—秋　　骋—聘　　掺—参　　察—擦

二、听录音，跟读下列词语

妥当　　脑袋　　小气　　枕头　　爽快　　幌子　　女婿　　养活

打算　　喇叭　　嫂子　　稳当　　怎么　　爪子　　眼睛　　底子

饼子　　影子　　晚上　　傻子　　马虎　　老爷　　脊梁　　晌午

喜欢	尾巴	哑巴	鬼子	祖宗	补丁	打听	嘴巴
火候	茧子	里头	懒得	口袋	首饰	扁担	铁匠
膀子	主子	使唤	本子	你们	领子	老实	小子
果子	早上	椅子	比方	脑子	痞子	老婆	伙计
打扮	耳朵	骨头	曲子	种子	眨巴	指甲	嗓子
主意	码头	委屈	买卖	婶子	暖和	奶奶	姥姥
板子	饺子	本事	斧子	打量	稿子	谷子	寡妇

三、小组成员互读作品选段，互相纠正发音，注意选段中变调、轻声的现象与生僻词语

1. 船在树下泊了片刻，岸上很湿，我们没有上去。朋友说这里是“鸟的天堂”，有许多鸟在这棵树上做窝，农民不许人去捉它们。我仿佛听见几只鸟扑翅的声音，但是等到我的眼睛注意地看那里时，我却看不见一只鸟的影子。只有无数的树根立在地上，像许多根木桩。地是湿的，大概涨潮时河水常常冲上岸去。“鸟的天堂”里没有一只鸟，我这样想到。船开了，一个朋友拨着船，缓缓地流到河中间去。

2. 两百多年前，科学家做了一次实验。他们在一间屋子里横七竖八地拉了许多绳子，绳子上系着许多铃铛，然后把蝙蝠的眼睛蒙上，让它在屋子里飞。蝙蝠飞了几个钟头，铃铛一个也没响，那么多的绳子，它一根也没碰着。

科学家又做了两次实验：一次把蝙蝠的耳朵塞上，一次把蝙蝠的嘴封住，让它在屋子里飞。蝙蝠就像没头苍蝇似的到处乱撞，挂在绳子上的铃铛响个不停。

四、命题说话片段练习

1. 结合实际谈谈我们身边存在哪些环境问题。分项陈述：为了保护环境，政府采取了哪些措施？我们个人可以做些什么？

2. 讲述一个你身边的人遵守社会公德或者坚守职业道德的事例，要通过故事细节突出他的精神品质。

第二十课

讲解与朗读

扫码听录音

一、声母为“sh”的单音节字词

杀 勺 陕 尚 筛 神 矢 受
奢 谁 蜀 帅 声 啥 少 煞
深 蛇 使 剩 施 赎 耍 售
栓 石 爽 顺 说 孰 甩 嗜
甥 舌 审 霎 珊 蚀 吮 赦
商 熟 始 肾 稍 绳 首 烁
枢 什 晌 绍 衫 实 暑 税
霜 食 沈 舜 衰 拾 省 漱
身 时 赏 晒 摔 塾 傻 涮
删 识 舍 慎 刷 十 属 恃

二、形近字辨析与积累

说 税 悦 锐 兑
恕 怒 怨 恐 愁
删 珊 跚 栅 册
捎 稍 哨 消 削
申 伸 绅 神 呻
摄 撮 掇 镊 聂
娠 振 晨 震 唇
蚀 浊 茧 独 烛
恃 诗 持 待 峙
赎 渎 犊 读 续
枢 呕 鸥 驱 岖
暑 署 诸 煮 著
疏 梳 流 硫 琉

殊	珠	株	诛	蛛			
睡	锤	捶	陲	垂			
慎	镇	填	滇	缜			
庶	遮	蔗	席	度			
赡	瞻	蟾	檐	詹			
谁	淮	锥	维	稚			
赦	赫	郝			擅	颤	檀
耍	要	妥			烁	砾	炼
吮	允	充			漱	簌	嫩

三、"去声＋轻声"的双音节词语

上司	干事	秀才	道士	护士	亲家	木匠	特务
簸箕	薄荷	豆腐	废物	芥末	戒指	棒槌	扫帚
动静	动弹	壮实	状元	月饼	月亮	地道	地方
记号	记性	利落	利索	见识	认识	那么	这么
架势	嫁妆	队伍	栅栏	帐篷	痢疾	故事	部分
浪头	疟疾	屁股	畜生	刺猬	怪物	位置	下巴
唾沫	相声	应酬	世故	事情	岁数	运气	这个
对付	凑合	告诉	叫唤	伺候	试探	算计	谢谢
富余	厉害	冒失	别扭	厚道	热闹	快活	漂亮
念叨	吓唬	做作	似的	为了	在乎	自在	字号

四、朗读作品

文本 1

北宋时候，有位画家叫张择端[①]。他画了一幅名扬中外的画《清明上河图》。这幅画/长五百二十八厘米，高/二十四点八厘米，画的是北宋都城汴梁[②]/热闹的场面。这幅画/已经有八百多年的历史了，现在/还完整地保存在北京的故宫博物院里。

张择端画这幅画的时候，下了很大的功夫。光是画上的人物，就有五百多个：有从乡下来的农民，有撑船的船工，有做各种买卖的生意人，有留着长胡子的道士，

① "张择端"是北宋画家，其代表作《清明上河图》是中国古代绘画的瑰宝。
② "汴（biàn）梁"在古代又称汴京、汴州、东京，是现今的河南省开封市。

有走江湖的医生，有摆小摊的摊贩，有官吏和读书人，三百六十行，哪一行的人都画在上面了。

画上的街市可热闹了。街上有挂着各种招牌的店铺、作坊、酒楼、茶馆，走在街上的，是来来往往、形态各异的人：有的骑着马，有的挑着担，有的赶着毛驴，有的推着独轮车，有的悠闲地在街上溜达。画面上的这些人，有的不到一寸，有的甚至只有黄豆那么大。别看画上的人小，每个人在干什么，都能看得清清楚楚。

最有意思的/是桥北头的情景：一个人骑着马，正往桥下走。因为人太多，眼看就要碰上/对面来的一乘[①]轿子。就在这个紧急时刻，那个牧马人/一下子拽住了马笼头[②]，这才没碰上那乘轿子。不过，这么一来，倒把马右边的//两头小毛驴吓得又踢又跳。站在桥栏杆边欣赏风景的人，被小毛驴惊扰了，连忙回过头来赶小毛驴。你看，张择端画的画，是多么传神啊！

《清明上河图》使我们看到了八百年以前的古都风貌，看到了当时普通老百姓的生活场景。

——普通话水平测试用朗读作品39号《一幅名扬中外的画》

朗读重点提示

1.“一”的变调

yí　一寸　一个　一乘　一下子

yì　一幅　一行　一来

2.“不”的变调

bú　不到　不过

3. 易错音

张择端 zhāng zé duān	汴梁 biàn liáng	买卖 mǎi mai
小摊 xiǎo tānr	官吏 guān lì	招牌 zhāo pai
作坊 zuō fang	溜达 liū da	清清楚楚 qīng qīng chǔ chǔ
一乘轿子 yí shèng jiào zi	拽住 zhuài zhù	马笼头 mǎ lóng tou

① “乘”，量词，古代用于马车、轿子等，应读“shèng”。一车四马为一乘。

② “马笼头”指套在马头上的东西，用皮条或绳子做成，用来系缰绳或者挂嚼子。

文本2

二〇〇〇年，中国第一个[1]以科学家名字命名的股票/“隆平高科”上市。八年后，名誉董事长袁隆平[2]所持有的股份/以市值计算已经过亿。从此，袁隆平又多了个“首富科学家”的名号。而他身边的学生和工作人员，却很难把这位老人/和“富翁”联系起来。

“他哪里有富人的样子。”袁隆平的学生们笑着议论。在学生们的印象里，袁老师永远黑黑瘦瘦，穿一件软塌塌的衬衣。在一次会议上，袁隆平坦言：“不错，我身价/二〇〇八年就一千零八亿了，可我真的有那么多钱吗？没有。我现在就是靠/每个月六千多元的工资生活，已经很满足了。我今天穿的衣服/就五十块钱，但我喜欢的/还是昨天穿的/那件十五块钱的衬衫，穿着很精神。”袁隆平认为，“一个人的时间和精力/是有限的，如果老想着享受，哪有心思搞科研？搞科学研究/就是要淡泊名利[3]，踏实做人”。

在工作人员眼中，袁隆平/其实/就是一位身板硬朗[4]的/“人民农学家”，“老人下田/从不要人搀扶，拿起套鞋，脚一蹬就走”。袁隆平说：“我有八十岁的年龄，五十多岁的身体，三十多岁的心态，二十多岁的肌肉弹性。”袁隆平的业余生活/非常丰富，钓鱼、打排球、听音乐……他说，就是喜欢这些//不花钱的平民项目。

二〇一〇年九月，袁隆平度过了他的八十岁生日。当时，他许了个愿：到九十岁时，要实现亩产一千公斤！如果全球百分之五十的稻田种植杂交水稻，每年可增产一点五亿吨粮食，可多养活四亿到五亿人口。

——普通话水平测试用朗读作品40号《一粒种子造福世界》

朗读重点提示

1.“一”的变调

yí　一件　一次　一个　一位

yì　一千零八亿　一蹬

---

① “第一个”中的“一”表示序数，不变调，读阴平。

② “袁隆平”被誉为“杂交水稻之父”，是世界上第一个成功利用水稻杂种优势的科学家。

③ “淡泊名利”指不追求、不热衷个人的名位和利益。

④ “硬朗”形容（老人）身体健壮。

2. “不”的变调

bú　　不错　　不要

3. 易错音

董事长 dǒng shì zhǎng　　袁隆平 yuán lóng píng　　富翁 fù wēng
黑黑瘦瘦 hēi hēi shòu shòu　　软塌塌 ruǎn tā tā　　坦言 tǎn yán
科学研究 kē xué yán jiū　　淡泊名利 dàn bó míng lì　　身板 shēn bǎnr
硬朗 yìng lang　　农学家 nóng xué jiā　　搀扶 chān fú
弹性 tán xìng

五、命题说话

普通话水平测试用话题 39：对团队精神的理解

句式：

1. 众所周知……，那么我来说说自己的理解。
2. 现代社会的发展需要团队精神。
3. 团队精神为什么重要呢？这是因为……
4. 我认为一个好的团队应该具备以下团队精神：首先，……；其次，……；再者，……
5. 一个好的团队可以……，可以……，还可以……
6. 没有团队精神的团队，会……
7. 在以后的工作生活中，……
8. ……，反之，……

提纲：

1. 阐述团队精神的含义和自己对它的理解。
2. 列举团队精神的作用，例如可以提高工作效率，凝聚团队力量，提升核心竞争力，等等。
3. 列举因缺乏团队精神而导致不良后果的事例。
4. 结合团队精神，讲述一次自己参加团队合作的经历，例如小组合作学习、与他人共同完成社会实践、团体比赛等。
5. 总结自己对团队精神的认识以及参与相关实践的收获。

普通话水平测试用话题 40：谈中国传统文化

句式：

1. 中国有着上下五千年的悠久历史和灿烂文化。
2. 在传统文化中，有……，有……，比如……
3. 我最喜爱的传统文化是节日文化，我国的传统节日主要有……
4. 作为……，我以……为骄傲，……
5. 为了让……得以传承和弘扬，我们应该……

提纲：

1. 结合历史谈文化的意义和重要性。
2. 以一种文化为主题进行讲述，例如节日文化、饮食文化、服饰文化、建筑文化、艺术文化等。
3. 以节日文化为例，罗列我国主要的传统节日，例如春节、中秋节、端午节等。
4. 结合自己的理解和认识谈谈某一个或两个节日的相关文化。
5. 讲述我们应该如何继承与发扬优秀传统文化。

巩固与提高

扫码听录音

一、听辨并跟读下列单音节字词

音近字

善—散　　瘦—嗽　　说—缩　　树—素　　少—嫂
栓—酸　　审—森　　税—遂　　烁—梭　　梳—酥
绳—仍　　湿—司　　上—向　　霎—下　　衫—显
收—休　　事—系　　上—帐　　奢—辙　　手—肘
申—真　　生—挣　　闪—产　　商—昌　　抒—出

形近字

尚—倘　　奢—[illegible]　　娠—振　　涉—频　　蜃—唇
矢—失　　尸—户　　侍—峙　　售—隽　　帅—师
删—册　　厦—履　　讪—灿　　深—探　　庶—蔗
煞—皱　　摄—镊　　甩—用　　术—木　　涮—刷
输—偷　　抒—予　　墅—野　　硕—须　　耍—要

二、听录音，跟读下列词语

见识	热闹	嫁妆	为了	利索	畜生	故事	毽子
困难	那么	麦子	疟疾	意思	戒指	空子	认识
镜子	栅栏	似的	豆腐	漂亮	部分	别扭	队伍
富余	月亮	转悠	棒槌	少爷	唾沫	袋子	报酬
案子	扫帚	笑话	会计	叫唤	柜子	在乎	骆驼
事情	特务	面子	性子	客气	快活	壮实	日子
框子	状元	告诉	帐篷	念头	大夫	月饼	寨子
贩子	后头	这么	利落	胖子	浪头	木匠	叶子
岁数	豆子	样子	厉害	步子	冒失	褂子	跳蚤
念叨	镊子	盖子	句子	屁股	舅舅	相声	世故

三、小组成员互读作品选段，互相纠正发音，注意选段中变调、轻声、儿化的现象与生僻词语

1. 画上的街市可热闹了。街上有挂着各种招牌的店铺、作坊、酒楼、茶馆，走在街上的，是来来往往、形态各异的人：有的骑着马，有的挑着担，有的赶着毛驴，有的推着独轮车，有的悠闲地在街上溜达。画面上的这些人，有的不到一寸，有的甚至只有黄豆那么大。别看画上的人小，每个人在干什么，都能看得清清楚楚。

2. “他哪里有富人的样子。”袁隆平的学生们笑着议论。在学生们的印象里，袁老师永远黑黑瘦瘦，穿一件软塌塌的衬衣。在一次会议上，袁隆平坦言：“不错，我身价二〇〇八年就一千零八亿了，可我真的有那么多钱吗？没有。我现在就是靠每个月六千多元的工资生活，已经很满足了。我今天穿的衣服就五十块钱，但我喜欢的还是昨天穿的那件十五块钱的衬衫，穿着很精神。”袁隆平认为，“一个人的时间和精力是有限的，如果老想着享受，哪有心思搞科研？搞科学研究就是要淡泊名利，踏实做人”。

四、命题说话片段练习

1. 讲一个你在学习或生活中因大家发挥团队精神，最终取得成功的小故事。

2. 选一个你最熟悉的中国传统节日，介绍这个节日的意义或来源。详细说一说人们在这一天有哪些活动，大家的心情如何。

第二十一课

扫码听录音

讲解与朗读

一、声母为“r”的单音节字词

嚷　绒　冗　认　扔　熔　汝　妊
蹂　仁　忍　让　人　戎　软　热
溶　如　冉　刃　燃　容　辱　日
榕　仍　蕊　弱　荣　蠕　壤　润
壬　柔　惹　锐　揉　饶　染　韧
融　蓉　扰　若　瓤　然　乳　闰
茸　儒　任　入　褥　饪　肉　纫
瑞　绕　攘

二、形近字辨析与积累

瓤　壤　嚷　镶　馕
饶　绕　烧　浇　尧
壬　饪　妊　任　住
锐　说　脱　悦　蜕
容　蓉　榕　溶　熔
儒　蠕　需
戎　戒　戈
辱　褥　唇
融　隔　膈

润　涧　洞
冗　沉　咒
扔　仍　奶
汝　妆　如

三、儿化词语

天窗儿　压根儿　摸黑儿　加塞儿　开春儿
抓阄儿　收摊儿　绝着儿　鱼漂儿　别针儿
瓜瓤儿　香肠儿　花瓶儿　名牌儿　鼻梁儿

梨核儿	毛驴儿	提成儿	棉球儿	绝活儿
刀把儿	花样儿	冰棍儿	刀背儿	刀刃儿
拉链儿	夹缝儿	光棍儿	开窍儿	单个儿
牙签儿	麻花儿	人缘儿	没词儿	胖墩儿
烟卷儿	聊天儿	后根儿	冒尖儿	玩意儿
石子儿	茶馆儿	脖颈儿	门槛儿	没准儿
壶盖儿	一块儿	鞋带儿	胡同儿	一会儿
杂院儿	脸蛋儿	赶趟儿	小瓮儿	手绢儿
小偷儿	脑瓜儿	酒盅儿	被窝儿	药方儿
打杂儿	打鸣儿	打嗝儿	小孩儿	火苗儿
小鞋儿	主角儿	耳垂儿	耳膜儿	小熊儿
小曲儿	跑腿儿	打盹儿	媳妇儿	有点儿
有劲儿	眼镜儿	脚印儿	粉末儿	老伴儿
豆芽儿	蛋黄儿	旦角儿	半截儿	线轴儿
落款儿	快板儿	锯齿儿	垫底儿	号码儿
口哨儿	记事儿	露馅儿	大褂儿	大腕儿

四、朗读作品

文本 1

北京的颐和园[①]/ 是个美丽的大公园。

进了颐和园的大门，绕过大殿，就来到 / 有名的长廊。绿漆的柱子，红漆的栏杆，一眼望不到头。这条长廊 / 有七百多米长，分成二百七十三间。每一间的横槛[②]上 / 都有五彩的画，画着人物、花草、风景，几千幅画 / 没有哪两幅 / 是相同的。长廊两旁 / 栽满了花木，这一种花 / 还没谢，那一种花 / 又开了。微风 / 从左边的昆明湖上吹来，使人神清气爽。

走完长廊，就来到了 / 万寿山脚下。抬头一看，一座八角宝塔形的三层建筑 / 耸立在半山腰上，黄色的琉璃瓦 / 闪闪发光。那就是佛香阁。下面的一排排 / 金碧辉煌[③]的宫殿，就是排云殿。

---

① “颐和园”是中国古代皇家园林，在北京海淀区，是国家重点旅游景点。
② “横槛”指横嵌在柱子上的木板，多在上面作画。
③ “金碧辉煌”形容建筑物等异常华丽，光彩夺目。

登上万寿山，站在佛香阁的前面/向下望，颐和园的景色/大半/收在眼底。葱郁的树丛，掩映着/黄的/绿的/琉璃瓦屋顶/和朱红的宫墙。正前面，昆明湖静得/像一面镜子，绿得/像一块碧玉。游船、画舫[①]在湖面/慢慢地滑过，几乎不留一点儿痕迹。向东远眺[②]，隐隐约约/可以望见几座古老的城楼/和城里的白塔。

从万寿山下来，就是昆明湖。昆明湖围着长长的堤岸，堤上/有好几座/式样不同的石桥，两岸/栽着数不清的垂柳。湖中心有个小岛，远远望去，岛上一片葱绿，树丛中/露出宫殿的一角。//游人走过长长的石桥，就可以去小岛上玩。这座石桥有十七个桥洞，叫十七孔桥。桥栏杆上有上百根石柱，柱子上都雕刻着小狮子。这么多的狮子，姿态不一，没有哪两只是相同的。

颐和园到处有美丽的景色，说也说不尽，希望你有机会去细细游赏。

——普通话水平测试用朗读作品41号《颐和园》

朗读重点提示

1.“一”的变调

yí　一看　一座　一面　一块　一片

yì　一眼　一间　一种　一排　一点儿　一角

2. 易错音

颐和园 yí hé yuán	长廊 cháng láng	望不到头 wàng · bú dào tóu
横槛 héng jiàn	神清气爽 shén qīng qì shuǎng	耸立 sǒng lì
琉璃瓦 liú · lí wǎ	佛香阁 fó xiāng gé	葱郁 cōng yù
掩映 yǎn yìng	画舫 huà fǎng	几乎 jī hū
远眺 yuǎn tiào	隐隐约约 yǐn yǐn yuē yuē	堤岸 dī àn

文本2

一谈到读书，我的话就多了！

我自从会认字后/不到几年，就开始读书。倒不是四岁时/读母亲给我的/商务印书馆出版的/国文教科书第一册[③]的/“天、地、日、月、山、水、土、木”以后的/那几册，而是七岁时/开始自己读的/“话说天下大势，分久必合，合久必

① “画舫”是一种装饰华美专供游人乘坐的船。

② “远眺”指向远处看。

③ “第一册”中的“一”表示序数，不变调，读阴平。

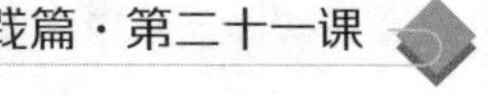

分……”[①]的《三国演义》[②]。

那时，我的舅父杨子敬先生/每天晚饭后/必给我们几个表兄妹/讲一段《三国演义》，我听得津津有味[③]，什么“宴桃园豪杰三结义，斩黄巾英雄首立功”[④]，真是好听极了。但是他讲了半个钟头，就停下/去干他的公事了。我只好带着/对于故事下文的无限悬念，在母亲的催促下，含泪上床。

此后，我决定咬了牙，拿起一本《三国演义》来，自己一知半解[⑤]地/读了下去，居然越看越懂，虽然字音都读得不对，比如/把“凯”念作“岂”，把“诸”念作“者”之类，因为/我只学过那个字一半部分。

谈到《三国演义》，我第一次[⑥]读到关羽[⑦]死了，哭了一场，把书丢下了。第二次/再读到诸葛亮[⑧]死了，又哭了一场，又把书丢下了，最后/忘了是什么时候/才把全书/读到“分久必合”的结局。

这时/我同时还看了/母亲针线笸箩[⑨]里/常放着的/那几本《聊斋志异》[⑩]，聊斋故事是短篇的，可以随时拿起放下，又是文言的，这对于我的//作文课很有帮助，因为老师曾在我的作文本上批着“柳州风骨，长吉清才”的句子，其实我那时还没有读过柳宗元和李贺的文章，只因那时的作文，都是用文言写的。

书看多了，从中也得到一个体会，物怕比，人怕比，书也怕比，“不比不知道，一比吓一跳”。

因此，某年的六一国际儿童节，有个儿童刊物要我给儿童写几句指导读书的话，我只写了九个字，就是：

读书好，多读书，读好书。

——普通话水平测试用朗读作品42号《忆读书》

---

① 这句话的意思是一个国家或地区，分裂久了就想要统一，统一久了也可能会再次分裂。

②《三国演义》是元末明初小说家罗贯中创作的长篇章回体历史演义小说，是中国古典四大名著之一。

③“津津有味”形容兴味特别浓厚。

④“宴桃园豪杰三结义，斩黄巾英雄首立功”是《三国演义》第一回的题目，其内容为刘备、关羽、张飞在桃园结拜为兄弟，斩杀黄巾军，三人在乱世中第一次立下功劳。

⑤“一知半解”的意思是知道得不全面，理解得不透彻。在文中是指作者自己读《三国演义》，读得不完全明白。

⑥“第一次”中的“一”表示序数，不变调，读阴平。

⑦“关羽”字云长，是中国历史上三国时期著名的将领，也是《三国演义》中的重要人物之一，是刘备阵营中的“五虎将”之一。他因英勇豪气、忠义之心深受人们喜爱和尊敬。

⑧“诸葛亮”是三国时期蜀汉丞相，重要的政治家、军事家。他以智谋和忠诚闻名于世。

⑨“笸箩”是一种用柳条或篾条等编成的器物，帮儿较浅，有圆形的，也有略呈长方形的，用来盛放粮食、生活用品等。

⑩《聊斋志异》是清初小说家蒲松龄创作的一部文言短篇小说集，主要讲述各种神怪的故事。

朗读重点提示

1.“一”的变调

yí　一段　一半

yì　一谈到　一本　一知半解　一场

2.“不”的变调

bú　不到　不是　不对

3. 易错音

商务印书馆 shāng wù yìn shū guǎn		教科书 jiào kē shū
杨子敬 yáng zǐ jìng	津津有味 jīn jīn yǒu wèi	宴 yàn
桃园 táo yuán	悬念 xuán niàn	催促 cuī cù
一知半解 yì zhī bàn jiě	岂 qǐ	诸葛亮 zhū gě liàng
笸箩 pǒ luo	聊斋志异 liáo zhāi zhì yì	

五、命题说话

普通话水平测试用话题 41：科技发展与社会生活

句式：

1. 随着科技的不断进步，我们的生活……
2. ……等各个领域，科技都在不断地推动着……
3. ……离不开……
4. 首先，我来说一下通信领域，……
5. 其次，我来说一下家居生活，……
6. 最后，我再介绍一下现代工作方式，……
7. 然而，在享受……的同时，我们也要关注……可能带来的负面影响，……
8. 只有……，我们才能……，让其为我们……
9. 总之，……

提纲：

1. 概述科技与社会发展的关系。

2. 选择你熟悉的两三个领域，谈谈科技发展带来的变化，例如通信、家居、办公、出行方式等方面的变化。

3. 简要说一说科技发展带来的负面影响。

4. 阐述人们对待科技发展的态度。

5. 谈谈你对未来科技生活的希望。

普通话水平测试用话题 42：谈个人修养

句式：

1. 个人修养是社会文明发展的体现，它涵盖了多个方面，例如，……

2. 提高个人修养，有助于……

3. 个人修养可以从以下几方面提高……

提纲：

1. 简述个人修养包含的内容，例如道德品质、文化素养、心理素质、社交能力等。

2. 举例说明个人修养的重要性，可以举正面的例子，也可以举反面的例子，还可以正反对比。

3. 讲述如何提高个人修养，例如学习先进模范人物，自我约束，加强人际交往，等等。

4. 点明每个人都应该提高个人修养。

巩固与提高

扫码听录音

一、听辨并跟读下列单音节字词

音近字

冉—言	让—样	扰—杳	仁—银	如—余
冗—勇	柔—由	入—路	染—懒	弱—洛
荣—聋	辱—鲁	热—乐	肉—漏	软—卵

形近字

日—曰	戎—戒	壬—王	冉—再	壤—镶
人—入	刃—刀	冗—沉	肉—内	如—姑
汝—沃	蕊—心	闰—闺	弱—溺	茸—耸
辱—褥	饶—绕	瓤—攘	融—隔	儒—懦

二、听录音，跟读下列词语

号码儿	做活儿	口哨儿	提成儿	线轴儿
逗乐儿	跑腿儿	红包儿	脸盘儿	痰盂儿
坎肩儿	挨个儿	邮戳儿	鱼漂儿	收摊儿

没准儿	唱歌儿	小瓮儿	拉链儿	蒜瓣儿
被窝儿	小丑儿	大褂儿	刀背儿	梨核儿
酒盅儿	露馅儿	老头儿	豆芽儿	粉末儿
砂轮儿	没谱儿	针鼻儿	雨点儿	后根儿
开窍儿	心眼儿	有劲儿	火罐儿	蛋清儿
小葱儿	出圈儿	没词儿	蜜枣儿	打嗝儿
泪珠儿	人影儿	顶牛儿	纽扣儿	一阵儿
戏法儿	小鞋儿	年头儿	肚脐儿	石子儿
火星儿	门洞儿	冰棍儿	掉价儿	在这儿
半截儿	耳垂儿	饭盒儿	冒尖儿	聊天儿
小曲儿	棉球儿	瓜子儿	花样儿	火锅儿
面条儿	钢镚儿	叫好儿	锯齿儿	胖墩儿
牙签儿	口罩儿	扇面儿	名牌儿	挑刺儿
半道儿	落款儿	差点儿	玩意儿	小说儿
别针儿	纳闷儿	小孩儿	送信儿	跳高儿
灯泡儿	大伙儿	蛋黄儿	脖颈儿	门槛儿

三、小组成员互读作品选段，互相纠正发音，注意选段中变调、轻声、儿化的现象与生僻词语

1. 登上万寿山，站在佛香阁的前面向下望，颐和园的景色大半收在眼底。葱郁的树丛，掩映着黄的绿的琉璃瓦屋顶和朱红的宫墙。正前面，昆明湖静得像一面镜子，绿得像一块碧玉。游船、画舫在湖面慢慢地滑过，几乎不留一点儿痕迹。向东远眺，隐隐约约可以望见几座古老的城楼和城里的白塔。

从万寿山下来，就是昆明湖。昆明湖围着长长的堤岸，堤上有好几座式样不同的石桥，两岸栽着数不清的垂柳。湖中心有个小岛，远远望去，岛上一片葱绿，树丛中露出宫殿的一角。

2. 那时，我的舅父杨子敬先生每天晚饭后必给我们几个表兄妹讲一段《三国演义》，我听得津津有味，什么“宴桃园豪杰三结义，斩黄巾英雄首立功”，真是好听极了。但是他讲了半个钟头，就停下去干他的公事了。我只好带着对于故事下文的无限悬念，在母亲的催促下，含泪上床。

此后，我决定咬了牙，拿起一本《三国演义》来，自己一知半解地读了下去，居然越看越懂，虽然字音都读得不对，比如把“凯”念作“岂”，把“诸”念作“者”之类，因为我只学过那个字一半部分。

四、命题说话片段练习

1. 我们的生活运用了哪些科技？举例说明其中一种科技给我们的生活带来的变化。

2. 介绍一种提升个人修养的方法，并讲述一个自己通过这种方法提高个人修养的例子。重点说一说你是如何做的，有哪些成长和提升。

第二十二课

扫码听录音

讲解与朗读

一、以“y”开头的单音节字词

押　言　痒　业　夭　宜　引　用
婴　游　屿　苑　曰　耘　哑　焰
殃　谣　冶　议　音　盈　有　育
迂　原　勇　粤　晕　崖　演　样
噎　肴　已　应　拥　银　眼　幼
淤　赢　远　越　衣　圆　允　预
阴　娱　野　异　腰　牙　养　验
咽　吟　椅　夜　英　犹　雨　运
忧　员　语　硬　冤　扬　咬　誉
焉　爷　隐　益　优　愚　雅　役

二、形近字辨析与积累

鸦　雅　讶　呀　芽
咽　烟　胭　姻　茵
奄　淹　掩　腌　俺
蜒　筵　诞　涎　挺
砚　现　观　视　靓
佯　样　洋　氧　痒
尧　侥　挠　烧　浇
怡　贻　治　胎　抬
役　投　疫　没　股
银　垠　恨　很　痕
勇　恿　踊　涌　蛹
尤　忧　犹　优　扰
诱　锈　透　绣　秀
于　迂　许　吁　宇

隅　偶　遇　愚　寓
逾　渝　愉　谕　喻
垣　恒　桓
用　拥　佣
殃　秧　映
蕴　温　瘟
陨　损　勋

匀　勺　刁
掖　液　腋
衙　街　衡
幼　幻　吆
缘　喙　篆

三、三音节词语

八仙桌	科学家	思想家	哈密瓜	基本功
金丝猴	芭蕾舞	积极性	轻音乐	开玩笑
生产力	机械化	中学生	青霉素	公有制
方法论	霓虹灯	服务员	黄鼠狼	神经质
乒乓球	方向盘	金龟子	催化剂	研究生
维生素	农产品	传染病	合作社	荧光屏
形容词	螺旋桨	啄木鸟	国务院	传教士
糖尿病	红外线	主人翁	指南针	水龙头
原材料	牛仔裤	漂白粉	甲骨文	寄生虫
染色体	偶然性	咏叹调	锦标赛	手工业
法西斯	胆固醇	胆小鬼	显微镜	蒙古包
手榴弹	所有制	委员会	地下水	外祖父
马铃薯	体育馆	社会学	必需品	创造性
动画片	世界观	电视台	向日葵	派出所
半成品	大气层	半导体	望远镜	决定性
大学生	自治区	幼儿园	太阳能	电磁波

四、朗读作品

文本1

徐霞客/是明朝末年的一位奇人。他用双脚，一步一步地/走遍了半个中国大陆，游览过许多名山大川，经历过许多奇人异事。他把游历的观察和研究/记录下来，写成了《徐霞客游记》①/这本千古奇书。

① 《徐霞客游记》是一部以日记体为主的地理著作，记述了明末地理学家徐霞客近30年的旅行经历，是中国最早的一部详细记录所经地理环境的游记，也是世界上最早记述岩溶地貌并详细考证其成因的书。

当时的读书人，都忙着追求科举功名，抱着“十年寒窗无人问，一举成名天下知”①的观念，埋头于经书之中。徐霞客却卓尔不群②，醉心于/古今史籍/及地志、山海图经的收集/和研读。他发现此类书籍很少，记述简略/且多有相互矛盾之处，于是/他立下雄心壮志，要走遍天下，亲自考察。

此后三十多年，他与长风为伍，云雾为伴，行程九万里，历尽/千辛万苦，获得了/大量第一手③考察资料。徐霞客/日间/攀险峰，涉危涧，晚上/就是再疲劳，也一定录下/当日见闻。即使荒野露宿，栖身④洞穴，也要“燃松拾穗，走笔为记⑤”。

徐霞客的时代，没有火车，没有汽车，没有飞机，他所去的许多地方/连道路都没有，加上明朝末年/治安不好，盗匪横行，长途旅行/是非常艰苦/又非常危险的事。

有一次，他和三个同伴/到西南地区，沿路考察石灰岩地形/和长江源流⑥。走了二十天，一个同伴/难耐旅途劳顿，不辞而别。到了衡阳附近/又遭遇土匪抢劫，财物尽失，还险//些被杀害。好不容易到了南宁，另一个同伴不幸病死，徐霞客忍痛继续西行。到了大理，最后一个同伴也因为吃不了苦，偷偷地走了，还带走了他仅存的行囊。但是，他还是坚持目标，继续他的研究工作，最后找到了答案，推翻历史上的错误，证明长江的源流不是岷江而是金沙江。

——普通话水平测试用朗读作品 43 号《阅读大地的徐霞客》

朗读重点提示

1.“一”的变调

yí　一位　一步　一定　一次　一个

yì　一举成名

---

① “十年寒窗无人问，一举成名天下知”是说古代读书人长期辛苦地读书学习没人了解关心，一旦科举考试中举，就名扬天下。

② “卓尔不群”的意思是优秀卓越，超出常人。

③ “第一手”中的“一”表示序数，不变调，读阴平。

④ “栖身”的意思是居住（多指暂时的）。

⑤ “燃松拾穗，走笔为记”的意思是点燃松树枝当灯，捡路上的麦穗当食物，边走边做记录。这句话描绘出徐霞客旅途的艰辛，表现了他不怕辛苦的精神。

⑥ “源流”指河流的发源和支流。

2. 易错音

徐霞客 xú xiá kè
科举 kē jǔ
功名 gōng míng
一举成名 yì jǔ chéng míng
卓尔不群 zhuó ěr bù qún
古今史籍 gǔ jīn shǐ jí
记述 jì shù
雄心壮志 xióng xīn zhuàng zhì
千辛万苦 qiān xīn wàn kǔ
攀险峰 pān xiǎn fēng
涉危涧 shè wēi jiàn
当日 dàng rì
荒野 huāng yě
露宿 lù sù
栖身 qī shēn
洞穴 dòng xué
燃松拾穗 rán sōng shí suì
横行 héng xíng
源流 yuán liú
难耐 nán nài
不辞而别 bù cí ér bié
土匪 tǔ fěi
抢劫 qiǎng jié

文本 2

造纸术的发明，是中国对世界文明的/伟大贡献之一[①]。

早在几千年前，我们的祖先/就创造了文字。可那时候/还没有纸，要记录一件事情，就用刀/把文字刻在龟甲/和兽骨上，或者/把文字铸刻[②]在青铜器上。后来，人们又把文字/写在竹片和木片上。这些竹片、木片/用绳子穿起来，就成了一册书。但是，这种书很笨重，阅读、携带、保存/都很不方便。古时候/用“学富五车”[③]形容一个人学问高，是因为书/多的时候需要用车来拉。再后来，有了蚕丝织成的帛[④]，就可以在帛上写字了。帛/比竹片、木片轻便，但是价钱太贵，只有少数人能用，不能普及。

人们用蚕茧[⑤]制作丝绵时发现，盛放蚕茧的篾席[⑥]上，会留下一层薄片，可用于书写。考古学家发现，在两千多年前的西汉时代，人们已经懂得了/用麻来造纸。但麻纸比较粗糙，不便书写。

---

① “伟大贡献之一”中的“一”在词句的末尾，不变调，读阴平。

② “铸刻”中的“铸”是指把金属熔化后倒在模子里制成器物，“刻”是指雕刻。“铸刻”就是用“铸”的方法把文字等刻在金属器物上。

③ “学富五车”形容读书多，学问大。“五车”指五车书。

④ “帛”是丝织物的总称。

⑤ “蚕茧”是蚕吐丝结成的壳，椭圆形，是缫丝的原料。蚕在蚕茧里面变成蛹。

⑥ “篾席”是指用竹篾、苇篾等编成的席子。

大约在一千九百年前的东汉时代，有个叫蔡伦的人，吸收了/人们长期积累的经验，改进了造纸术。他把树皮、麻头、稻草、破布等原料/剪碎或切断，浸在水里/捣烂成浆；再把浆捞出来/晒干，就成了一种既轻便/又好用的纸。用这种方法造的纸，原料容易得到，可以大量制造，价格又便宜，能满足多数人的需要，所//以这种造纸方法就传承下来了。

我国的造纸术首先传到邻近的朝鲜半岛和日本，后来又传到阿拉伯世界和欧洲，极大地促进了人类社会的进步和文化的发展，影响了全世界。

——普通话水平测试用朗读作品44号《纸的发明》

朗读重点提示

1.“一”的变调

yí　一件　一册　一个

yì　一层　一千九百　一种

2.“不”的变调

bú　不便

3. 易错音

造纸术 zào zhǐ shù　贡献 gòng xiàn　龟甲 guī jiǎ

铸刻 zhù kè　青铜器 qīng tóng qì　携带 xié dài

学富五车 xué fù wǔ chē　蚕丝 cán sī　帛 bó

普及 pǔ jí　蚕茧 cán jiǎn　篾席 miè xí

薄片 báo piàn　粗糙 cū cāo　蔡伦 cài lún

麻头 má tóu　破布 pò bù　浸 jìn

捣烂成浆 dǎo làn chéng jiāng

五、命题说话

普通话水平测试用话题43：对幸福的理解

句式：

1. 有人认为幸福是……，也有人认为幸福是……，还有人认为幸福是……
2. 在我看来，幸福是……

3. 对……来说，幸福不是……，不是……，不是……，而是……
4. 让我感到幸福的事情有很多，我想分享的是……
5. 如何获得幸福感呢？我认为……

提纲：

1. 概述大家对“幸福”的不同理解，例如金钱多、学历高、地位高、知识丰富等。
2. 表明你对幸福的看法，例如家人健康、家庭和睦、学习进步、工作顺利等。
3. 讲述一两件让你感到幸福的事。
4. 说一说你认为幸福的事有什么重要的意义。
5. 说一说如何获得幸福感。
6. 总结。

普通话水平测试用话题 44：如何保持良好的心态

句式：

1. 心态是指……，好的心态包括……
2. 我认为好的心态对我们……
3. 我遇到过这么一件事，……
4. 有一件事我印象很深，……
5. 如果没有好的心态，……
6. 因此，面对……，调整心态，……

提纲：

1. 简述心态的含义以及好的心态包括哪些内容。
2. 举例说明好心态的重要性，例如提升幸福感，促进个人成长，保持身体健康，等等。
3. 谈谈面对自己某方面的不足，今后可以怎样调整心态。
4. 总结调整心态的重要性。

扫码听录音

巩固与提高

一、听辨并跟读下列单音节字词

音近字

伊—迂	仪—余	已—语	亦—育	烟—冤
研—圆	眼—远	谚—院	延—源	椰—约
叶—月	因—晕	银—匀	引—陨	印—酝
原—泉	野—且	业—切	云—群	跃—谑
愿—眷	运—用	逾—越	谣—挠	诱—拗

形近字

押—钾	衔—衍	淹—掩	延—廷	砚—现
焰—掐	夭—天	吆—幼	舀—滔	窈—窕
噎—壹	冶—治	曳—拽	唁—信	酉—酒
诣—旨	寅—演	萦—絮	臾—叟	筵—涎
禹—属	垣—恒	粤—奥	允—充	蕴—温

二、听录音，跟读下列词语

超声波	丹顶鹤	高血压	基本功	荷尔蒙
拖拉机	猫头鹰	三轮车	花岗岩	飞行员
当事人	消费品	出发点	清真寺	亲和力
工作日	根据地	工商业	参议院	催化剂
标准化	留声机	红领巾	研究员	联合国
南半球	长臂猿	难为情	淋巴结	着眼点
劳动者	吉普车	图书馆	人民币	决定性
爵士乐	长颈鹿	纺织品	里程碑	抢险队
打靶场	百分比	比例尺	保龄球	打火机
普通话	甲状腺	脚手架	海岸线	管弦乐
统一体	小夜曲	指南针	肺活量	自然界
办公室	蛋白质	化合物	恶作剧	奥运会
进化论	艺术家	四边形	现代化	运动会
录音机	判决书	内燃机	画外音	避雷针
蓄电池	继承权	共产党	奏鸣曲	电磁场
氨基酸	志愿者	黄鼠狼	连衣裙	潜水艇

三、小组成员互读作品选段，互相纠正发音，注意选段中变调、轻声的现象与生僻词语

1. 当时的读书人，都忙着追求科举功名，抱着“十年寒窗无人问，一举成名天下知”的观念，埋头于经书之中。徐霞客却卓尔不群，醉心于古今史籍及地志、山海图经的收集和研读。他发现此类书籍很少，记述简略且多有相互矛盾之处，于是他立下雄心壮志，要走遍天下，亲自考察。

此后三十多年，他与长风为伍，云雾为伴，行程九万里，历尽千辛万苦，获得了大量第一手考察资料。徐霞客日间攀险峰，涉危涧，晚上就是再疲劳，也一定录

下当日见闻。即使荒野露宿，栖身洞穴，也要“燃松拾穗，走笔为记”。

2. 人们用蚕茧制作丝绵时发现，盛放蚕茧的篾席上，会留下一层薄片，可用于书写。考古学家发现，在两千多年前的西汉时代，人们已经懂得了用麻来造纸。但麻纸比较粗糙，不便书写。

大约在一千九百年前的东汉时代，有个叫蔡伦的人，吸收了人们长期积累的经验，改进了造纸术。他把树皮、麻头、稻草、破布等原料剪碎或切断，浸在水里捣烂成浆；再把浆捞出来晒干，就成了一种既轻便又好用的纸。月这种方法造的纸，原料容易得到，可以大量制造，价格又便宜，能满足多数人的需要。

四、命题说话片段练习

1. 讲述一个在自己家中发生的暖心小故事，突出在当时的情景下家庭成员之间的情感表达和流露。

2. 讲述一个身处逆境但保持乐观心态，最终战胜困难的名人事例，并说一说你从中得到了哪些启发。

第二十三课

扫码听录音

讲解与朗读

一、以“w”开头的单音节字词

挖 玩 往 外 威 纹 委 瓮
涡 娃 挽 望 巍 无 紊 慰
汪 围 吻 务 弯 亡 瓦 握
污 闻 尾 忘 翁 维 侮 袜
歪 王 宛 胃 瘟 违 我 误
剜 完 晚 万 危 为 伪 畏
温 吾 伟 沃 哇 丸 伍 问
偎 文 皖 位 乌 桅 稳 勿
洼 顽 网 魏 微 唯 苇 雾
诬 梧 武 物 窝 惟 萎 卧

二、形近字辨析与积累

洼 娃 挂 佳 桂
袜 抹 沫 妹 昧
蜿 豌 惋 碗 腕
王 汪 旺 枉 柱
韦 违 伟 纬 围
唯 惟 淮 推 难
紊 絮 紫 紧 索
蜗 涡 锅 祸 窝
吾 梧 捂 悟 语
侮 悔 诲 晦 梅
戊 戌 戍 成 戎
呜 鸣 吗 勿 吻 匆
胃 谓 猬 翁 嗡 瓮
微 薇 徽 畏 喂 偎

三、四音节词语

兵强马壮	心直口快	妙手回春	优柔寡断	千锤百炼
深谋远虑	瓜田李下	思前想后	花红柳绿	光明磊落
安居乐业	方兴未艾	周而复始	司空见惯	包罗万象
家喻户晓	千方百计	天经地义	诸如此类	长治久安
鞠躬尽瘁	风驰电掣	非同小可	轻而易举	标新立异
得天独厚	如释重负	独一无二	无可奈何	急中生智
淋漓尽致	有的放矢	潜移默化	琳琅满目	得心应手
前仆后继	德才兼备	垂头丧气	举足轻重	格格不入
百科全书	矫揉造作	与日俱增	此起彼伏	了如指掌
海市蜃楼	百家争鸣	语重心长	百花齐放	耳闻目睹
海纳百川	可乘之机	错综复杂	焕然一新	慢条斯理
自力更生	大显身手	震耳欲聋	赤手空拳	大惊小怪
大同小异	脍炙人口	大相径庭	畅所欲言	大公无私
汗流浃背	一意孤行	一视同仁	一无所有	一本正经
一目了然	一望无际	一带一路	一技之长	一脉相传
一丝不苟	一帆风顺	一针见血	一筹莫展	一席之地
不速之客	不动声色	情不自禁	不可思议	奋不顾身
不约而同	不以为然	不言而喻	不折不扣	不温不火

四、朗读作品

文本 1

中国的第一[①]大岛、台湾省的主岛/台湾，位于中国大陆架的/东南方，地处/东海和南海之间，隔着台湾海峡/和大陆相望。天气晴朗的时候，站在福建沿海/较高的地方，就可以隐隐约约地/望见岛上的高山和云朵。

台湾岛形状狭长，从东到西，最宽处/只有一百四十多公里；由南至北，最长的地方/约有三百九十多公里。地形/像一个纺织用的梭子。

台湾岛上的山脉纵贯南北，中间的中央山脉/犹如全岛的脊梁。西部/为海拔近四千米的玉山山脉，是中国东部的最高峰。全岛/约有三分之一[②]的地方/是平地，

① “第一”中的“一”表示序数，不变调，读阴平。

② “三分之一”中的“一”在词语的末尾，不变调，读阴平。

其余/为山地。岛内/有缎带般的瀑布，蓝宝石似的湖泊，四季常青的森林和果园，自然景色十分优美。西南部的阿里山和日月潭，台北市郊的大屯山风景区，都是闻名世界的游览胜地。

台湾岛/地处热带和温带之间，四面环海，雨水充足，气温受到海洋的调剂[①]，冬暖夏凉，四季如春，这给水稻和果木生长/提供了优越的条件。水稻、甘蔗、樟脑/是台湾的“三宝”。岛上还盛产鲜果和鱼虾。

台湾岛/还是一个闻名世界的/“蝴蝶王国”。岛上的蝴蝶/共有四百多个品种，其中有不少/是世界稀有的珍贵品种。岛上还有不少/鸟语花香的蝴//蝶谷，岛上居民利用蝴蝶制作的标本和艺术品，远销许多国家。

——普通话水平测试用朗读作品45号《中国的宝岛——台湾》

朗读重点提示

1.“一”的变调

yí　一个

yì　一百四十

2. 易错音

台湾省 tái wān shěng　　地处 dì chǔ　　海峡 hǎi xiá

狭长 xiá cháng　　纺织 fǎng zhī　　纵贯南北 zòng guàn nán běi

脊梁 jǐ · liáng　　缎带 duàn dài　　瀑布 pù bù

湖泊 hú pō　　游览胜地 yóu lǎn shèng dì

调剂 tiáo jì　　冬暖夏凉 dōng nuǎn xià liáng

樟脑 zhāng nǎo　　闻名世界 wén míng shì jiè

蝴蝶王国 hú dié wáng guó　　鸟语花香 niǎo yǔ huā xiāng

文本2

对于中国的牛，我有着一种特别尊敬的感情。

留给我印象最深的，要算/在田垄上的一次“相遇”。

一群朋友郊游，我领头/在狭窄的阡陌[②]上走，怎料/迎面来了几头耕牛，狭道/

---

① 海洋生态系统通过蒸发、水汽输送、降水等环节调节气温。

② “阡陌”就是田间纵横交错的小路。

容不下人和牛，终有一方要让路。它们还没有走近，我们已经预计 / 斗不过畜牲，恐怕 / 难免踩到田地泥水里，弄得鞋袜 / 又泥又湿了。正踟蹰[1]的时候，带头的一头牛，在离我们不远的地方 / 停下来，抬起头看看，稍迟疑一下，就自动走下田去。一队耕牛，全跟着它 / 离开阡陌，从我们身边经过。

我们都呆了，回过头来，看着深褐色的牛队，在路的尽头消失，忽然觉得 / 自己受了很大的恩惠[2]。

中国的牛，永远沉默地 / 为人做着沉重的工作。在大地上，在晨光或烈日下，它拖着沉重的犁，低头一步又一步，拖出了身后 / 一列又一列松土，好让人们下种。等到满地金黄 / 或农闲时候，它可能还得[3]担当 / 搬运负重的工作；或终日绕着石磨，朝同一方向，走不计程的路。

在它沉默的劳动中，人 / 便得到 / 应得的收成。

那时候，也许，它可以松一肩重担，站在树下，吃几口嫩草。偶尔摇摇尾巴，摆摆耳朵，赶走飞附身上的苍蝇，已经算是 / 它最闲适的生活了。

中国的牛，没有成群奔跑的习 // 惯，永远沉沉实实的，默默地工作，平心静气。这就是中国的牛！

——普通话水平测试用朗读作品 46 号《中国的牛》

朗读重点提示

1.“一”的变调

yí　一次　一下　一队　一步　一列

yì　一种　一群　一方　一头　同一方向　一肩

2.“不”的变调

bú　不计程

3. 易错音

尊敬 zūn jìng	田垄 tián lǒng	郊游 jiāo yóu
狭窄 xiá zhǎi	阡陌 qiān mò	耕牛 gēng niú

① “踟蹰”的意思就是心中犹疑，这里是指大家犹豫要不要继续往前走。

② “恩惠”就是好处的意思。

③ “得”在这里读“děi”，意思是需要。

容不下 róng · bú xià	斗不过 dòu · bú guò	踟蹰 chí chú
深褐色 shēn hè sè	恩惠 ēn huì	犁 lí
下种 xià zhǒng	担当 dān dāng	搬运 bān yùn
负重 fù zhòng	摇摇尾巴 yáo yao wěi ba	摆摆耳朵 bǎi bai ěr duo
飞附 fēi fù	闲适 xián shì	

五、命题说话

普通话水平测试用话题 45：对垃圾分类的认识

句式：

1. 垃圾分类是……
2. 为了推进垃圾分类工作，……
3. 垃圾分类的好处是多方面的，……
4. 就我个人而言，……
5. 但是在实际生活中存在着……（问题、纠纷、矛盾、事件）。
6. 如果要落实垃圾分类，需要……，需要……，更需要……
7. 总之，垃圾分类对我们的生活有很大的影响，……

提纲：

1. 介绍垃圾分类的含义和主要分类依据。
2. 列举垃圾分类给我们的生活带来的好处。
3. 结合自己的生活实际，说一说你在家里和在公共场所是如何进行垃圾分类的。
4. 陈述在推行垃圾分类的进程中存在的问题，例如人们的自觉意识不强，因缺乏垃圾分类知识而导致分类错误，宣传力度不足，等等。
5. 提出解决相关问题的建议。
6. 提出倡议，呼吁人们开展好垃圾分类工作。

普通话水平测试用话题 46：网络时代的生活

句式：

1. 在现代社会生活中，网络发挥着重要的作用。
2. 以前……，现在……
3. 自从有了网络，我们的生活发生了翻天覆地的变化。
4. 有一次，发生了一件事，让我意识到……
5. 网络不仅……，还……

6. 网络改变了……，改变了……，也改变了……

7. 总之，……

提纲：

1. 概述网络对现代生活的影响。

2. 举例说明网络从哪些方面改变了我们的生活，例如：学习方式、工作方式、购物方式、出行方式等。

3. 说一说网络存在的弊端，列举常见的问题，例如信息过载，虚假信息泛滥，网络犯罪频发，等等。

4. 提出建议，说明怎样扬长避短，让网络造福我们的生活。

巩固与提高

扫码听录音

一、听辨并跟读下列单音节字词

音近字

剜—安	晚—俺	万—案	弯—汪	腕—忘
蛙—歪	温—嗡	问—瓮	屋—威	我—哦
歪—挨	外—爱	崴—矮	妄—盎	卧—饿
袜—崴	吻—翁	舞—微	窝—俄	喔—额
翁—烘	旺—盎	丸—氨	雾—薇	闻—瓮

形近字

丸—九	洼—娃	弯—孪	万—方	网—冈
豌—蜿	巍—魏	枉—汪	乌—鸟	巫—亚
晤—捂	毋—母	侮—悔	戊—戌	午—牛
涡—锅	翁—瓮	尉—耐	温—漫	喂—偎
危—诡	挽—换	袜—味	卧—臣	剜—婉

二、听录音，跟读下列词语

轻描淡写	风起云涌	出类拔萃	精益求精	冰天雪地
波澜壮阔	车水马龙	刮目相看	深恶痛绝	毛骨悚然
出谋划策	非同小可	丰功伟绩	归根结底	高瞻远瞩
乏善可陈	胡思乱想	急功近利	来龙去脉	劳民伤财

随心所欲	情有独钟	燃眉之急	审时度势	史无前例
堂而皇之	眉开眼笑	惟妙惟肖	难能可贵	排忧解难
理所当然	呕心沥血	取长补短	忍无可忍	赏心悦目
手忙脚乱	水落石出	喜出望外	五味杂陈	想方设法
小心翼翼	雪中送炭	似是而非	万紫千红	对症下药
顾名思义	后顾之忧	自以为是	自始至终	抑扬顿挫
触目惊心	屡见不鲜	大有可为	大张旗鼓	汗流浃背
供不应求	一言九鼎	一事无成	刻不容缓	一成不变
格格不入	满不在乎	层出不穷	漫不经心	不可思议

三、小组成员互读作品选段，互相纠正发音，注意选段中变调、轻声的现象与生僻词语

1. 台湾岛地处热带和温带之间，四面环海，雨水充足，气温受到海洋的调剂，冬暖夏凉，四季如春，这给水稻和果木生长提供了优越的条件。水稻、甘蔗、樟脑是台湾的“三宝”。岛上还盛产鲜果和鱼虾。

台湾岛还是一个闻名世界的“蝴蝶王国”。岛上的蝴蝶共有四百多个品种，其中有不少是世界稀有的珍贵品种。

2. 中国的牛，永远沉默地为人做着沉重的工作。在大地上，在晨光或烈日下，它拖着沉重的犁，低头一步又一步，拖出了身后一列又一列松土，好让人们下种。等到满地金黄或农闲时候，它可能还得担当搬运负重的工作；或终日绕着石磨，朝同一方向，走不计程的路。

在它沉默的劳动中，人便得到应得的收成。

那时候，也许，它可以松一肩重担，站在树下，吃几口嫩草。偶尔摇摇尾巴，摆摆耳朵，赶走飞附身上的苍蝇，已经算是它最闲适的生活了。

四、命题说话片段练习

1. 说一说在垃圾分类的过程中，我们面临哪些困难，如何帮助大家养成垃圾分类的好习惯。

2. 举例说明网络存在的弊端，说一说我们应如何正确合理地使用网络。

第二十四课

讲解与朗读

扫码听录音

一、单音节字词重难点复习

遭 芹 征 典 岳 郭 蔷 裸 踹 您
凑 槐 洼 奈 纹 傻 徘 闰 瘸 跪
雌 断 雪 匆 蹿 顷 封 妄 崭 佣
诏 暖 逼 铁 绕 涎 瞥 则 跚 昂
驱 日 镁 簌 仿 慑 旬 斯 漂 灾
帝 纽 渍 甫 铿 捺 禁 寡 桅 僵
茬 藐 隋 表 魔 逛 远 川 侃 茂
搡 恒 憨 谜 隽 厦 激 擂 耻 狩
颖 盆 均 流 翩 伐 驴 播 爽 掣
吝 璀 烘 熊 括 桐 哑 屠 粥 而

二、多音节词语重难点复习

难怪 战略 小瓮儿 损耗 侵吞 转悠 操作
土壤 目光 诋毁 谬误 混淆 完美 真正
愉快 冲刷 闭塞 抓阄儿 哺乳 抚摸 干涉
柔软 枕头 沙漠 成长 吵嘴 从而 规律
宣传 舞蹈 跳蚤 领事馆 夸耀 描绘 群众
安培 疲倦 撇开 率领 佛学 在乎 玛瑙
号码儿 讴歌 亏损 相似 关闭 光荣 流水线

三、朗读作品

文本 1

石拱桥的桥洞成弧形，就像虹。古代神话里说，雨后彩虹 / 是“人间天上的桥”，通过彩虹/就能上天。我国的诗人/爱把拱桥比作虹，说拱桥是/“卧虹”/“飞虹”，把水上拱桥/形容为“长虹卧波”①。

我国的石拱桥/有悠久的历史。《水经注》②里提到的“旅人桥”，大约建成于/公元二八二年，可能是/有记载的/最早的石拱桥了。我国的石拱桥/几乎到处都有。这些桥/大小不一③，形式多样，有许多/是惊人的杰作。其中最著名的/当推河北省赵县的赵州桥。

赵州桥非常雄伟，全长/五十点八二米。桥的设计/完全合乎科学原理，施工技术/更是巧妙绝伦。全桥/只有一个大拱，长达/三十七点四米，在当时/可算是世界上/最长的石拱。桥洞不是普通半圆形，而是像一张弓，因而/大拱上面的道路/没有陡坡，便于车马上下。大拱的两肩上，各有两个小拱。这个创造性的设计，不但节约了石料，减轻了桥身的重量，而且/在河水暴涨的时候，还可以增加/桥洞的过水量，减轻洪水/对桥身的冲击。同时，拱上加拱，桥身也更美观。大拱/由二十八道拱圈拼成，就像这么多/同样形状的弓/合拢在一起，做成一个/弧形的桥洞。每道拱圈/都能独立支撑上面的重量，一道坏了，其//他各道不致受到影响。全桥结构匀称，和四周景色配合得十分和谐；桥上的石栏石板也雕刻得古朴美观。赵州桥高度的技术水平和不朽的艺术价值，充分显示了我国劳动人民的智慧和力量。

——普通话水平测试用朗读作品47号《中国石拱桥》

朗读重点提示

1.“一”的变调

yí　一个　一道

yì　一张　一起

2.“不”的变调

bú　不是　不但

① “长虹卧波”的意思是弯弯的拱桥像长长的彩虹一样横卧在水面上。

② 《水经注》是北魏郦道元写的一部中国古代地理名著，详细记载了一千多条大小河流及它们所经地区的地理情况，建制沿革和有关的历史事件、人物，甚至神话传说。

③ “大小不一”中的“一”在词句的末尾，不变调，读阴平。

3. 易错音

石拱桥 shí gǒng qiáo　弧形 hú xíng　长虹卧波 cháng hóng wò bō
悠久 yōu jiǔ　雄伟 xióng wěi　巧妙绝伦 qiǎo miào jué lún
陡坡 dǒu pō　重量 zhòng liàng　暴涨 bào zhǎng
冲击 chōng jī　拱圈 gǒng quān　合拢 hé lǒng

文本 2

不管我的梦想/能否成为事实，说出来/总是好玩儿的：

春天，我将要住在杭州。二十年前，旧历的二月初，在西湖/我看见了/嫩柳/与菜花，碧浪/与翠竹。由我看到的/那点儿春光，已经可以断定，杭州的春天/必定会教人整天生活在/诗与图画之中。所以，春天/我的家/应当是在杭州。

夏天，我想青城山/应当算作最理想的地方。在那里，我虽然只住过十天，可是它的幽静/已拴住了我的心灵。在我所看见过的山水中，只有这里/没有使我失望。到处都是绿，目之所及，那片淡而光润的绿色/都在轻轻地颤动，仿佛/要流入空中/与心中似的。这个绿色/会像音乐，涤清了心中的万虑。

秋天/一定要住北平。天堂是什么样子，我不知道，但是/从我的生活经验去判断，北平之秋/便是天堂。论天气，不冷不热。论吃的，苹果、梨、柿子、枣儿、葡萄，每样/都有若干种。论花草，菊花/种类之多，花式之奇，可以甲天下。西山/有红叶可见，北海/可以划船——虽然荷花已残，荷叶/可还有一片清香。衣食住行，在北平的秋天，是没有一项不使人满意的。

冬天，我还没有/打好主意，成都/或者相当地合适，虽然并不怎样和暖，可是为了水仙，素心腊梅，各色的茶花，仿佛/就受一点儿寒//冷，也颇值得去了。昆明的花也多，而且天气比成都好，可是旧书铺与精美而便宜的小吃远不及成都那么多。好吧，就暂这么规定：冬天不住成都便住昆明吧。

——普通话水平测试用朗读作品 48 号《“住”的梦》

朗读重点提示

1.“一”的变调

yí　一定　一片　一项
yì　一点儿

2.“不”的变调

bú　　不热

3. 易错音

事实 shì shí	嫩柳 nèn liǔ	菜花 cài huā
碧浪 bì làng	翠竹 cuì zhú	春光 chūn guāng
教人 jiào rén	青城山 qīng chéng shān	拴住 shuān zhù
心灵 xīn líng	光润 guāng rùn	涤清 dí qīng
万虑 wàn lǜ	判断 pàn duàn	甲天下 jiǎ tiān xià
衣食住行 yī shí zhù xíng	和暖 hé nuǎn	素心腊梅 sù xīn là méi

四、命题说话

普通话水平测试用话题 47：对美的看法

句式：

1. 何谓美？美就是……
2. 有的人说……，有的人说……
3. 在我看来，美是……，无论……，都……
4. 有一次，……。这件事让我知道了……
5. 每个人都应该……

提纲：

1. 举例说明人们对美的不同理解和感受。例如美可以是外在的，比如自然风光、艺术品、建筑等；也可以是内在的，比如内心的感受、情感、价值观等。
2. 分析美在生活中的重要性，例如美可以带给人们愉悦感、满足感、启示等。
3. 结合个人经历，叙述一件引发你对美的思考和感受的事。
4. 举例谈谈人们对美的错误认识，例如对体形、身高、容貌的过分追求等。
5. 重申对美的正确理解。

普通话水平测试用话题 48：谈传统美德

句式：

1. 传统美德包括……
2. 传统美德不仅是我们民族的……，更是我们……的准则。
3. 有一件事我感触很深，……

4. 总之，传统美德是……
5. 让我们一起努力弘扬传统美德，构建和谐社会，为……贡献自己的力量。

提纲：

1. 列举传统美德包括哪些内容。
2. 举例说明传统美德的重要性。
3. 讲述关于传统美德的故事，例如孝敬父母、拾金不昧、舍己为人、无私奉献等。
4. 分析传统美德给你带来的启示。
5. 结合自己的成长经历，说一说你在生活中是如何弘扬传统美德的。
6. 强调传统美德对提升个人修养和营造良好社会风气的积极作用。

巩固与提高

扫码听录音

一、模拟测试

1. 读单音节字词

恼	沃	撒	捐	栩	湿	版	淙	刮	赦
闸	霜	雕	夏	钦	毕	瞥	沫	鳞	猝
兹	奖	雄	铸	仓	桓	呛	傲	厅	迹
湍	踹	恬	尊	滔	锥	索	汤	裴	憧
阉	沈	掐	谋	钧	贼	肯	摆	觅	婴
症	晰	核	笋	流	衷	诠	毁	您	反
兵	葵	屿	裹	筵	律	拐	谤	恩	谬
策	奉	掠	死	纺	噎	孩	仍	搜	绕
功	廖	诅	蹭	辰	魄	诞	依	询	花
撵	儒	瘸	汪	弛	恐	霉	炯	丸	兑

2. 读多音节词语

障碍	角色	窃取	抓紧	合伙	银行	妇女
壶盖儿	定律	亲和力	古典	辖区	贫穷	乌黑
群体	日记	老百姓	摧毁	开创	厚重	未曾
耳膜儿	党委	村庄	聪明	鲁莽	报酬	强调
篡夺	强敌	传统	干涉	绝着儿	保温	能耐
濒危	柔顺	书卷	涡流	口罩	庄稼	症状
谋略	脱销	学费	畅快	言行	深恶痛绝	

二、小组成员互读作品选段，互相纠正发音，注意选段中变调、轻声的现象与生僻词语

1. 桥洞不是普通半圆形，而是像一张弓，因而大拱上面的道路没有陡坡，便于车马上下。大拱的两肩上，各有两个小拱。这个创造性的设计，不但节约了石料，减轻了桥身的重量，而且在河水暴涨的时候，还可以增加桥洞的过水量，减轻洪水对桥身的冲击。同时，拱上加拱，桥身也更美观。

2. 夏天，我想青城山应当算作最理想的地方。在那里，我虽然只住过十天，可是它的幽静已拴住了我的心灵。在我所看见过的山水中，只有这里没有使我失望。到处都是绿，目之所及，那片淡而光润的绿色都在轻轻地颤动，仿佛要流入空中与心中似的。这个绿色会像音乐，涤清了心中的万虑。

三、命题说话片段练习

1. 讲一件生活中关于人性之美或大爱之美的故事。

2. 讲述一个关于传统美德的故事，并说一说这个故事给你带来的启示。

第二十五课

扫码听录音

讲解与朗读

一、单音节字词重难点复习

售	溧	裁	盛	戈	伞	水	渊	刷	炕
祈	痘	卑	歪	咂	磨	聂	争	娘	猝
嘉	谆	碾	伐	逃	耻	吠	允	朽	飚
瓮	顷	弥	恳	雀	隆	税	般	轨	酒
馨	任	金	沪	悬	蛙	茧	戎	扒	廓
织	递	央	鹿	稍	丞	溺	酸	穴	盯
炼	瞅	底	耳	孙	广	炊	诩	闰	丛
掸	菌	紫	昂	左	豺	迢	缓	矛	嘱
弱	泊	涌	率	峨	案	挺	滥	寅	霉
狠	苔	馆	芳	淮	拗	编	呆	刺	蓬

二、多音节词语重难点复习

经费	诽谤	飞快	维持	青稞	摧残	侵略
黄昏	脸盘儿	恰巧	部分	千瓦	穷尽	规矩
权力	批评	赶趟儿	侮辱	硫酸	卑鄙	别扭
崩溃	妇女	苍蝇	仰慕	变更	笑话儿	木偶
逃窜	虐待	帮忙	难怪	着眼	场所	钢铁
另外	条理	坎肩儿	宣布	仍然	将军	感慨
通讯	风筝	调和	夸张	日益	拥有	一丝不苟

三、朗读作品

文本 1

在北京市东城区 / 著名的天坛公园东侧，有一片 / 占地面积近二十万平方米的建筑区域，大大小小的十余栋训练馆 / 坐落其间。这里 / 就是国家体育总局 / 训练局。

许多我们耳熟能详[①]的中国体育明星/都曾在这里挥汗如雨，刻苦练习。

中国女排的一天/就是在这里开始的。

清晨八点钟，女排队员们/早已集合完毕，准备开始/一天的训练。主教练郎平[②]/坐在场外长椅上，目不转睛地注视着/跟随助理教练们/做热身运动的队员们，她身边的座位上/则横七竖八地/堆放着女排姑娘们的/各式用品：水、护具、背包，以及各种/外行人叫不出名字的东西。不远的墙上/悬挂着一面鲜艳的国旗，国旗两侧是/“顽强拼搏”和“为国争光”/两条红底黄字的横幅，格外醒目。

“走下领奖台，一切从零开始”十一[③]个大字，和国旗遥遥相望，姑娘们训练之余/偶尔一瞥就能看到。只要进入这个训练馆，过去的鲜花、掌声与荣耀皆成为历史，所有人/都只是最普通的女排队员。曾经的辉煌、骄傲、胜利，在踏入这间场馆的瞬间全部归零。

踢球跑、垫球跑、夹球跑……这些对普通人而言/和杂技差不多的项目/是女排队员们/必须熟练掌握的基本技能。接下来//的任务是小比赛。郎平将队员们分为几组，每一组由一名教练监督，最快完成任务的小组会得到一面小红旗。

看着这些年轻的姑娘们在自己的眼前来来去去，郎平的思绪常飘回到三十多年前。那时风华正茂的她是中国女排的主攻手，她和队友们也曾在这间训练馆里夜以继日地并肩备战。三十多年来，这间训练馆从内到外都发生了很大的变化：原本粗糙的地面变成了光滑的地板，训练用的仪器越来越先进，中国女排的团队中甚至还出现了几张陌生的外国面孔……但时光荏苒，不变的是这支队伍对排球的热爱和“顽强拼搏，为国争光”的初心。

——普通话水平测试用朗读作品 49 号《走下领奖台，一切从零开始》

朗读重点提示

1.“一”的变调

yí　一片　一面　一切

yì　一天　一瞥

① “耳熟能详”的意思是听的次数多了，熟悉得能详尽地说出来。

② “郎平”是中国著名女子排球运动员和教练员，是女排标杆式人物，运动员时期凭借强劲而精确的扣杀而赢得“铁榔头”绰号。作为女排教练，曾于 2015 年率领中国女排夺得女排世界杯冠军，2016 年率队夺得里约奥运会冠军，2019 年率队夺得女排世界杯冠军。

③ “十一”中的“一”是复杂数词的个位数，不变调，读阴平。

2. 易错音

训练馆 xùn liàn guǎn	耳熟能详 ěr shú néng xiáng
挥汗如雨 huī hàn rú yǔ	目不转睛 mù bù zhuǎn jīng
外行人 wài háng rén	叫不出 jiào · bù chū
顽强拼搏 wán qiáng pīn bó	横幅 héng fú
醒目 xǐng mù	荣耀 róng yào
踢球 tī qiú	垫球 diàn qiú
夹球 jiā qiú	

文本 2

在一次名人访问中，被问及 / 上个世纪 / 最重要的发明是什么时，有人说 / 是电脑，有人说是汽车，等等。但新加坡的一位知名人士 / 却说是冷气机。他解释，如果没有冷气，热带地区 / 如东南亚国家，就不可能有很高的生产力，就不可能达到 / 今天的生活水准。他的回答 / 实事求是，有理有据[①]。

看了上述报道，我突发奇想：为什么没有记者问："二十世纪 / 最糟糕的发明 / 是什么？"其实二〇〇二年十月中旬，英国的一家报纸 / 就评出了"人类最糟糕的发明"。获此"殊荣"的，就是人们每天 / 大量使用的 / 塑料袋。

诞生于 / 上个世纪三十年代的塑料袋，其家族 / 包括用塑料制成的快餐饭盒、包装纸、餐用杯盘、饮料瓶、酸奶杯、雪糕杯等。这些废弃物形成的垃圾，数量多、体积大、重量轻、不降解，给治理工作 / 带来很多技术难题 / 和社会问题。

比如，散落在田间、路边及草丛中的塑料餐盒，一旦被牲畜吞食，就会危及健康 / 甚至导致死亡。填埋废弃塑料袋、塑料餐盒的土地，不能生长庄稼和树木，造成土地板结，而焚烧处理这些塑料垃圾，则会释放出 / 多种化学有毒气体，其中一种 / 称为二噁英[②]的化合物，毒性极大。

此外，在生产塑料袋、塑料餐盒的过 // 程中使用的氟利昂，对人体免疫系统和生态环境造成的破坏也极为严重。

——普通话水平测试用朗读作品 50 号《最糟糕的发明》

① "有理有据"的意思是说话既有道理，又有根据，让人信服。
② "二噁英"属化学致癌物质，具有很强的毒性。

朗读重点提示

1.“一”的变调

yí　一次　一位　一旦
yì　一家　一种

2.“不”的变调

bú　不降解

3. 易错音

世纪 shì jì　新加坡 xīn jiā pō　冷气机 lěng qì jī
东南亚 dōng nán yà　生产力 shēng chǎn lì　水准 shuǐ zhǔn
实事求是 shí shì qiú shì　有理有据 yǒu lǐ yǒu jù　报道 bào dào
糟糕 zāo gāo　殊荣 shū róng　塑料袋 sù liào dài
饭盒 fàn hé　包装纸 bāo zhuāng zhǐ　饮料瓶 yǐn liào píng
酸奶杯 suān nǎi bēi　废弃物 fèi qì wù　垃圾 lā jī
降解 jiàng jiě　散落 sàn luò　牲畜 shēng chù
焚烧 fén shāo　二噁英 èr è yīng　化合物 huà hé wù

四、命题说话

普通话水平测试用话题 49：对亲情（或友情、爱情）的理解

句式：

1. 亲情（或友情、爱情）指的是……

2. 每个人的生命中都缺少不了……，如果缺少了……，就会……

3. 记得……的时候，发生过一件令我印象深刻的事，这让我对……有了新的看法，……

4. 长大之后，我才明白……

5. 自此之后，我知道了……的重要性，也意识到……，于是……

6. 总之，……是一种……情感，需要……

提纲：

1. 阐述你对亲情（或友情、爱情）的理解。

2. 结合个人经历，讲述一两个与亲情（或友情、爱情）相关的故事，说一说你的感受和体会。

3. 结合现实生活，谈谈人们对亲情（或友情、爱情）的错误认识。

4. 谈谈你对亲情（或友情、爱情）的看法。

普通话水平测试用话题 50：小家、大家与国家

句式：

1. 对我来说，小家是……，大家是……，国家是……
2. 三者的关系是……
3. 为什么三者会有这样的关系？
4. 历史告诉我们，如果没有……，那么……
5. 有这么一个人 / 一件事 / 一个故事 / 一句话，……，看完……之后，我久久不能平静，因为……
6. 首先，我来谈谈“小家”，……
7. 接下来，我来谈谈“大家”，……
8. 最后，我来谈谈“国家”，……
9. 这就是我对“小家”“大家”“国家”的认识。

提纲：

1. 说明“小家”“大家”“国家”的区别。
2. 阐述“小家”“大家”“国家”之间的关系。
3. 结合实例（在战争、灾难等情况下发生的事），说一说你对三者之间关系的感受和体会。
4. 通过反面事例进行对比分析，进一步说明三者的依存关系。
5. 表达对祖国的美好祝愿。

扫码听录音

巩固与提高

一、模拟测试

1. 读单音节字词

霞	瞒	措	侮	扭	酥	回	掘	惹	轰
膘	某	拨	阀	剖	凶	阔	怼	皑	粪
露	召	啮	茶	赋	儿	馁	软	翁	篇
忑	悬	谜	孕	衡	撂	娶	皂	景	妆
铛	鞠	抢	款	巢	捆	翟	秉	衰	昧
屹	脓	傍	拯	讴	涮	择	短	疆	添

灵	怎	曾	酉	涡	肆	卦	擒	鄙	抓
采	惴	吝	券	菌	墨	孙	赣	粗	俺
撇	双	卷	痕	礼	炽	总	塌	围	醒
牙	陷	燃	逢	织	咽	琼	渍	闺	趁

2. 读多音节词语

夸张	演讲稿	没词儿	疙瘩	镇压	宽阔	一律
激荡	浑浊	可惜	佛教	蒜瓣儿	闲暇	感慨
仪器	挖苦	学校	委婉	红娘	高原	大褂
刷新	赞叹	场所	显微镜	男女	伺候	英雄
栅栏	循环	妊娠	轰动	钢镚儿	航程	震撼
肮脏	谬论	烟卷儿	奔涌	福气	飞快	小巧
花粉	往来	耳朵	撒谎	玩耍	赤手空拳	

二、小组成员互读作品选段，互相纠正发音，注意选段中变调、轻声的现象与生僻词语

1. 主教练郎平坐在场外长椅上，目不转睛地注视着跟随助理教练们做热身运动的队员们，她身边的座位上则横七竖八地堆放着女排姑娘们的各式用品：水、护具、背包，以及各种外行人叫不出名字的东西。不远的墙上悬挂着一面鲜艳的国旗，国旗两侧是“顽强拼搏”和“为国争光”两条红底黄字的横幅，格外醒目。

2. 诞生于上个世纪三十年代的塑料袋，其家族包括用塑料制成的快餐饭盒、包装纸、餐用杯盘、饮料瓶、酸奶杯、雪糕杯等。这些废弃物形成的垃圾，数量多、体积大、重量轻、不降解，给治理工作带来很多技术难题和社会问题。

嗯比如，散落在田间、路边及草丛中的塑料餐盒，一旦被牲畜吞食，就会危及健康甚至导致死亡。填埋废弃塑料袋、塑料餐盒的土地，不能生长庄稼和树木，造成土地板结，而焚烧处理这些塑料垃圾，则会释放出多种化学有毒气体，其中一种称为二噁英的化合物，毒性极大。

三、命题说话片段练习

1. 结合自己的生活经历，讲述一个关于亲情（或友情、爱情）的故事，说一说这段亲情（或友情、爱情）对你产生了怎样的影响。

2. 说一说“小家”“大家”“国家”分别表示什么，并分析三者之间的关系。

附　录

一、普通话水平测试评分标准[①]

1. 读单音节字词（100 个音节，不含轻声、儿化音节），限时 3.5 分钟，共 10 分。

（1）语音错误，每个音节扣 0.1 分。

【解读】

语音错误指音节读音中有一个或一个以上的音节成分读错。原则上是指普通话语音系统中把一个音（音位）误读成另一个音（音位），还包括单字的漏读。

（2）语音缺陷，每个音节扣 0.05 分。

【解读】

在单音节字词中，语音缺陷指音节读音中有一个或一个以上的音节成分，即声母、韵母、声调，发音没有完全达到标准程度，听感性质明显不符。

（3）超时 1 分钟以内，扣 0.5 分；超时 1 分钟以上（含 1 分钟），扣 1 分。

2. 读多音节词语（100 个音节），限时 2.5 分钟，共 20 分。

（1）语音错误，每个音节扣 0.2 分。

【解读】

语音错误包括第一测试项"读单音节字词"中所指的相关内容，除此之外，还有上声变调、"一、不"变调、"啊"的音变、轻声、儿化等方面的读音错误。

对变调的评判标准是，未按变调规律变调的，该音节判为错误；一个词语内部因一个音节声调错误而导致其他音节声调错误的，有关音节也判为错误。

轻声词以国家语委《普通话水平测试实施纲要》（2021 年版）中的《普通话水平测试用必读轻声词语表》和《现代汉语词典》（第 7 版）为准。

对儿化词的评判标准是，读错的儿化韵音节判为错误，儿化词中读对的前一音节不判为错误。

---

① 目前，大部分省、自治区、直辖市语言文字工作部门根据本地区的实际情况，免测"选择判断"测试项，因此本评分标准未对"选择判断"测试项给出说明。

（2）语音缺陷，每个音节扣 0.1 分。

【解读】

在多音节词语中，语音缺陷指声母、韵母、声调以及变调、轻声、儿化方面的缺陷，发音没有完全达到标准程度，听感性质明显不符。

（3）超时 1 分钟以内，扣 0.5 分；超时 1 分钟以上（含 1 分钟），扣 1 分。

3. 朗读短文（1 篇，400 个音节），限时 4 分钟，共 30 分。

（1）每错 1 个音节，扣 0.1 分；漏读或增读 1 个音节，扣 0.1 分。

【解读】

音节错误包括：声母、韵母、声调、上声变调、“一、不”变调、“啊”的音变、轻声、儿化等方面的读音错误。

（2）声母或韵母的系统性语音缺陷，视程度扣 0.5 分、1 分。

【解读】

声母或韵母的系统性语音缺陷是指同一类的声母或韵母总是出现同样的语音缺陷，发音没有完全达到标准程度。

（3）语调偏误，视程度扣 0.5 分、1 分、2 分。

【解读】

语调偏误包括：声调缺陷；句调不当，如因句调失误而导致的语气表达偏误，唱读，句末机械地用一个调子，等等；轻重不当，语句重音不当。

略有显露的扣 0.5 分，偏误明显的扣 1 分，偏误严重的扣 2 分。

（4）停连不当，视程度扣 0.5 分、1 分、2 分。

【解读】

停连不当包括：因停连导致的语义偏误，如节律不当，单字化，机械地三、五字一顿，等等。

（5）朗读不流畅（包括回读），视程度扣 0.5 分、1 分、2 分。

【解读】

朗读不流畅包括：语流生涩、磕磕绊绊以及回读词语或句子等。

（6）超时扣 1 分。

【解读】

超时 1 分钟以内，扣 0.5 分；超时 1 分钟以上（含 1 分钟），扣 1 分。

4. 命题说话，限时3分钟，共40分。

（1）语音标准程度，共25分。分六档：

一档：语音标准，或极少有失误。扣0分、1分、2分。

二档：语音错误在10次以下，有方音但不明显。扣3分、4分。

三档：语音错误在10次以下，但方音比较明显；或语音错误在10次～15次之间，有方音但不明显。扣5分、6分。

四档：语音错误在10次～15次之间，方音比较明显。扣7分、8分。

五档：语音错误超过15次，方音明显。扣9分、10分、11分。

六档：语音错误多，方音重。扣12分、13分、14分。

【解读】

极少有失误是指无方音，语音失误在3次以下。

有方音但不明显是指有1～2类出现频率低的方音语音缺陷，略有语调偏误。

方音比较明显是指有1～3类方音语音缺陷，语调偏误比较明显。

（2）词汇、语法规范程度，共10分。分三档：

一档：词汇、语法规范。扣0分。

二档：词汇、语法偶有不规范的情况。扣1分、2分。

三档：词汇、语法屡有不规范的情况。扣3分、4分。

【解读】

词汇、语法偶有不规范的情况是指出现1～3次词汇、语法不规范情况。

词汇、语法屡有不规范的情况是指出现4次以上（含4次）词汇、语法不规范情况。

（3）自然流畅程度，共5分。分三档：

一档：语言自然流畅。扣0分。

二档：语言基本流畅，口语化较差，有背稿子的表现。扣0.5分、1分。

三档：语言不连贯，语调生硬。扣2分、3分。

【解读】

有背稿子的表现是指说话时有背诵文本的语调。

如果全程背文本式说话会被判为三档。

（4）加扣部分。

①说话不足3分钟，酌情扣分。

缺时1分钟以内（含1分钟），扣1分、2分、3分；缺时1分钟以上，扣4分、5分、6分；说话不满30秒（含30秒），本测试项成绩计为0分。

【解读】

录音开头空白10秒不扣分，10秒以后出现空白每持续10秒扣0.5分，持续1分钟扣3分。

说话不满30秒（含30秒），扣40分。

②无效话语，累计占时酌情扣分。

累计占时1分钟以内（含1分钟），扣1分、2分、3分；累计占时1分钟以上，扣4分、5分、6分；有效话语不满30秒（含30秒），本测试项成绩计为0分。

【解读】

无效话语包括：与测试话题毫不相关的话语，多次简单重复相同的语句，以背诵他人文本代替说话。

累计占时每10秒扣0.5分，1分钟扣3分，2分钟扣6分；有效话语不满30秒（含30秒），扣40分。

③离题、内容雷同，视程度扣4分、5分、6分。

【解读】

离题是指应试人所说内容基本不符合或完全不符合规定的话题。说话内容与话题多少有些联系的，一般不扣离题分。

雷同是指把别人的作品或语句当作自己的说话内容，包括与《普通话水平测试实施纲要》（2021版）中的50篇作品内容雷同，前后考生说话内容雷同，一个题目前后内容雷同，等等。

注意：离题与雷同同时出现，不重复扣分。

二、普通话水平测试用儿化词语表

扫码听录音

a>ar

板擦儿 bǎn cār　打杂儿 dǎ zár　刀把儿 dāo bàr　号码儿 hào mǎr
没法儿 méi fǎr　戏法儿 xì fǎr　找碴儿 zhǎo chár

ai>ar

壶盖儿 hú gàir　加塞儿 jiā sāir　名牌儿 míng páir　小孩儿 xiǎo háir
鞋带儿 xié dàir

an>ar

包干儿 bāo gānr　笔杆儿 bǐ gǎnr　快板儿 kuài bǎnr　老伴儿 lǎo bànr
脸蛋儿 liǎn dànr　脸盘儿 liǎn pánr　门槛儿 mén kǎnr　收摊儿 shōu tānr
蒜瓣儿 suàn bànr　栅栏儿 zhà lanr

ang>ar（鼻化）

赶趟儿 gǎn tàngr　瓜瓤儿 guā rángr　香肠儿 xiāng chángr　药方儿 yào fāngr

ia>iar

掉价儿 diào jiàr　豆芽儿 dòu yár　一下儿 yí xiàr

ian>iar

半点儿 bàn diǎnr　差点儿 chà diǎnr　坎肩儿 kǎn jiānr　拉链儿 lā liànr
聊天儿 liáo tiānr　露馅儿 lòu xiànr　冒尖儿 mào jiānr　扇面儿 shàn miànr
馅儿饼 xiànr bǐng　小辫儿 xiǎo biànr　心眼儿 xīn yǎnr　牙签儿 yá qiānr
一点儿 yì diǎnr　有点儿 yǒu diǎnr　雨点儿 yǔ diǎnr　照片儿 zhào piānr

iang>iar（鼻化）

鼻梁儿 bí liángr　花样儿 huā yàngr　透亮儿 tòu liàngr

ua>uar

大褂儿 dà guàr　麻花儿 má huār　马褂儿 mǎ guàr　脑瓜儿 nǎo guār
小褂儿 xiǎo guàr　笑话儿 xiào huar　牙刷儿 yá shuār

uai>uar

一块儿 yí kuàir

uan>uar

茶馆儿 chá guǎnr　打转儿 dǎ zhuànr　大腕儿 dà wànr　饭馆儿 fàn guǎnr

拐弯儿 guǎi wānr　好玩儿 hǎo wánr　火罐儿 huǒ guànr　落款儿 luò kuǎnr

uang>uar（鼻化）

打晃儿 dǎ huàngr　蛋黄儿 dàn huángr　天窗儿 tiān chuāngr

üan>üar

包圆儿 bāo yuánr　出圈儿 chū quānr　绕远儿 rào yuǎnr　人缘儿 rén yuánr

手绢儿 shǒu juànr　烟卷儿 yān juǎnr　杂院儿 zá yuànr

ei>er

刀背儿 dāo bèir　摸黑儿 mō hēir

en>er

把门儿 bǎ ménr　别针儿 bié zhēnr　大婶儿 dà shěnr　刀刃儿 dāo rènr

高跟儿鞋 gāo gēnr xié　哥们儿 gē menr　后跟儿 hòu gēnr　花盆儿 huā pénr

老本儿 lǎo běnr　面人儿 miàn rénr　纳闷儿 nà mènr　嗓门儿 sǎng ménr

小人儿书 xiǎo rénr shū　杏仁儿 xìng rénr　压根儿 yà gēnr　一阵儿 yí zhènr

走神儿 zǒu shénr

eng>er（鼻化）

脖颈儿 bó gěngr　钢镚儿 gāng bèngr　夹缝儿 jiā fèngr　提成儿 tí chéngr

ie>ier

半截儿 bàn jiér　小鞋儿 xiǎo xiér

üe>üer

旦角儿 dàn juér　主角儿 zhǔ juér

uei>uer

耳垂儿 ěr chuír　墨水儿 mò shuǐr　跑腿儿 pǎo tuǐr　围嘴儿 wéi zuǐr

一会儿 yí huìr　走味儿 zǒu wèir

uen>uer

冰棍儿 bīng gùnr　打盹儿 dǎ dǔnr　光棍儿 guāng gùnr　开春儿 kāi chūnr

没准儿 méi zhǔnr　胖墩儿 pàng dūnr　砂轮儿 shā lúnr

ueng>uer（鼻化）

小瓮儿 xiǎo wèngr

-i（前）>er

瓜子儿 guā zǐr　没词儿 méi cír　石子儿 shí zǐr　挑刺儿 tiāo cìr

-i（后）>er

记事儿 jì shìr　锯齿儿 jù chǐr　墨汁儿 mò zhīr

i>i:er

垫底儿 diàn dǐr　肚脐儿 dù qír　玩意儿 wán yìr　针鼻儿 zhēn bír

in>i:er

脚印儿 jiǎo yìnr　送信儿 sòng xìnr　有劲儿 yǒu jìnr

ing>i:er（鼻化）

打鸣儿 dǎ míngr　蛋清儿 dàn qīngr　花瓶儿 huā píngr　火星儿 huǒ xīngr

门铃儿 mén língr　人影儿 rén yǐngr　图钉儿 tú dīngr　眼镜儿 yǎn jìngr

ü>ü:er

毛驴儿 máo lǘr　痰盂儿 tán yúr　小曲儿 xiǎo qǔr

ün>ü:er

合群儿 hé qúnr

e>er

挨个儿 āi gèr　唱歌儿 chàng gēr　打嗝儿 dǎ gér　单个儿 dān gèr

逗乐儿 dòu lèr　饭盒儿 fàn hér　模特儿 mó tèr

u>ur

泪珠儿 lèi zhūr　梨核儿 lí húr　没谱儿 méi pǔr　碎步儿 suì bùr

媳妇儿 xí fur　有数儿 yǒu shùr

ong>or（鼻化）

抽空儿 chōu kòngr　果冻儿 guǒ dòngr　胡同儿 hú tòngr　酒盅儿 jiǔ zhōngr

门洞儿 mén dòngr　小葱儿 xiǎo cōngr

iong>ior（鼻化）

小熊儿 xiǎo xióngr

ao>aor

半道儿 bàn dàor　灯泡儿 dēng pàor　红包儿 hóng bāor　叫好儿 jiào hǎor

绝着儿 jué zhāor　口哨儿 kǒu shàor　口罩儿 kǒu zhàor　蜜枣儿 mì zǎor

手套儿 shǒu tàor　跳高儿 tiào gāor

iao>iaor

豆角儿 dòu jiǎor　火苗儿 huǒ miáor　开窍儿 kāi qiàor　面条儿 miàn tiáor

跑调儿 pǎo diàor　鱼漂儿 yú piāor

ou>our

个头儿 gè tóur　老头儿 lǎo tóur　门口儿 mén kǒur　年头儿 nián tóur

纽扣儿 niǔ kòur　线轴儿 xiàn zhóur　小丑儿 xiǎo chǒur　小偷儿 xiǎo tōur

衣兜儿 yī dōur

iou>iour

顶牛儿 dǐng niúr　加油儿 jiā yóur　棉球儿 mián qiúr　抓阄儿 zhuā jiūr

uo>uor

被窝儿 bèi wōr　出活儿 chū huór　大伙儿 dà huǒr　火锅儿 huǒ guōr

绝活儿 jué huór　小说儿 xiǎo shuōr　邮戳儿 yóu chuōr　做活儿 zuò huór

(o)>or

耳膜儿 ěr mór　粉末儿 fěn mòr

三、普通话水平测试用必读轻声词语表

扫码听录音

1. 爱人 ài ren
2. 案子 àn zi
3. 巴结 bā jie
4. 巴掌 bā zhang
5. 把子 bǎ zi
6. 把子 bà zi
7. 爸爸 bà ba
8. 白净 bái jing
9. 班子 bān zi
10. 板子 bǎn zi
11. 帮手 bāng shou
12. 梆子 bāng zi
13. 膀子 bǎng zi
14. 棒槌 bàng chui
15. 棒子 bàng zi
16. 包袱 bāo fu
17. 包子 bāo zi
18. 刨子 bào zi
19. 豹子 bào zi
20. 杯子 bēi zi
21. 被子 bèi zi
22. 本事 běn shi
23. 本子 běn zi
24. 鼻子 bí zi
25. 比方 bǐ fang
26. 鞭子 biān zi
27. 扁担 biǎn dan
28. 辫子 biàn zi
29. 别扭 biè niu
30. 饼子 bǐng zi
31. 脖子 bó zi
32. 薄荷 bò he
33. 簸箕 bò ji
34. 补丁 bǔ ding
35. 不由得 bù yóu de
36. 步子 bù zi
37. 部分 bù fen
38. 财主 cái zhu
39. 裁缝 cái feng
40. 苍蝇 cāng ying
41. 差事 chāi shi
42. 柴火 chái huo
43. 肠子 cháng zi
44. 厂子 chǎng zi
45. 场子 chǎng zi
46. 车子 chē zi
47. 称呼 chēng hu
48. 池子 chí zi
49. 尺子 chǐ zi
50. 虫子 chóng zi
51. 绸子 chóu zi
52. 出息 chū xi
53. 除了 chú le
54. 锄头 chú tou
55. 畜生 chù sheng
56. 窗户 chuāng hu
57. 窗子 chuāng zi
58. 锤子 chuí zi
59. 伺候 cì hou
60. 刺猬 cì wei
61. 凑合 còu he
62. 村子 cūn zi
63. 耷拉 dā la
64. 答应 dā ying
65. 打扮 dǎ ban
66. 打点 dǎ dian
67. 打发 dǎ fa
68. 打量 dǎ liang
69. 打算 dǎ suan
70. 打听 dǎ ting
71. 打招呼 dǎ zhāo hu
72. 大方 dà fang
73. 大爷 dà ye
74. 大意 dà yi
75. 大夫 dài fu

76. 带子 dài zi
77. 袋子 dài zi
78. 单子 dān zi
79. 耽搁 dān ge
80. 耽误 dān wu
81. 胆子 dǎn zi
82. 担子 dàn zi
83. 刀子 dāo zi
84. 道士 dào shi
85. 稻子 dào zi
86. 灯笼 dēng long
87. 凳子 dèng zi
88. 提防 dī fang
89. 滴水 dī shui
90. 笛子 dí zi
91. 嘀咕 dí gu
92. 底子 dǐ zi
93. 地道 dì dao
94. 地方 dì fang
95. 弟弟 dì di
96. 弟兄 dì xiong
97. 点心 diǎn xin
98. 点子 diǎn zi
99. 调子 diào zi
100. 碟子 dié zi
101. 钉子 dīng zi
102. 东家 dōng jia
103. 东西 dōng xi
104. 动静 dòng jing
105. 动弹 dòng tan
106. 豆腐 dòu fu
107. 豆子 dòu zi
108. 嘟囔 dū nang
109. 肚子 dǔ zi
110. 肚子 dù zi
111. 端详 duān xiang
112. 缎子 duàn zi
113. 队伍 duì wu
114. 对付 duì fu
115. 对头 duì tou
116. 对子 duì zi
117. 多么 duō me
118. 哆嗦 duō suo
119. 蛾子 é zi
120. 儿子 ér zi
121. 耳朵 ěr duo
122. 贩子 fàn zi
123. 房子 fáng zi
124. 废物 fèi wu
125. 份子 fèn zi
126. 风筝 fēng zheng
127. 疯子 fēng zi
128. 福气 fú qi
129. 斧子 fǔ zi
130. 富余 fù yu
131. 盖子 gài zi
132. 甘蔗 gān zhe
133. 杆子 gān zi
134. 杆子 gǎn zi
135. 干事 gàn shi
136. 杠子 gàng zi
137. 高粱 gāo liang
138. 膏药 gāo yao
139. 稿子 gǎo zi
140. 告诉 gào su
141. 疙瘩 gē da
142. 哥哥 gē ge
143. 胳膊 gē bo
144. 鸽子 gē zi
145. 格子 gé zi
146. 个子 gè zi
147. 根子 gēn zi
148. 跟头 gēn tou
149. 工夫 gōng fu
150. 弓子 gōng zi
151. 公公 gōng gong
152. 功夫 gōng fu
153. 钩子 gōu zi
154. 姑姑 gū gu
155. 姑娘 gū niang
156. 谷子 gǔ zi
157. 骨头 gǔ tou
158. 故事 gù shi
159. 寡妇 guǎ fu
160. 褂子 guà zi
161. 怪不得 guài bu de
162. 怪物 guài wu

163. 关系　guān xi
164. 官司　guān si
165. 棺材　guān cai
166. 罐头　guàn tou
167. 罐子　guàn zi
168. 规矩　guī ju
169. 闺女　guī nü
170. 鬼子　guǐ zi
171. 柜子　guì zi
172. 棍子　gùn zi
173. 果子　guǒ zi
174. 哈欠　hā qian
175. 蛤蟆　há ma
176. 孩子　hái zi
177. 含糊　hán hu
178. 汉子　hàn zi
179. 行当　háng dang
180. 合同　hé tong
181. 和尚　hé shang
182. 核桃　hé tao
183. 盒子　hé zi
184. 恨不得　hèn bu de
185. 红火　hóng huo
186. 猴子　hóu zi
187. 后头　hòu tou
188. 厚道　hòu dao
189. 狐狸　hú li
190. 胡萝卜　hú luó bo
191. 胡琴　hú qin
192. 胡子　hú zi
193. 葫芦　hú lu
194. 糊涂　hú tu
195. 护士　hù shi
196. 皇上　huáng shang
197. 幌子　huǎng zi
198. 活泼　huó po
199. 火候　huǒ hou
200. 伙计　huǒ ji
201. 机灵　jī ling
202. 记号　jì hao
203. 记性　jì xing
204. 夹子　jiā zi
205. 家伙　jiā huo
206. 架势　jià shi
207. 架子　jià zi
208. 嫁妆　jià zhuang
209. 尖子　jiān zi
210. 茧子　jiǎn zi
211. 剪子　jiǎn zi
212. 见识　jiàn shi
213. 毽子　jiàn zi
214. 将就　jiāng jiu
215. 交情　jiāo qing
216. 饺子　jiǎo zi
217. 叫唤　jiào huan
218. 轿子　jiào zi
219. 结实　jiē shi
220. 街坊　jiē fang
221. 姐夫　jiě fu
222. 姐姐　jiě jie
223. 戒指　jiè zhi
224. 芥末　jiè mo
225. 金子　jīn zi
226. 精神　jīng shen
227. 镜子　jìng zi
228. 舅舅　jiù jiu
229. 橘子　jú zi
230. 句子　jù zi
231. 卷子　juàn zi
232. 开通　kāi tong
233. 靠得住　kào de zhù
234. 咳嗽　ké sou
235. 客气　kè qi
236. 空子　kòng zi
237. 口袋　kǒu dai
238. 口子　kǒu zi
239. 扣子　kòu zi
240. 窟窿　kū long
241. 裤子　kù zi
242. 快活　kuài huo
243. 筷子　kuài zi
244. 框子　kuàng zi
245. 阔气　kuò qi
246. 拉扯　lā che
247. 喇叭　lǎ ba
248. 喇嘛　lǎ ma
249. 来得及　lái de jí

250. 篮子 lán zi
251. 懒得 lǎn de
252. 榔头 láng tou
253. 浪头 làng tou
254. 唠叨 láo dao
255. 老婆 lǎo po
256. 老实 lǎo shi
257. 老太太 lǎo tài tai
258. 老头子 lǎo tóu zi
259. 老爷 lǎo ye
260. 老爷子 lǎo yé zi
261. 老子 lǎo zi
262. 姥姥 lǎo lao
263. 累赘 léi zhui
264. 篱笆 lí ba
265. 里头 lǐ tou
266. 力气 lì qi
267. 厉害 lì hai
268. 利落 lì luo
269. 利索 lì suo
270. 例子 lì zi
271. 栗子 lì zi
272. 痢疾 lì ji
273. 连累 lián lei
274. 帘子 lián zi
275. 凉快 liáng kuai
276. 粮食 liáng shi
277. 两口子 liǎng kǒu zi
278. 料子 liào zi
279. 林子 lín zi
280. 铃铛 líng dang
281. 翎子 líng zi
282. 领子 lǐng zi
283. 溜达 liū da
284. 聋子 lóng zi
285. 笼子 lóng zi
286. 炉子 lú zi
287. 路子 lù zi
288. 轮子 lún zi
289. 啰唆 luō suo
290. 萝卜 luó bo
291. 骡子 luó zi
292. 骆驼 luò tuo
293. 妈妈 mā ma
294. 麻烦 má fan
295. 麻利 má li
296. 麻子 má zi
297. 马虎 mǎ hu
298. 码头 mǎ tou
299. 买卖 mǎi mai
300. 麦子 mài zi
301. 馒头 mán tou
302. 忙活 máng huo
303. 冒失 mào shi
304. 帽子 mào zi
305. 眉毛 méi mao
306. 媒人 méi ren
307. 妹妹 mèi mei
308. 门道 mén dao
309. 眯缝 mī feng
310. 迷糊 mí hu
311. 面子 miàn zi
312. 苗条 miáo tiao
313. 苗头 miáo tou
314. 苗子 miáo zi
315. 名堂 míng tang
316. 名字 míng zi
317. 明白 míng bai
318. 模糊 mó hu
319. 蘑菇 mó gu
320. 木匠 mù jiang
321. 木头 mù tou
322. 那么 nà me
323. 奶奶 nǎi nai
324. 难为 nán wei
325. 脑袋 nǎo dai
326. 脑子 nǎo zi
327. 能耐 néng nai
328. 你们 nǐ men
329. 念叨 niàn dao
330. 念头 niàn tou
331. 娘家 niáng jia
332. 镊子 niè zi
333. 奴才 nú cai
334. 女婿 nǚ xu
335. 暖和 nuǎn huo
336. 疟疾 nüè ji

337. 拍子　pāi zi
338. 牌楼　pái lou
339. 牌子　pái zi
340. 盘算　pán suan
341. 盘子　pán zi
342. 胖子　pàng zi
343. 狍子　páo zi
344. 袍子　páo zi
345. 盆子　pén zi
346. 朋友　péng you
347. 棚子　péng zi
348. 皮子　pí zi
349. 脾气　pí qi
350. 痞子　pǐ zi
351. 屁股　pì gu
352. 片子　piān zi
353. 便宜　pián yi
354. 骗子　piàn zi
355. 票子　piào zi
356. 漂亮　piào liang
357. 瓶子　píng zi
358. 婆家　pó jia
359. 婆婆　pó po
360. 铺盖　pū gai
361. 欺负　qī fu
362. 旗子　qí zi
363. 前头　qián tou
364. 钳子　qián zi
365. 茄子　qié zi
366. 亲戚　qīn qi
367. 勤快　qín kuai
368. 清楚　qīng chu
369. 亲家　qìng jia
370. 曲子　qǔ zi
371. 圈子　quān zi
372. 拳头　quán tou
373. 裙子　qún zi
374. 热闹　rè nao
375. 人家　rén jia
376. 人们　rén men
377. 认识　rèn shi
378. 日子　rì zi
379. 褥子　rù zi
380. 塞子　sāi zi
381. 嗓子　sǎng zi
382. 嫂子　sǎo zi
383. 扫帚　sào zhou
384. 沙子　shā zi
385. 傻子　shǎ zi
386. 扇子　shàn zi
387. 商量　shāng liang
388. 晌午　shǎng wu
389. 上司　shàng si
390. 上头　shàng tou
391. 烧饼　shāo bing
392. 勺子　sháo zi
393. 少爷　shào ye
394. 哨子　shào zi
395. 舌头　shé tou
396. 舍不得　shě bu de
397. 舍得　shě de
398. 身子　shēn zi
399. 什么　shén me
400. 婶子　shěn zi
401. 生意　shēng yi
402. 牲口　shēng kou
403. 绳子　shéng zi
404. 师父　shī fu
405. 师傅　shī fu
406. 虱子　shī zi
407. 狮子　shī zi
408. 石匠　shí jiang
409. 石榴　shí liu
410. 石头　shí tou
411. 时辰　shí chen
412. 时候　shí hou
413. 实在　shí zai
414. 拾掇　shí duo
415. 使唤　shǐ huan
416. 世故　shì gu
417. 似的　shì de
418. 事情　shì qing
419. 试探　shì tan
420. 柿子　shì zi
421. 收成　shōu cheng
422. 收拾　shōu shi
423. 首饰　shǒu shi

424. 叔叔 shū shu
425. 梳子 shū zi
426. 舒服 shū fu
427. 舒坦 shū tan
428. 疏忽 shū hu
429. 爽快 shuǎng kuai
430. 思量 sī liang
431. 俗气 sú qi
432. 算计 suàn ji
433. 岁数 suì shu
434. 孙子 sūn zi
435. 他们 tā men
436. 它们 tā men
437. 她们 tā men
438. 踏实 tā shi
439. 台子 tái zi
440. 太太 tài tai
441. 摊子 tān zi
442. 坛子 tán zi
443. 毯子 tǎn zi
444. 桃子 táo zi
445. 特务 tè wu
446. 梯子 tī zi
447. 蹄子 tí zi
448. 甜头 tián tou
449. 挑剔 tiāo ti
450. 挑子 tiāo zi
451. 条子 tiáo zi
452. 跳蚤 tiào zao
453. 铁匠 tiě jiang
454. 亭子 tíng zi
455. 头发 tóu fa
456. 头子 tóu zi
457. 兔子 tù zi
458. 妥当 tuǒ dang
459. 唾沫 tuò mo
460. 挖苦 wā ku
461. 娃娃 wá wa
462. 袜子 wà zi
463. 外甥 wài sheng
464. 外头 wài tou
465. 晚上 wǎn shang
466. 尾巴 wěi ba
467. 委屈 wěi qu
468. 为了 wèi le
469. 位置 wèi zhi
470. 位子 wèi zi
471. 温和 wēn huo
472. 蚊子 wén zi
473. 稳当 wěn dang
474. 窝囊 wō nang
475. 我们 wǒ men
476. 屋子 wū zi
477. 稀罕 xī han
478. 席子 xí zi
479. 媳妇 xí fu
480. 喜欢 xǐ huan
481. 瞎子 xiā zi
482. 匣子 xiá zi
483. 下巴 xià ba
484. 吓唬 xià hu
485. 先生 xiān sheng
486. 乡下 xiāng xia
487. 箱子 xiāng zi
488. 相声 xiàng sheng
489. 消息 xiāo xi
490. 小伙子 xiǎo huǒ zi
491. 小气 xiǎo qi
492. 小子 xiǎo zi
493. 笑话 xiào hua
494. 歇息 xiē xi
495. 蝎子 xiē zi
496. 鞋子 xié zi
497. 谢谢 xiè xie
498. 心思 xīn si
499. 星星 xīng xing
500. 猩猩 xīng xing
501. 行李 xíng li
502. 行头 xíng tou
503. 性子 xìng zi
504. 兄弟 xiōng di
505. 休息 xiū xi
506. 秀才 xiù cai
507. 秀气 xiù qi
508. 袖子 xiù zi
509. 靴子 xuē zi
510. 学生 xué sheng

511. 学问 xué wen
512. 丫头 yā tou
513. 鸭子 yā zi
514. 衙门 yá men
515. 哑巴 yǎ ba
516. 胭脂 yān zhi
517. 烟筒 yān tong
518. 眼睛 yǎn jing
519. 燕子 yàn zi
520. 秧歌 yāng ge
521. 养活 yǎng huo
522. 样子 yàng zi
523. 吆喝 yāo he
524. 妖精 yāo jing
525. 钥匙 yào shi
526. 椰子 yē zi
527. 爷爷 yé ye
528. 叶子 yè zi
529. 一辈子 yí bèi zi
530. 一揽子 yì lǎn zi
531. 衣服 yī fu
532. 衣裳 yī shang
533. 椅子 yǐ zi
534. 意思 yì si
535. 银子 yín zi
536. 影子 yǐng zi
537. 应酬 yìng chou
538. 柚子 yòu zi
539. 芋头 yù tou
540. 冤家 yuān jia
541. 冤枉 yuān wang
542. 园子 yuán zi
543. 院子 yuàn zi
544. 月饼 yuè bing
545. 月亮 yuè liang
546. 云彩 yún cai
547. 运气 yùn qi
548. 在乎 zài hu
549. 咱们 zán men
550. 早上 zǎo shang
551. 怎么 zěn me
552. 扎实 zhā shi
553. 眨巴 zhǎ ba
554. 栅栏 zhà lan
555. 宅子 zhái zi
556. 寨子 zhài zi
557. 张罗 zhāng luo
558. 丈夫 zhàng fu
559. 丈人 zhàng ren
560. 帐篷 zhàng peng
561. 帐子 zhàng zi
562. 招呼 zhāo hu
563. 招牌 zhāo pai
564. 折腾 zhē teng
565. 这个 zhè ge
566. 这么 zhè me
567. 枕头 zhěn tou
568. 芝麻 zhī ma
569. 知识 zhī shi
570. 侄子 zhí zi
571. 指甲 zhǐ jia（zhī jia）
572. 指头 zhǐ tou（zhí tou）
573. 种子 zhǒng zi
574. 珠子 zhū zi
575. 竹子 zhú zi
576. 主意 zhǔ yi（zhú yi）
577. 主子 zhǔ zi
578. 柱子 zhù zi
579. 爪子 zhuǎ zi
580. 转悠 zhuàn you
581. 庄稼 zhuāng jia
582. 庄子 zhuāng zi
583. 壮实 zhuàng shi
584. 状元 zhuàng yuan
585. 锥子 zhuī zi
586. 桌子 zhuō zi
587. 自在 zì zai
588. 字号 zì hao
589. 粽子 zòng zi
590. 祖宗 zǔ zong
591. 嘴巴 zuǐ ba
592. 作坊 zuō fang
593. 琢磨 zuó mo
594. 做作 zuò zuo

四、普通话声韵配合简表

声母	韵母			
	开口呼	齐齿呼	合口呼	撮口呼
b、p、m	+[①]	+	只跟 u 相拼	
f	+		只跟 u 相拼	
d、t	+	+	+	
n、l	+	+	+	+
g、k、h zh、ch、sh、r z、c、s	+		+	
j、q、x		+		+
零声母	+	+	+	+

① 表中“+”表示声韵可以相拼，空白表示不能相拼。

五、普通话声韵配合表

声母		韵母																						
		开口呼														齐齿呼								
		a	o	e	ê	-i [ʅ、ʅ]	er	ai	ei	ao	ou	an	en	ang	eng	i	ia	ie	iao	iou (iu)	ian	in	iang	ing
双唇音	b	ba 巴	bo 玻					bai 拜	bei 杯	bao 包		ban 办	ben 本	bang 帮	beng 绷	bi 比		bie 别	biao 标		bian 边	bin 宾		bing 兵
	p	pa 爬	po 坡					pai 拍	pei 陪	pao 跑	pou 剖	pan 攀	pen 喷	pang 旁	peng 碰	pi 皮		pie 瞥	piao 票		pian 偏	pin 贫		ping 评
	m	ma 妈	mo 摸	me 么				mai 麦	mei 每	mao 毛	mou 某	man 曼	men 门	mang 芒	meng 萌	mi 米		mie 灭	miao 秒	miu 谬	mian 面	min 民		ming 明
唇齿音	f	fa 法	fo 佛						fei 飞		fou 否	fan 番	fen 分	fang 方	feng 峰									
舌尖中音	d	da 大		de 得				dai 待	dei 嘚	dao 导	dou 豆	dan 丹	den 扽	dang 挡	deng 灯	di 地	dia 嗲	die 爹	diao 吊	diu 丢	dian 电			ding 叮
	t	ta 他		te 特				tai 太	tei 忒	tao 涛	tou 透	tan 探		tang 唐	teng 滕	ti 体		tie 帖	tiao 条		tian 天			ting 厅
	n	na 那		ne 讷				nai 奈	nei 内	nao 闹	nou 耨	nan 难	nen 嫩	nang 囊	neng 能	ni 你		nie 聂	niao 鸟	niu 扭	nian 年	nin 您	niang 娘	ning 拧
	l	la 拉	lo 咯	le 勒				lai 赖	lei 雷	lao 老	lou 楼	lan 兰		lang 浪	leng 冷	li 立	lia 俩	lie 列	liao 料	liu 流	lian 练	lin 林	liang 良	ling 玲
舌面后音（舌根音）	g	gā 旮		ge 个				gai 概	gei 给	gao 搞	gou 狗	gan 干	gen 跟	gang 钢	geng 梗									
	k	ka 卡		ke 可				kai 慨	kei 剋	kao 靠	kou 口	kan 看	ken 肯	kang 康	keng 吭									
	h	ha 哈		he 和				hai 还	hei 黑	hao 好	hou 后	han 汉	hen 很	hang 航	heng 亨									
舌面前音（舌面音）	j															ji 鸡	jia 加	jie 接	jiao 交	jiu 就	jian 见	jin 金	jiang 将	jing 晶
	q															qi 七	qia 洽	qie 且	qiao 悄	qiu 丘	qian 谦	qin 勤	qiang 强	qing 青
	x															xi 西	xia 下	xie 些	xiao 小	xiu 修	xian 鲜	xin 心	xiang 乡	xing 星
舌尖后音	zh	zha 扎		zhe 者		zhi 知		zhai 斋	zhei 这	zhao 找	zhou 周	zhan 占	zhen 珍	zhang 张	zheng 正									
	ch	cha 插		che 车		chi 吃		chai 柴		chao 抄	chou 丑	chan 产	chen 尘	chang 唱	cheng 秤									
	sh	sha 沙		she 社		shi 诗		shai 晒	shei 谁	shao 少	shou 手	shan 山	shen 身	shang 商	sheng 声									
	r			re 热		ri 日				rao 扰	rou 柔	ran 染	ren 人	rang 嚷	reng 仍									
舌尖前音	z	za 杂		ze 则		zi 自		zai 在	zei 贼	zao 早	zou 走	zan 赞	zen 怎	zang 脏	zeng 憎									
	c	ca 擦		ce 册		ci 次		cai 才	cei 䌽	cao 草	cou 凑	can 蚕	cen 岑	cang 仓	ceng 层									
	s	sa 洒		se 色		si 四		sai 赛		sao 扫	sou 嗽	san 三	sen 森	sang 桑	seng 僧									
零声母		a 啊	o 哦	e 俄	ê 欸		er 儿	ai 爱	ei 欸	ao 奥	ou 偶	an 安	en 恩	ang 昂	eng 鞥	yi 以	ya 牙	ye 也	yao 要	you 有	yan 言	yin 因	yang 羊	ying 英

（续表）

声母		韵母														
		合口呼										撮口呼				
		u	ua	uo	uai	uei（ui）	uan	uen（un）	uang	ueng	ong	ü	üe	üan	ün	iong
双唇音	b	bu 布														
	p	pu 扑														
	m	mu 牧														
唇齿音	f	fu 府														
舌尖中音	d	du 堵		duo 朵		dui 对	duan 段	dun 顿			dong 冬					
	t	tu 图		tuo 拖		tui 退	tuan 湍	tun 屯			tong 同					
	n	nu 努		nuo 诺			nuan 暖	nun 黁			nong 农	nü 女	nüe 虐			
	l	lu 鲁		luo 罗			luan 乱	lun 伦			long 龙	lü 吕	lüe 掠			
舌面后音（舌根音）	g	gu 古	gua 瓜	guo 过	guai 乖	gui 归	guan 官	gun 棍	guang 广		gong 工					
	k	ku 苦	kua 夸	kuo 扩	kuai 块	kui 亏	kuan 宽	kun 困	kuang 矿		kong 孔					
	h	hu 呼	hua 画	huo 或	huai 坏	hui 会	huan 环	hun 昏	huang 黄		hong 红					
舌面前音（舌面音）	j											ju 居	jue 觉	juan 卷	jun 君	jiong 炯
	q											qu 去	que 却	quan 全	qun 群	qiong 穷
	x											xu 徐	xue 学	xuan 宣	xun 寻	xiong 兄
舌尖后音	zh	zhu 朱	zhua 爪	zhuo 卓	zhuai 拽	zhui 锥	zhuan 专	zhun 准	zhuang 壮		zhong 中					
	ch	chu 出	chua 欻	chuo 绰	chuai 踹	chui 吹	chuan 川	chun 纯	chuang 床		chong 冲					
	sh	shu 书	shua 刷	shuo 说	shuai 帅	shui 水	shuan 拴	shun 顺	shuang 双							
	r	ru 儒	rua 挼	ruo 若		rui 锐	ruan 软	run 闰			rong 容					
舌尖前音	z	zu 足		zuo 左		zui 最	zuan 钻	zun 尊			zong 总					
	c	cu 粗		cuo 错		cui 脆	cuan 篡	cun 寸			cong 从					
	s	su 素		suo 所		sui 岁	suan 算	sun 孙			song 松					
零声母		wu 五	wa 娃	wo 我	wai 外	wei 为	wan 完	wen 文	wang 王	weng 翁		yu 与	yue 月	yuan 圆	yun 云	yong 用

其他音节：hm 噷，hng 哼，m 姆、呒、呣，n 嗯、唔，ng 嗯、唔，yo 哟、唷